フランス王妃列伝

Vies des reines de France

アンヌ・ド・ブルターニュからマリー＝アントワネットまで

阿河雄二郎・嶋中博章
編

昭和堂

フランス王妃列伝——アンヌ・ド・ブルターニュからマリー＝アントワネットまで

目次

フランス王妃論序説

本書は、近世フランスの王妃たちが辿った生涯を伝記風に記述したものである。タイトルは、司馬遷の『史記』の記述法（紀伝体）にあやかって「フランス王妃列伝」とした。その理由は、いろいろな制約は受けつつも、明確な意思をもち、厳しい時代を生き抜き、それなりにフランスの歴史に名を刻んだ王妃たちに敬意を表し、彼女たちの群像をダイナミックに描きたいとの思いからである。『史記』のなかでも、もっとも生彩に富んでいる部門が「列伝」といわれている。

本書で取り上げる王妃は、近世、すなわち一五世紀末のシャルル八世の妃アンヌ・ド・ブルターニュからフランス革命期に断頭台を血で染めたルイ一六世の妃マリー＝アントワネットまでの一〇名である。正確にいえば、この時期の王妃は合計で一五名（のべで一六名）になるが、紙数の関係上、王妃の在位期間が短かったり、さほど重要性をもたなかった五名を省いた。ただし、ルイ一二世から離縁されたジャンヌ・ド・フランス（図1）や、わずか一年とはいえフランソワ二世の妃で、のちにスコットランドの女王となったメアリー・ステュアート（図2）は考察に入れる

図1　ルイ12世の最初の王妃ジャンヌ・ド・フランス

べきだったかもしれない。

　考えてみると、本書で取り上げた王妃がすべてよく知られた人物かというと、必ずしもそうではない。誰もがまず思い浮かべるのはマリー＝アントワネットである。次にはカトリーヌ・ド・メディシスであろうか。歴史が得意な人なら、マリー・ド・メディシス、アンヌ・ドートリッシュの名までは出てくるだろう。だがそこから先はやや覚束なくなるのではないか。けれどもフランス史をよく調べると、ほとんど無名に近い王妃が意外に大きな仕事をしていたことに驚かされる。たとえばアンリ三世の妃ルイーズ・ド・ロレーヌやルイ一四世の妃マリー＝テレーズで、詳しくはその章をお読みいただきたい。そこで、本書では、有名か無名かに捉われず、公平を期して一〇名の王妃伝に同じぐらいのスペースを割りあてた。読者の皆さんには、彼女たちの活動のさまをしっかりと脳裏に刻んでいただきたい。その点では、本書はフランス史を王妃、あえていえば女性の側から照射した歴史の試みでもある。なお、読者の便宜をはかるため、本書の末尾に近世の王妃たちの略歴と王家の系図を入れたので、適宜参照していただきたい。

図2　フランソワ2世の妃メアリー・ステュアート

　以下は、フランス王妃の問題を考える上での要点を参考までに述べたものである。ここでは、王妃とはどのような存在だったかを中心に据え、王妃を取り巻く環境、より具体的には、王家の構造、王位の継承、王の結婚、王子と王女、摂政など基本的な枠組について簡単に解説した。読者の皆さんには、それらを念頭において、各章に目を通していただければ幸いである。もちろん本書はどの章から読み進めてもまったく支障がない。各章はそれぞれに独立した読み物となっており、最新の研究成果をもとに、王妃の生きざまをリアルに浮き彫りすることを企図している。本書では、そうした個々の王妃論を積み重ねて、全体として王妃とは何かを考える手がかりを提示したい。

一、フランスの王妃と女王

フランス語では王妃も女王も“reine”と綴られる。英語の“queen”と同じである。だが何とも不思議なことに、フランスには女王がいない。君主政の形態をとるヨーロッパ諸国では、王のもっとも近い親族が王位を継承する世襲王朝が一般的で、男子による継承が望まれるにしても、適任者がいない場合、女子が王位につくのも稀ではなかった。周知のように、イギリスでは、エリザベス一世、ヴィクトリア女王、そして現在のエリザベス二世と、むしろ女王の在位がイギリスの黄金時代と重なっている。スペインをはじめ、スウェーデンやオランダにも女王がいるし、ロシアではエカチェリーナ二世が有名である。日本でさえ推古天皇、皇極（斉明）天皇、持統天皇などがいたというのに、どうしてフランスでは女王がいないのだろうか。

フランスで女王がでなかったのは、中世後半までは偶然の結果だった。王位継承に女性を排除する法や規定がなかったのである。たしかに戦乱に明け暮れる封建王政の時代、王の任務を全うできるのは男子とみなされる傾向はあった。戦士の長としての王の役割が強調されたのである。けれども、女王には諸勢力間の争いを調停・中和する力が期待されており、一概に否定されたわけではなかった。ただメロヴィング王朝、カロリング王朝を受け継いだカペー王朝は、「カペーの奇蹟」といわれるほどに父から息子へと男子の継承者に恵まれたため、王位継承法を設ける必要がなかった。しかし、カペー王家にも神通力が失われるときがやってきた。一四世紀初めのことである。

一三一六年、ルイ一〇世は四歳の王女ジャンヌを残して世を去った。それでも王妃は身重で、王子の誕生が見込める状況だった。そのとき、王位を密かに狙っていた王弟フィリップは、幼い王女には王位を担う力がないとし、ひとまず子どもの誕生を見守ることを提案した。やがて生まれたのは王子（のちにジャン一世と呼ばれた）だったが、数日のうちに亡くなった。そこでフィリップは自ら王位につき、そのお墨付きをパリ高等法院とパリ大学に委ね、反対派を追い落とした。このあたりの手際のよさからは、何かしらフィリップの陰謀が感じられる。こうして手に入れた王位だったが、フィリップ五世も、次の王となった末弟シャルル四世も男子に恵まれず、さりとて自分の娘たちを王位につけるわけにもいかなかった。自業自得というべきか。その挙句、フランス王位の継承をめぐって、王の従兄弟のフィリップ（のちの六世、当時はヴァロワ伯）と王の娘婿のイギリス王エドワード三世が争い、英仏百年戦争（一三三九～一四五三年）が勃発したのである。

二、サリカ法の威力

この戦争の渦中で燦然と脚光を浴びたのがサリカ法だった。一四世紀の中葉、フランス王を支持する側の法学者が、古代のサリ・フランク族の部族法のなかに、財産相続は女子でも可能だが、位階の継承は男子に限るという条文を発見したのである。サリカ法はメロヴィング王朝の創始者クローヴィスがまとめたものだったが、長らく忘れられていたのだという。まったくのご都合主義ながら、この法は男系長子相続と女子の王位継承からの排除を定めたものと解釈され、カペー王家からヴァロワ王家への移行を正統化する根拠となった。錦の御旗を得たヴァロワ王家が百年戦争に勝利するとともに、サリカ法は王国基本法の第一の掟と位置づけられ、「君主政の玄義《ミステール》」と称賛された。

かくして、サリカ法は国法として一人歩きを始め、女王の誕生を考慮の外におく方式が定着した。一見すると論理的に思われるが、男子相続人だけで王位を継承するのは至難の業で、王家の行く末に暗雲が漂った。ヴァロワ王朝内の継承をみても、男子相続人の不在が原因で、宗家から分家へと王位が二度移っている〔二八二頁参照〕。宗家のシャルル八世からオルレアン家のルイ（一二世）へ、ルイ一二世からアングレーム家のフランソワ（一世）への移行である。オルレアン家による王位簒奪を恐れたルイ一一世は、身体の弱い娘ジャンヌ・ド・フランスをあえてルイに嫁がせて、オルレアン家の断絶をはかったといわれる。それへの反発から、ようやく王位についたルイ一二世の初仕事はジャンヌの離縁だった。佐藤賢一氏がこの事件を素材に『王妃の離婚』を活劇風に描いているが、その背景

図3　ルイ12世の3番目の妃、マリー・ダングルテール

には王位継承をめぐる暗闘があった。その後、ルイ一二世は何としても王子の誕生を願って二度も結婚したが、努力は空しかった。イギリスから希望に胸を膨らませてやって来た年若き王妃マリー・ダングルテール（図3、英語名はメアリー・テューダー）は、わずか三カ月で未亡人となったのである。死を前に、ルイ一二世は娘クロード・ド・フランスの将来を案じて無念の涙を流した。これも因果応報というべきか。

　それから約一〇〇年後、一五八九年のアンリ三世の横死に伴い、プロテスタントの領袖アンリ・ド・ナヴァール（＝アンリ四世）がブルボン王朝を創立すると、それに批判的なカトリック・リーグ派はスペイン王女イサベルを女王に擁立しようとした。フランス王はカトリック信仰を護持する使命があると定めた王国基本法が根拠とされたのである。だが国内の反スペイン感情もあって、支持は広がらなかった。この場合、世論は女性の排除を謳ったサリカ法を盾としてアンリの王位継承を容認したのである。世論の動向を見極めたアンリ四世は、一五九三年にカトリックに改宗し、フランスの再統一に成功した。「パリはミサに値する」とはアンリ四世の有名な格言である。こうした先例に鑑みて、ブルボン王家の歴代の王は、まずは男子相続人の確保を目指した。

　結果論からいえば、サリカ法はフランス国制史上に大きな役割をはたした。第一は、王位継承の順位が機械的に定められたので、王の恣意的な後継者選びを阻止し、王位継承をめぐる王族間の争いをなくしたことである。そのため、王朝の交替があっても、移行は比較的スムーズに進み、内乱はほぼ回避された。第二は、女子の継承と、女子を介する継承が否定されたので、外国から王を迎えるという世襲王朝では避けられない事態が解消されたことである。フランス生まれの王女は外国の王侯のもとに嫁ぐのを運命づけられ、また、彼女を介して外国で生まれた子どもは、フランス王になる権利を最初から考慮の外におかれた。逆説的には、フランス王となる有資格者は、王国生まれで、前王の直系の子孫に限定されたので、いわば王が「国民化」されたといえるだろう。たとえば名誉革命期のイギリスではジェームズ二世が追放され、オランダ統領のウィレム（＝ウィリアム三世）が推戴されたが、フランスでは「外国人」による王位簒奪の疑念が起きない手立てが講じられていたのである。それはフランス独特の政治文化だったかもしれない。

蛇足ながら、サリカ法の王位継承が日本の皇室典範のそれと類似している点を指摘しておきたい。日本の女帝・皇后についても、原武史氏の『皇后考』をはじめ多くの研究がなされつつあるが、後述するフランスの王妃論と絡めて比較・検討することがきわめて有益ではないかと考えている。

三、近世フランスの王子と王女

世襲王朝の制度が確立したフランスでは、王と王妃のあいだの嫡出子の誕生は「国事」であり、王妃の出産には選り抜きの大貴族の貴婦人たちが証人として立ち会った。生まれた子どもが男子の場合、長男は「王太子」（dauphin）と呼ばれ、父王の継承第一位となった。次男以下も第二、第三の王位継承者となり、「王家」（maison royale）に直属する一員として、一族の「血統親王」（prince du sang）のなかで高い地位におかれた。七歳の前後になると、王子たちは母（王妃）の監督から切り離され、独立した住居と奉公人集団をもった「イエ」（maison）を構え、王族にふさわしい教練が課された。彼らには「オルレアン公」「ブルゴーニュ公」「アンジュー公」といった由緒ある肩書きと「親王領」（apanage）が与えられた。

非嫡出の男子の場合は、やや格の低い肩書きと家禄を受けるに留まり、もちろん王位継承から外されたが、生母の力量次第でいくつか例外があった。たとえば、アンリ四世と寵姫ガブリエル・デストレのあいだに生まれたセザール（ヴァンドーム公）については、王が王妃マルグリット・ド・ヴァロワを離縁し、ガブリエルを正式の王妃に据えようと画策したため、もう少しで王位継承者になるところだった。一方、多くの愛妾と非嫡出子を宮廷に住まわせたルイ一四世には、別の思惑があったようである。ルイ一四世が愛妾モンテスパン夫人とのあいだの子どもルイ＝オーギュスト（メーヌ公）とルイ＝アレクサンドル（トゥルーズ伯）を嫡出子扱いにしたのは、王と直接血のつながる王位継承者を一定数キープして、偶然に左右されがちな世襲王朝の不安定性に備える狙いがあったからである。ルイ一四世の「第二の家族」政策といってよいだろう。ただし、折角のルイ一四世の目論見も、王が亡くなった直後、パリ高等法院によってご破算にされた。

女子の場合はどうだったのか。王女も基本的に王子に準じた扱いがなされた。とくに父王が在位中に生まれた王女は、名前のあとに「ド・フランス」の称号が付与され、特別な扱いを受けた。ちなみに、アンリ四世とマリー・ド・メディシスのあいだに生まれた王女のエリザベト・ド・フランス、クリスチーヌ・ド・フランス、アンリエット・ド・フランスは、それぞれスペイン王妃、サヴォワ公妃、イギリス王妃となっている。物心がつく五歳の頃、王女には宮廷内に独立した「イエ」がつくられた。ただ近世の王女は外国の王侯に嫁ぐのが慣例となっており、臣下に嫁いだ例は一度もない。例外といえるクロード・ド・フランスの嫁ぎ先は次の王位が約束されていたフランソワ（一世）だったし、マルグリット・ド・ヴァロワとアンリ・ド・ナヴァールの結婚を可能にしたのは、アンリの母方アルブレ家に伝えられた「ナヴァール王」の称号だった。「王」の資格をもつ人物以外との婚姻は「貴賤婚」(mésalliance)と見なされていたのである。

繰り返せば、王女が宮廷に留まるのは、誕生から結婚するまでの短い期間に限られていた。王女はいずれフランスを離れ、外国の王妃や公妃となって、二度と故国には戻れない定めである。この点では、ギリシア神話に出てくるレテ川の譬えのように、王女は自分の出自（記憶）を一刻も早く忘れ、嫁ぐ国の文化や習俗に慣れ親しむ必要があった。一般には政略結婚のため、どこに嫁ぐかわからない彼女たちは、どの国の宮廷でも通用するように、語学、会話、文学、音楽、舞踊、乗馬などの修練に磨きをかけた。

この点では、一五～一六世紀のヴァロワ王家の女性の教養の高さには目を見張るものがある。ルイ一一世の長女アンヌ・ド・フランス（ボージュー）は弟王シャルル八世が未成年のときに摂政を務めたが、政治から引退したあと、一二歳の娘シュザンヌに宛てて『私の娘への教育』を執筆した。彼女の妹は先述したジャンヌ・ド・フランスで、ルイ一二世から離婚された不幸な女性だが、敬虔だった彼女の名誉のために一言すると、その後、彼女はベリー公妃の肩書きを得てブールジュに移り住み、一五〇二年に「お告げのマリア修道会」を創始し、一九五〇年に列聖された。また、フランソワ一世、母ルイーズ・ド・サヴォワ、姉マルグリット・ダングレーム（のちにマルグリット・ド・ナヴァールとも称される）の三人組が織りなす文芸サークルは、ルネサンスの華と讃えられる。これについては、渡辺一夫氏の名著『フランス・ルネサンスの人々』に詳しい。彼女たちはギリシア語やラテン語に通じ、古典を諳んじ、詩人クレマン・マロ、人文主義者ルフェーヴル＝デタープル、デ・ペリエなどを保護した。ルイーズの銘は「書物と子どものために」だったし、マルグリットにはボッカチオに倣った作品『エプタメロン（七日物語）』がある。彼女たちの血筋を受け継いだのか、一六世紀末のマルグリット・ド・ヴァロワは『回想録』や『ちぐはぐな閨房』などの著作をものした。王女たちの文学や芸術への並々ならぬ素養は、宮廷社会を生き抜くための知恵であると同時に、彼女たちの心の拠り所、もっといえば、アイデンティティそのものだったに違いない。

四、フランス王妃の地位と役割

ようやくフランス王妃の問題に辿りついた。さて、近世フランスの王妃の特色の一つは、彼女たちの大半が外国人で占められていることで、フランスの王女が歩んだ道筋の裏返しである。フランスの王女から王妃になった三名を除くと、外国人の王妃のうち五名はハプスブルク家（オーストリアとスペイン）、二名はフィレンツェのメディチ家（トスカーナ大公家）の出身で、それ以外は一名ずつである。それは、フランスが外交上優先したのが隣国のドイツ、スペイン、イタリアだったことをはっきりと物語っている。あまり目立たないが、一六世紀にオーストリアから嫁いできたエレオノール（図4）とエリザベト・ドートリッシュ（図5）は対立する独仏関係の融和の象徴だったし、のちのマリー＝アントワネットの輿入れが、フランスとオーストリアの関係改善（＝外交革命）の一環だったのもよく知られた出来事である。メディチ家から嫁いだカトリーヌ・ド・メディシスとマリー・ド・メディシスは貴賤婚の批判を浴びたが、それぞれ莫大な持参金をフランスにもたらし、王家の危急を救った。

図4　フランソワ1世の2番目の妃、エレオノール・ド・アプスブール

図5　シャルル9世と王妃エリザベト・ドートリッシュ

王の結婚はもちろん「国事」であり、両国間の絆を強める有力な道具である。その当時、王の結婚は神や人民の意思の表れと受けとめられ、全国民から祝福された。当然、王妃は王の妻であり、生涯にわたって王と仲睦まじい夫婦

であることが望まれる。とはいえ、王が主権者としてまさしく君臨するのに対し、王妃は主権に関与しないで、あくまで王の伴侶として「王の威厳」(dignité royale) を帯びるにすぎない。王はすべての面で「公人」だが、王妃は「公人」と「私人」が交錯する。したがって、王妃は王を傍から見守るだけで、公的な事柄に関わるのを慎まねばならなかった。王妃にあえて王に準じた権限を与えようとする場合は、王の戴冠式にあたる「聖別式」(sacre) に倣って、王妃を塗油(＝聖別)するのが通例だった。実際、この時期には王妃の聖別が多く、アンヌ・ド・ブルターニュからマリー・ド・メディシスまで合計で七名になる。この事実は、王妃の威信の高まりを考える上でヒントになるかもしれない。

見知らぬフランスの宮廷にやって来て、華やかな結婚式をあげたあとの王妃はどのような存在だったのだろうか。一般に、王妃に期待されたのは、子どもの出産と、子どもが成人するまでの教育であった。当時の多産多死の人口動態のもと、産褥に伴う生命の危険が大きいなかで、王妃は子どもを生むことに尽くしたのである。この点は、とくに王妃が生んだ子どもの数に注目していただきたい。たとえば、二人の王の妃となったアンヌ・ド・ブルターニュは男子の誕生を願って八人生んだ。彼女の娘で身体の弱いクロード・ド・フランスは一〇年間で七人も生んでいる。母の悲願を痛いほどに感じていたからだろう。アンリ四世から世継ぎの誕生を期待されたマリー・ド・メディシスは健康にも恵まれて六人、ルイ一四世の妃マリー＝テレーズでさえ六人だった。カトリーヌ・ド・メディシスに至っては一〇人の子宝に恵まれたが、結婚したあとの約一〇年間は子どもがなく、離婚されるのではないかと心配していた。ルイ一三世と折り合いのよくなかったアンヌ・ドートリッシュは、結婚後二〇年にしてようやくルイ（のちの一四世）を身ごもり、フランス王国を聖母マリアに捧げる喜びようだった。

生まれた子どもは、一定の年齢になるまで王妃の監督のもとで育てられた。王妃は子どもの教育にとても熱心だった。ただし長男の王太子は独自のイエを持たず、早くから母のもとを離れ、王のイエで育てられたので、王妃が慈しんだのは次男以下の王子や王女たちで、愛情も深く、絆も強かった。その典型のマリー・ド・メディシスの場合、彼女の愛情はもっぱら次男ガストンに注がれ、長男ルイ（一三世）とは冷ややかな関係だった。その結果、マリーとルイの対立は母子戦争に発展し、ついにマリーの国外亡命をもたらした。従順なガストンも母に付き従っている。ルイ一四世は母のアンヌ・ドートリッシュが弟のフィリップに愛情を注ぐのを嫉妬し、警戒を怠らなかった。

しかし、王妃の役割が認められるのは子育てまでで、子どもが巣立ったあとは、王と行動をともにするだけの影のような存在である。前近代において、女性は法的に未成年の扱いを受け、公の場から排除されていたので、王妃といえども活動できる分野は限られ、宮廷社会の花形として、ないし宗教や慈善など社会活動に活路を見出していたとされる。けれども、そのようなステレオタイプ的な王妃像を抽出するだけで、王妃を十分に語ったことになるのだろうか。むしろ近世の王妃は、カトリーヌ・ド・メディシスといい、マリー・ド・メディシスといい、政治の表舞台で活躍する例が多い。女傑といって過言でないだろう。したがって、取り組むべき課題は、聡明であり適応力も強かった王妃が、どのように政治の世界に入り、どのような行動をとったのか、それはなぜ可能だったかを検証することでなくてはならない。ここでは、王妃のもつ潜在的な力を政治へと導いた二つの制度、すなわち、王妃のイエと、摂政の問題に触れておきたい。

五、フランスの王妃と政治

結婚にあたって、王妃は王と通常の夫婦のような財産共同体を構成せず、王とは別にイエを形成した。その構成は結婚式に先立つ婚約式などで事細かく取り決められた。それに従って、王妃は父母から婚資を贈与されたほか、イエの費用を賄うために、王から一定額の租税・所領収入を宛がわれた。王妃の年収は一〇万リーヴルを下らなかったと算定される。宮廷内には彼女が住む数室からなる「アパルトマン」がつくられ、宮廷外にも彼女専用の居館や持ち城があった。持ち城といえば、シェール川に突き出した美しいシュノンソー城の所有をめぐって、カトリーヌ・ド・メディシスとディアーヌ・ド・ポワチエ（アンリ二世の寵姫）が鞘当てしたエピソードが有名である。

王妃のイエの奉仕者は少なく見積もって二〇〇〜三〇〇人で、最大級のカトリーヌ・ド・メディシスともなると五〇〇人を超える大規模なものだった。王妃はこのような奉公人を自在に使い、また、彼女のもとに伺候する多くの男女の宮廷人と交流して宏大なネットワークをつくりあげた。あるときは文芸サークル、またあるときは祈禱や慈善の会、しかしいつでも派閥や徒党に早替わりできる人的・物質的な集合体が彼女の力の源泉だったのである。この方面の研究はまだ緒についたばかりだが、カトリーヌ・ド・メディシスが率いたイタリア人のゴンディ、ストロッツィ、セナミなどの金融・財政家グループや、マリー・ド・メディシスの派閥に属するリシュリュー、マリヤックが頭角を現すさまを検討しないで政治史を語ることはできない。

もう一つの摂政は、王が満一三歳に達しない未成年の場合、王が外国に遠征して不在の場合、王が病気で執務が不可能な場合の緊急措置として設定された。中世以来、摂政になったのは、その時々の政治情勢を反映して王族（王妃、王弟、王の叔父、血統親王など）や大臣たちだったが、不思議なことに、近世では王妃が摂政になるケースが多い。その理由は定かでないが、絶対王政の確立期に王個人への崇拝が強まるにつれて、王のもっとも身近にいる王妃への信頼感や尊崇の念の高まりが一因とみられる。王の妻、王の母としての王妃は、夫から息子への代替わりに伴う混乱を最小限度に抑えられる切り札であり、後見人として幼王の利益を損なうような政治の私物化などあろうはずがない、という期待感や安心感があった。

しかし、実態はどうだったのだろうか。近世で王妃が摂政になったのは、マリー＝テレーズの短期間を除けば、カトリーヌ・ド・メディシス、マリー・ド・メディシス、アンヌ・ドートリッシュの三名である。いずれも王が未成年だったため、実母が後見人になるという順当な人事だった。ところが、三人とも摂政の任期終了後も権力の座に居座り続けたのである。どうやら権力とは甘い蜜のようなものであるらしい。カトリーヌが三人の王の母として事実上君臨したこと（王との二元政治）は周知の事実である。また、マリーが摂政退任のあとも権力を手放さなかったので、苛立ったルイ一三世は彼女の寵臣コンチニを「王の一撃」（coup du roi）（＝王の側からのクーデタ）で倒して政権を奪い返した。暗殺成功のニュースを聞いた王は、「これでやっと私は王になった」と叫んだと伝えられている。アンヌの場合は、夫ルイ一三世の遺言をパリ高等法院に破棄させることで摂政の座についた。しかも彼女とマザランによる統治は、一六五一年のルイ一四世の成人までどころか、マザランが死ぬまでの一八年間に及んだ。マザランの死の翌日（一六六一年三月一〇日）、ようやく権力を手にしたルイ一四世が大臣たちを集めて、開口一番、「すべて私が統治する時がやってきた」と言い放ったのも無理からぬことである。

このようにみると、王妃は王の在世中こそ存在感が薄かったけれども、それなりに自己主張はあり、確固とした勢力基盤もあって、王もそれを尊重していた。宮廷内には常に一種の緊張関係があった。それゆえ、偶然にさえ恵まれれば、王妃は摂政という制度をうまく活用して、男性原理の強く働く政治の世界を統率することができた。前述した三人の「母后＝摂政」は、まずは幼王の正統性を真正面から掲げ、やがて潜在的な権力欲という才覚に目覚め、それを愛し、それに溺れていったのだろう。カトリーヌは二九年間、マリーは二〇年間、アンヌは一八年間、権力の座にあった。この段階ともなると、男子優先のサリカ法も王国基本法も形無しで、融通無碍に解釈された。国法とはそうしたものであるらしい。ある手紙のなかで、カトリーヌは「私は王であったことはない。しかし、私は王をつくったり、彼らに命令するのが好きだった」と豪語している。

その一方、「女性蔑視」（misogynie）の根強いフランスの政治風土は、女性上位の統治、とりわけ才智に長けて、でしゃばった王妃を批判の対象としてきた。とくに「母后＝摂政」の時期には、男女の混交、放漫財政、公私混同、公金横領、外国人の支配など性の不道徳に基づく政治の腐敗を糾弾する文書に溢れている。フロンドの乱のとき、マザランを風刺した文書「マザリナード」によれば、アンヌ・ドートリッシュとマザランは秘密裏に結婚した恋人同士で、彼女の贈物（＝税金）のおかげでマザランはフランス一の金持ちになったという。また、宮廷のしきたりに疎く、何ごとにも軽率なところのあるマリー＝アントワネットは、不始末をしでかしては嘲笑の的となり、スキャンダルとなった。しかし、真偽はともかく、「パンがなければお菓子を食べればいいでしょう」といった類の彼女の言葉がまことしやかに世間に漏れてくるのはより政治的な意図をもっていて、彼女に「国民の敵」という烙印を刻みつけようとする悪意が感じられる。実際には、彼女のそのような失言は史料の上で確認されておらず、おそらくはルソー『エミール』に出てくる表現がそのまま彼女の言葉として流されたようである。結局、こうした流言飛語の責任を取らされたのはルイ一六世だった。ただしフランス革命が近づくにつれて、王妃の意味や役割も変化していたので、彼女はそれに逸早く気づき、用心深く備えておく必要はあったのである。

六、フランス王妃列伝の試み

以上、近世フランスの王妃について主に制度的な仕組みの面から述べてきた。その観点からは、男性原理が支配的な当時の政治社会において、王家には世襲王朝を成り立たせるための独特のメカニズムが働いていたこと、王妃は王の伴侶としての地位を強めていったこと、王妃には子どもの出産と教育が望まれていたこと、その一方、王妃には自分の存在感をアピールする自立的なイエがあったことなどが重要である。

もっとも、王妃論といっても、通俗的で情緒的な伝記作品はともかく、きちんとした史料に裏づけられた実証研究のレヴェルでは、コサンデー女史の包括的な研究を除くと、フランスでも王妃論が十分に論議されているとはいえない状況にある。したがって、本書も予備的な考察の域を出るものではないが、それでも約三〇〇年間の王妃たちを取り上げてみると、最初のアンヌ・ド・ブルターニュと最後のマリー＝アントワネットでは、王妃の観念やイメージに大きな隔たりがあることに気づかされる。大きな流れとしては、「王国の結合」のための王妃から「国民の母」としての王妃への変容と要約してよいだろうか。近世から近代にかけて、君主政も変化を余儀なくされていたのである。そのような時代背景のなかで、知的であり気品に溢れた王妃たちは、どのように困難に立ち向かったのか、どれほどにドラマティックな人生の軌跡を描いたのか、興味の尽きないテーマである。本書で強調したいのはまさにそのことである。それでは前座はこれぐらいにして、一五世紀末に二度王妃になったアンヌ・ド・ブルターニュ伝から始めよう。

第1章

Anne de Bretagne

アンヌ・ド・ブルターニュ
——二人のフランス王と結婚した王妃

アンヌ・ド・ブルターニュはフランスの王妃で、いくつかの点で歴史的な重要性をもっている。彼女は一四九一〜九八年と一四九九〜一五一四年の二度王妃となった。したがって、彼女は二度戴冠し聖別された唯一の人である。彼女はフランス王国の領域内で選ばれた最後の王の妻だった。また、近世において、大きな領国（ブルターニュ公国）の主権者であるとともに、用語の政治的かつ明確な意味で主権者だった唯一の人でもある。彼女は、フランス王国のなかでこの公国の自立性を永続化させる政治的な計画をもってもいた。彼女は教養が豊かで、文芸保護の活動もおこなった。最後に、彼女はフランスの宮廷で女性の存在意義を大きく増進させた。

近年、彼女の歴史が一新されたのは写本の研究のおかげである。マイケル・ジョーンズは、彼女が所有していたか、彼女の夫と共有していた二六点の写本を整理分類した。そのほか、彼女が所有していたが、失われたものが七点ある。さらに彼女に献呈されたものが八点ある。アンヌのものと特定できるのは、彼女の名前「アンヌ」や彼女のイニシャルのAからである。ほかに盾型文様、フランスとブルターニュの分割紋、輪状の王冠、結び目のついた組紐がある。組紐はアッシジの聖フランチェスコの綬から着想をえたもので、それが標章として採用されたのは、ブルターニュ公が二代にわたってフランソワという名だったからだ。彼女が好んだ銘の一つは『大時禱書』のフォリオ版の写本に出てくる「NON MUDERA」、すなわち「私は不変である」で、彼女の政治的な決意のほどを示していた。

一、アンヌ・ド・ブルターニュの三つの人生

ブルターニュ女公

アンヌはブルターニュ公フランソワ二世とマルグリット・ド・フォワの長女だった。ブルターニュ女公という彼女の身分は、夫となった二人のフランス王との関係に常に影響を与えた〔"duchesse" は一般に「公妃」と訳されるが、アンヌは「妃」ではなく、公国の女性相続人（héritière）なので、以下、「女公」と訳す〕。そこで、この身分から生じた政治的な状況の説明から始めねばならない。彼女は一四七七年一月二五日、ロワール川の河口から少し上流のナント城で生まれた。母を介して、彼女はスペイン

にも親族関係がある。ナヴァール王妃とは従姉妹で、アラゴン王は大叔父にあたる。ブルターニュ公はフランス王に臣従礼を捧げねばならなかったが、その義務はまったく形式的なものだった。公は法を制定したし、裁判権をもっていた。租税も近世的な財政機構によって徴収した。貴族からなる軍事力もあったし、中核となる常備軍さえもっていた。外国とも条約を結び、とくに一四八一年にはイギリスと軍事条約を結んだ。つまり、この公国は事実上の独立権をもっていたのである。

アンヌの母語はフランス語だった。彼女は読み書きやラテン語の初歩を信心書や祈禱書から学んだに相違ない。彼女には男の兄弟がなかったので、公国の継承者であり、一四八六年の身分制議会でもそのように認められた。その頃、フランスの大貴族はシャルル八世に反乱を起こした。彼らの先頭に立ったのが、のちに彼女の夫となる王位継承者のオルレアン公ルイで、この戦争は「愚かな戦争」(la guerre folle)〔一四八五～八八年〕と呼ばれている。一四八七年、父のブルターニュ公はルイをナントに迎え、王に対して戦争を起こす口実とした。一四八八年、ブルターニュ軍は王軍に大敗を喫し、和平条約が結ばれ、公は〔病気で急に〕亡くなった。アンヌはすでに母を亡くしていたので、一人の後見人の手に委ねられた。その当時、服従は娘の第一の義務だったが、彼女は指定された貴族との結婚を断固として拒絶した。その貴族は彼女より三〇歳も年長だったのだ。彼女はこの結婚を望む親族たちと個人的に対立せざるをえなかったが、こうして自己の決断力を示したのである。

シャルル八世との結婚

一四八八年の和平条約は、アンヌが王の同意なく結婚できないことを取り決めた。しかし、彼女は一四九〇年にこれを破棄し、オーストリア大公であり、ネーデルラントの主権者で、神聖ローマ皇帝〔マクシミリアン一世〕の息子でもあるマクシミリアンと結婚した。ただこの結婚は代理結婚という形で結ばれたにすぎず、ほどなく無効と見なされた。一四九一年五月に王軍が公国に侵入してきたが、征服によっては永続的な平和を築くことができなかった。正しい政治的解決には、公国の女性主権者との結婚が避けられなかった。フランス王はキリスト教国のなかでもっとも強大な王なので、若き女公にとって、この結婚はとても名誉なことだった。すぐに婚約式がレンヌで執りおこなわれた。

アンヌは宮廷が通常おかれていたトゥーレーヌ地方〔ロワール川中流域〕への道を辿った。この地域の境界まで彼女はブルターニュ人だけで護衛されたが、それは誘拐婚の告発を無効にするためだった。問題が一つ残った。二人の若者は教会が定めた禁令よりも近い親等だったのである。王はローマ教皇に赦免状を求めたが、赦免状を待たず、女公がランジェに到着した翌日の一四九一年一二月六日、結婚契約書が取り交わされ、結婚の祝祭行事がおこなわれ、結婚が完遂された。彼女は一四歳、夫は二一歳だった。「彼女を見たという年長者から私が聞いたところでは、彼女は美しくて感じがよかった」と、ブラントームは述べている。実際の目撃証人のヴェネツィア大使は、一四九二年に次のように記している。「彼女は背が低く、か細く」、「まずまずきれいである」。「彼女は一つの足を引き摺っている。その不釣り合いを隠すため、彼女は踵の高い靴を履いていた」。「彼女の繊細な精神は、年齢にしては見事である」と彼は付け加えている。彼女が何かを決断すると断固として曲げないという。

少しあとの一四九二年二月、王妃アンヌは戴冠されただけでなく聖別もされた。たしかにフランス王は聖別の対象だった。その儀式は秘蹟と類似し、戴冠はその一つの過程にすぎない。王の聖別のとき、王は王国と教会への誓約をおこない、そのあと奇蹟的に湧き出ると見なされた聖なる油で塗油された。王と王妃が一緒に聖別されることもあったが、王がすでに聖別されている場合、王妃は必然的にただ一人聖別され、儀式でただ一つの対象となった。白いダマスク織の式服を着たアンヌは、パリ北方のサン＝ドニ聖堂で聖別された。王妃の聖別は王のそれよりも神聖の度合いが低く、王が身体の九カ所に塗油されるのに対し、王妃は頭と胸の二カ所だけだった。それでも王妃の聖別は、彼女が王の人格と特別な仕方で結ばれていて、彼女が王とともに完全な一体性をなしていることを示した。

翌日、パリでアンヌの入市式が挙行された。王は不在だったので、彼女が注目の的となった。王冠を被り、彼女の居場所を指し示す天蓋のついた輿に乗り、大貴族や貴婦人に傅かれる見事な行列の中心として、彼女はサン＝ドニからパリのシテ島に至る九キロメートルの道程を進んだ。王の諸役人やパリ市長と助役が行進してきて彼女を待ち受け、ノートル＝ダム大聖堂、そして王宮まで彼女に同行した。町のなかでは通りごとに舞台がつくられ、政治的な内容をもつ寸劇が演じられた。入市式は王と人民の対話の場だった。たとえばサン＝ドニ門〔パリ市の正門〕では、二人の人物がフランスとブルターニュを表象していた。後者は「確かな同盟」という名だった。二人のあいだに「戦争」という名の第三の人物が立ちふさがったが、「平和」という名の第四の人物が舞台の仕掛けを利用して降りて来て「戦争」を打ち負かし、殺した。かくして、王と王妃の結婚はパリの人々にとって平和の到来と見なされた。

この治世は、とくに一四九四年のナポリ王国を征服するための王のイタリア遠征〔いわゆるイタリア戦争の開始〕によって特徴づけられる。アンヌは王に付き従ってリヨン、グルノーブルまで行った。王が不在のあいだ、王の義兄弟〔王の姉マリーの夫ジャン・ド・フォワ〕が王国統治の総代理官に任命された。ブルターニュについては、治世の全期間を通じてシャルル八世自らが統治し、ブルターニュの尚書局は廃止された。その当時の多くの妻と同じように、アンヌは夫の不義密通に耐えねばならなかったけれども、宮廷に王の愛妾はいなかった。

寡婦の期間とルイ一二世との再婚

一四九八年四月七日、シャルル八世が不慮の事故で死んだとき、アンヌは王の傍らにいた。黒の喪服を纏った彼女は打ちひしがれた様子で、休息も食事もとらず、ひたすら自分の死を願った。ところが王の死の二日後、彼女はブルターニュの尚書局を再興した。彼女に付き従っていたブルターニュの顧問官が、彼女の寡婦という身分は彼女に完全な自由を与えるだけでなく、結婚契約書に則って、彼女に公国の全権を回復したことを思い出させたのである。その後、彼女は一連の手紙をブルターニュの主だった貴族や司教に送った。これ以後、彼女は「フランス王妃にしてブルターニュ女公」と呼ばれた。

シャルル八世には子どもがなかったので、サリカ法に基づき、彼の王位継承者は男系のもっとも近い親族のオルレアン公ルイで、ルイ一二世となった。アンヌと王は、必然的に結婚の交渉に入ったはずである。なぜなら、一四九一年の結婚契約書には、寡婦となった場合、彼女が再婚できる相手は、新しい王か、王位にもっとも近い継承者と規定されていたからである。五月の初め、王は自ら彼女に会うため、彼女にパリに来るよう招請し、彼女はパリに三カ月間留まることになる。交渉のとき、王と公国の力関係は一四九一年とは違っていた。かつてアンヌは敗者だったが、今や「寡婦給与財産」(douaire) を宛がわれる王妃だった。シャルル八世は侵入者であり、戦争の勝利者だった。それに対してルイは、彼女の古くからの友人だった。結局のところ、政治的にみると、ルイ一二世は王国内に封建的で強大な領国があることに否定的ではなかったけれども、自分の後継者を考えると、そういうわけにはいかなかった。一方のブルターニュ女公は、第二の結婚契約書で公国の独立の永続性を保証する明確な条項を獲得していた。その重要な点は、公国の継承者が夫妻の第二王子(それがいない場合は王女。もし一人の王子しかいない場合は、その王子の第二王子)となることだった。長男がフランス王となり、もう一人がブルターニュ公となると、二つの継承は分離され、公国の独立は永続化されることになる。

ブルターニュの独立はフランス王国の利益に合致しなかった。独立を勝ち取るには、女公自らこの交渉に携わって王に圧力を加える必要があったのだ。彼女は三カ月間をパリで過ごした。彼女は五月一五日に王を表敬訪問し、その後しばしば会見した。八月一九日に二人は合意に至り、二つの文書に署名した。この合意文書の署名の翌日、アンヌは自分の領国に赴くために出発すると書いている。

図 1-1　アンヌ 2 度目の戴冠（1504 年）

そのことからして、彼女をパリに引き留めたのがこの決定的な交渉だったことが確認できる。こうして、彼女は依然としてフランス王妃でありながらも、継承した領国の永続化と独立を保障する政治的な計画を推進したのである。彼女は「国の女傑」であることをはっきりと示した。

彼女に対する王の好意は、かなりな額の寡婦給与財産をすぐさま彼女に認めたことからもわかる。彼女はブルターニュの身分制議会を召集した。彼女は金貨を鋳造させたが、そこには玉座に座し、王冠を被り、王杖と剣をもつ彼女の肖像が刻まれた。一四九九年一月八日、二人の結婚式がナントでおこなわれた。彼女はまだ二二歳にすぎず、王は三七歳だった。前王シャルルとは異なり、ルイは堅実で、魅力的で、輝かしく、洗練されていた。一四八四年から一四八八年にかけて、彼は何度もブルターニュ公のもとで滞在していたので、ルイとアンヌには共通の思い出があり、苦難の時期の共犯意識もあった。多分、彼は個人的にアンヌを「愛していた」。外交官としてフランスに来ていたマキァヴェリが、その言葉を『フィレンツェ史』第九巻で記している。一五〇四年、アンヌの二度目の聖別がおこなわれた。聖別式の一つの挿話が彼女の一人の書記官アンドレ・ド・ラ・ヴィーニュによって書かれている。それによれば、そこでフランス王妃としては初めて指輪の授与が追加された。それは彼女がフランスと結婚したことを意味した。翌日、パリで彼女の入市式が挙行された。

二、王妃としての生活

日常生活の枠組み

シャルル八世の治世の終わり頃、アンヌはとくにアンボワーズ城に住んでいた。この城の回廊からはロワール川が見下ろせた。その美しい光景がサンクト・ペテルブルクにある写本に残されている。ルイ一二世の時代、国王夫妻は通常ブロワ城に住んでいた。この城はルイの家産だった。ここで王妃の生活の大枠を示しておこう。当時の大貴族はイエ、すなわち、一群の奉公人や従属者をもっていた。彼らの大半は男性で、貴族か平民かの出自は問われなかった。アンヌも独自のイエをもっており、その使用人のリストや会計簿が残っている(ル・ルー・ド・ランシィによって公刊された)。以前には、フランス王妃のイエはかなり小さかったが、一四九五年頃、アンヌのイエはそれまでの王妃のイエの三倍になっており、王のイエと同じくらいの人を使っていた。

城のなかで、王妃は独自の住居をもっていた。この住居には、まず「大きな広間《グランド・サル》」があり、皆の食事の場所となった。大広間をもつことは食卓をもつことを意味した。それが王妃の特権であり、実際に多くの貴族の奉公人の肩書きは食卓の役人だった。王妃はまた自分の礼拝堂をもっていた。アンヌの礼拝堂には数人の礼拝堂付き司祭や、一人の楽師長、四人の歌手、一人の太鼓手がいた。王の城館は金糸や絹の衣服、数多くのタピスリー、銀器で溢れており、シャルル八世とアンヌの生活様式は、宮廷内で高まりゆく豪華絢爛さの発展のなかで一つの画期をなしている。

最後に、すべての大貴族と同様に、王妃は一続きの部屋からなる「アパルトマン」をもっていた。それは、寝室と、個人用に使われる何室かの奥の間から構成されていた。寝室は就寝だけでなく、応接の部屋としても用いられた。広間と寝室は細密画にも描かれていて、一五〇九～一一年の作とみられる『フランス語の詩による使徒書簡』と題された細密画では、アンヌは折りたたみ椅子に腰かけて書き物をしている姿で描かれている。その一つでは、彼女は一階の広間にある天蓋の下に座り、もう一つでは、寝室の大きなベッドの前に座っている。アパルトマンには、それほど大きくない奥の部屋があった。第一の部屋はしばしば衣裳部屋と呼ばれ、語源的には彼女の衣服が保管される場所だったが、部屋付きの侍女が休憩する場所でもあった。第二の部屋は一五世紀には「憩いの間」、次いで「書斎」と呼ばれた。そこは、秘密の会話、休憩、祈禱、身繕いといった個人的な用途に宛てられた。たとえばアンヌは穴のあいた椅子、つまり「腰掛け便器」ももっていた。彼女は暖かい湯で入浴し、二つの浴槽を使っていたが、それは、のちの一五九〇年代にアンリ四世の愛人ガブリエル・デストレの絵画に見られる浴槽とおそらくよく似たものだった。

フランスの宮廷はかなり頻繁に移動した。もちろん貴婦人たちも王妃も同様で、移動の範囲は一つの宮殿や都市に限られなかった。イタリア征服の企てのため、一四九四～一五〇七年のほぼ毎年、アンヌはロワール川流域の王城から五〇〇キロメートルも離れたリヨンへ、さらにアルプス山脈の入口のグルノーブルまで行った。いつも長い衣服を纏った若い侍女たちは雌馬に乗って、足並みを揃えた。長距離の旅行のために、アンヌは二台の輿を用いた。それは、二頭の馬で曳かれる二本の柄の上にある種の大きな椅子が括りつけられたものだった。王城間の移動であれ、より遠方の移動であれ、宮廷の一団はしばしばロワール川を航行した。リヨンから戻るために、アンヌはロワール川までは輿に乗り、それから川を下った。一四九八年に彼女が寡婦になったとき、つまり、彼女が全面的な自由を享受したとき、彼女は小さなガレー船（帆と櫓の両方の推進力をもつ）を建造させたが、アンボワーズ城からトゥールの町に連れていってもらうためだった。

王位継承者の出産

王妃の第一の義務は王国に必要な世継ぎを与えることだった。さて、最初の結婚から一〇カ月後の一四九二年一〇月一〇日、アンヌは男子を出産した。シャルル＝オルランと名づけられたのは、イタリアの聖人パウラのフランチェスコというミニミ修道会〔フランチェスコ会の一派〕の創始者に因んだものだった。年代記作者コミーヌは「それは美しい子どもで、言葉遣いが大胆で、ほかの子どもが恐れることを怖がらない」と述べている。彼の教育のために、アンヌは挿絵入りの祈禱書を制作させていて、現在はニューヨークのピアポント・モルガン図書館に所蔵されている。彼女は王がイタリア遠征に向かうのに同道するため、息子と離れることに同意した。王子が一四九五年に死んだとき、遠方にいたアンヌはずっと打ちひしがれたままだった。

その後の妊娠はしばしば難産だった。一四九三年八月、出産の予定日を二カ月前にして男子を失った。一四九五年四月、おそらく予定日よりも前に女子が生まれたが、すぐに亡くなった。一四九六年九月には男子が生まれたが、そのシャルルは一カ月も生きなかった。一四九八年三月に最後の女子が誕生したが、数日で死んだ。最初の結婚による子どもたちを追憶するため、彼女はトゥールに大理石の墓標を建立させた。それは二人の息子の横臥像を戴く石棺台で構成された。次の王ルイ一二世のもとで、彼女は一四九九年に娘クロードを生んだ。そのあと、彼女はただ男子の誕生を念じて残りの人生を歩んだのだが、一五一〇年に生まれたのは、またしても娘のルネだった。最後に一五一二年、彼女は男子を生んだが死産に終わった。結局のところ、アンヌは八人の子どもを生んだものの、成人年齢に達した二人はいずれも女子だった。

王妃の美徳

王の子どもを生む義務は、王妃が高尚な美徳、つまり、夫婦関係の誠実さ、宗教的な敬虔さ、慈愛を体現していることを意味していた。アンヌは定期的に修道院や諸個人、とくに貧者に贈物を施している。彼女の会計簿がその詳細を明らかにしてくれる。そうした贈与は慈愛と気前よさの両方が動機となっていた。気前よさは当時の貴族に特有の美徳であり、彼女自身の度量の大きさの表明でもあった。彼女のキリスト教信仰は伝統的なもので、当時の信心に合致していた。それは聖遺物崇敬と聖人崇敬を含み、それに奇蹟を起こした聖人伝が付け加わったものだった。アンヌは病気のときに奇蹟を信じる傾向があった。たとえば一五〇七年、一人娘クロードが重大な熱病から癒えたとき、彼女は、亡くなったばかりのパウラのフランチェスコに捧げた祈りのおかげだと信じた。

そうした敬虔さを示すのが、写本となったいくつもの「時禱書」、すなわち、俗人の信者に向けた祈禱書で、とくに時暦や、一日の各時間に合わせた祈りの言葉を示している。そのうちもっとも大きくて美しいのが、一五〇〇〜〇八年間に彩色を施された『大時禱書』(パリ国立図書館蔵、図1-2)である。最初の見開き部分では、聖母マリアとアンヌが向かい合っている。アンヌは跪き祈る姿で描かれている。彼女の背後には三人の聖人が立っている。図の左側はキリストの祖母の聖アンヌで、寡婦の衣服を纏い、アンヌを聖母に紹介している。真ん中で冠を被り、ブルターニュの紋章の付いた旗をもつのは聖女ウルスラ、右側で冠を被り、大きな十字架をもつのは聖女ヘレネである。ヘレネは紀元四世紀のエルサレムでキリストの十字架を発見したと伝えられているが、ローマ皇帝コンスタンティヌス大帝の母で、ブルターニュ出身だった。聖女ウルスラについては、ある伝承によれば、彼女も同じくブルターニュの王女で、異教徒の侵入者に捕えられたが、キリスト教信仰の棄教を拒絶し、彼女に従った

図 1-2 『大時禱書』に描かれたアンヌ・ド・ブルターニュ

乙女たちとともに虐殺された。このような図像からもまた、アンヌの信心が彼女に特有のブルターニュというアイデンティティを思い起こさせる。

三、個人的な影響力

教養豊かで雄弁な女性

すべての女性がそうだったように、王妃は公的な領域で、また、自分のイエの外ではどんな力もなかった。しかし、アンヌは個人的な影響力を行使できた。彼女の知性と教養、並外れた文通というやり方、さらに、ルイ一二世の治政下で王の耳となっていたからである。彼女は優雅さと雄弁で自らを表現した。ルイ一二世は、外国の君侯や大使と会見したあと、王妃のところに挨拶に行くよう促した。「なぜなら、彼女は彼らを迎えるのにとても立派で見事な優雅さと荘重さを、また、彼らと語るにふさわしい素晴らしい雄弁術をもっていたからである」。彼女はスペイン語やイタリア語を知らなかったが、歓待した外国人のいくつかの言葉を発音するのが好きだった。

彼女はとても活発に手紙をやり取りし、それを影響力の手段とした。彼女の自筆の手紙がいくつも残っている。すでに述べたように、二つの細密画で彼女は書き物をしている姿が描かれている。その一つでは、馬に跨った伝令官が手紙を運ぶために戸口で待機している（図1－3）。彼女の見事な書き方は、筆さばきの巧みさを表している。もっとも、彼女の手紙はあまりにも多いので、彼女の手にあまったはずで、彼女には四、五人の祐筆がいた。彼女は手紙を教皇や国王から臣民まで、きわめて多様な宛て先に送り付けた。彼女の手紙の多くは、忠実な奉公人の保護を依頼するものだった。彼女は政治的・軍事的な事柄の情報も得ていた。

彼女の教養の高さは、彼女が蓄えた相当な量の蔵書に基づくものだったと思われる。彼女はナント城に所蔵されていた書物をアンボワーズに運ばせたが、次いでシャルル八世によるナポリ征服のあと、書物の積み荷がナポリからアンボワーズに運ばれてきた。そして王が亡くなると、写本や印刷本、あるいは、宗教書や世俗書など一〇〇〇点以上がアンヌの所有物となった。彼女に献呈された写本のいくつかは、彼女の趣向や、彼女の中心的な関心事を明らかにしている。彼女はその当時流行していた修辞学的な詩文への趣味を共有していた。とくに彼女はギリシア・ローマの古典文化にとても関心をもっていた。それを証拠立てるのが、彼女に献呈されたプルタルコスの文言の翻訳の写本である。一五一二年の作品で、ルメール・ド・ベルジュはアンヌをユノーに譬えている。すなわち「Juno, Regina dearum」で、ユノーは古代ローマの女神たちの女王である。

図1-3　手紙を認めるアンヌ・ド・ブルターニュ

文芸保護者としてのアンヌ

アンヌは〔学者や著作者から〕書物を受け取り、また注文し続けた。当時もっとも著名な著作家の一人であるルメール・ド・ベルジュは、一五一二年に彼女のもとに出仕した。彼女は演劇の発展も支援した。彼女は風刺的な笑劇に自ら参加して気晴らしをした。彼女が都市の入市式に臨んだとき、しばしば「教訓劇」や「聖史劇」が演じられた。晩年の彼女は、悲劇作品の先駆的な演劇を保護した。それほど多くなかったとはいえ、当時の優れた著作家たちは皆、彼女のうちに傑出した保護者を見出した。彼女の所有した写本のいくつかには挿絵が描かれている。写本の装飾や、もっとも優れた画家の選択によって増大した彼女の出費からは、彼女が画家たちと密接な関係にあったことがわかる。彼女はまた音楽家、舞踊家、歌手たちにも取り巻かれていた。宗教音楽の作品は彼女や王の礼拝堂で創作された。フランスの歴代王妃のなかで初めて、アンヌは洗練された文芸保護者となったのである。

女性の地位の向上

アンヌは女性の地位の改善と、宮廷での貴婦人の役割の向上を望んでいた。ブラントームや、アンヌを直接知っていた証人によれば、「彼女のとき以来よく見かけるようになった貴婦人たちを宮廷の主役にし始めたのは、彼女が最初だった」。もう幾百年も前から、王妃は貴婦人たちをいつも従えていた。しかしアンヌはその人数を増やし、女性の存在に華麗さや優雅さを与えた。騎馬試合はもっとも人々を引きつける娯楽で、そこに貴婦人たちが列席した。片方の桟敷が王と廷臣たちのために、もう片方の桟敷が王妃と侍女たちのためにつくられた。最後に、貴婦人たちの参加が、もう一つの煌くような娯楽である男女混合の舞踊をもたらした。

アンヌのイエには一五人ほどの「貴婦人」と二〇~三〇人の「侍女」が仕えていた。後者は、アンヌの母方の従妹にあたるアンヌ・ド・フォワをはじめ、これから結婚する若い貴族の娘たちだった。アンヌは侍女に特別な注意を払い、彼女らに手厳しく、徳のある振る舞いを課した。彼女はもっとも若い侍女たちの針仕事を監督し、自ら彼女たちと一緒に針仕事をした。彼女が書き物をしている場面が描かれた細密画（図1-4）では、若い侍女たちが跪き、刺繍の仕事に専念している。彼女は侍女の結婚の世話を心がけた。寡夫となったハンガリー王が彼女に新しい妻を見つけてほしいと依頼してきたとき、彼女は美しいアンヌ・ド・フォワを彼のもとに送り出した。その一方、自分に直属する上席の侍女で、かつ自分の従妹で、ブルターニュで最大の貴族の娘でもあるアンヌ・ド・ロアンには、結婚させないよう意地悪をした。彼女の父に対する怨恨があったからだ。かつて「愚かな戦争」のとき、アンヌ・ド・ロアンの父は主君であるブルターニュ公〔もちろんアンヌ・ド・ブルターニュの父〕を裏切り、フランス王に味方した。そのエピソードがマルグリット・ド・ナヴァール

図1-4　書き物をするアンヌ・ド・ブルターニュ

図1-5　デュフールから書物を献呈されるアンヌ・ド・ブルターニュ

の『エプタメロン』の二一話のテーマである。

アンヌは宮廷の貴婦人に美徳の女性モデルを与えるため、名立たる貴婦人たちを取り上げた伝記文学のジャンルに新しい刺激を与えた。一四九三年、パリでボッカチオの作品『名士列伝』のフランス語版が刊行されたが、翻訳者はこの本を王妃アンヌに献呈した。その理由は、「女性の賞賛すべき美徳は少ないが、男性は素晴らしい功業をはたした、と宮廷人が嘯《うそぶ》いたとき」、過去において美徳は「女性の領分だった」とアンヌに断言してほしいからだ、と述べている。アンヌには女性の地位の向上という意思があった。実際、ボッカチオの作品には女性蔑視の意識が依然として刻まれていた。一五〇四年、ドミニコ会修道士で宮廷の説教師だったアントワーヌ・デュフールは、王妃から『高名な女性列伝』というタイトルの本を依頼された。ナントに所蔵されているこの写本には豪華な挿絵がある（図1－5）。デュフールは九一名の伝記を略述しているが、最新の記事の一つはジャンヌ・ダルクだった。それ以前の著作家やボッカチオの作品が女性を罵り、非難するのを常套手段としていたのとは異なって、彼は、思慮深く誠実に女性を語る著作家を探し求めたと述べている。

国制のなかでの政治的役割

王妃は公的にどんな権力もなかったが、政治的役割をまったく欠いていたわけではなかった。中世以来、王の妻は、王の傍にいて、人民のための仲介者、そして調停者、仲裁者の役目を務めた。一五〇四年の二度目のパリ入市式のとき、ある著作者は「フランス王妃アンヌは、彼女の善良さゆえに人民を苦難から救われた」と宣言した。この時期、政治思想家たちは、王の責務に臣民への愛情を割り振っていた。年代記作者はアンヌとルイ一二世の夫婦愛を主張した。『ルイ一二世への賛辞』（一五一〇年）の著者クロード・ド・セーセルは、「夫にこれほど愛された女性はいない」と証言している。模範となる夫婦愛というこのイメージは、王妃の仲介者としての役割を強調することを目的としていた。王の愛を得てこそ、王妃は王国すべての利益へと王と導くことができる。

王妃が統治権をもつことのできる場面もあった。一五〇五年の四月と五月、ルイ一二世は重病に罹り、自分の亡きあとの権力の行使を定めるために遺言書を口述した。王位の継承者はフランソワで、わずか一一歳の未成年者だったので、ルイ一二世は王妃と将来の王の母ルイーズ・ド・サヴォワが共同で統治にあたるように、そして、摂政政府の顧問会議が彼女たちを補佐するように命じた。この編成は、「母后＝摂政」の影響力を制限する性格をもっているとの見方があるかもしれないが、実際には、ルイ一二世のアンヌその人への敬意や信頼感からだった。亡き王の寡婦でしかない王妃に摂政が託されるのは、自明なことではなかった。最終的にルイ一二世は健康を取り戻し、摂政は設置されなかった。しかし、彼女の任命によって、王はアンヌに信頼を示し、著しい敬意を払ったのである。

四、ルイ一二世のもとで——公国と王国のあいだの緊張

女性主権者としての旅行（一五〇五年）

アンヌが単なるフランス王妃ではなく、ブルターニュ女公だった事実に戻ろう。一五〇〇年代はブルターニュ公国で租税の比率がもっとも低かった時期である。ルイ一二世はその行政機関を部分的にアンヌに委ねた。その役人や司教を選んだのが彼女だった。ただ、こうした王の行為（たとえば犯罪者への大赦）が認められるのは、王の名においてだった。ナントの公城の内部に、アンヌはゴチック風の大きな居館を完成させた。

一五〇五年の夏、アンヌはブルターニュを一巡した。第一の動機は、王が重病になった前年の春、「夜も昼も」ずっと看病し、祈り続けたときにおこなった巡礼の約束を果たすことだった。彼女はゆっくりと旅をした。彼女は、女性を子沢山にし、男子の出産を助けると評判の聖人の墓で祈った。彼女は、洗礼者ヨハネの指を所有しているというサン＝ジャン＝デュ＝ドワの聖所に詣でた。彼女がブレストに行ったのは、彼女自身がコルドリエール号と命名した公国の戦艦を見物するためだった。町々では教会・貴族・商人の有力者が彼女を歓迎しにやって来た。街道筋でも老若男女が彼女を見ようと走り寄って来た。次いで、彼女は尚書局の長官をいつも従えて人々を謁見し、彼女が通り過ぎる場所の至るところに「秩序と平安をもたらした」。一六世紀には、王の長い旅行は権力の行使の一つの手段だっ

た。この長い旅行の期間、ルイ一二世は妻の不在にずっと不満を漏らしていた。それでもアンヌは旅行を引き延ばし、彼女の不在は三カ月に及んだ。この一回きりのエピソードは、あるときは女性の主権者、またあるときは王の妻といった具合に、同じ人物が二つの身分を帯びることによる緊張関係を示すとても意味深長な事例である。

過去の称揚

アンヌはナントに両親の見事な墓標をつくることで公国の過去を称えた。今日ナント大聖堂にあるこの墓碑は、フランスのゴチック様式の伝統に合致している。長方形の石棺台の上に、黒い大理石の石板で覆われて、二人の死者の横臥像が安らいでいる。それらは白い大理石で、王の衣服を着て図像化されている。四隅には重要な四つの美徳、すなわち力、正義、寛大さ、慎重さのアレゴリー像があるが、それらは君主にとって不可欠な徳目だった。そのうち正義像はアンヌ・ド・ブルターニュ本人に比定されている。その像が百合の花の王冠を被り、『大時禱書』に出てくる聖女ヘレネ、聖女ウルスラと同じ衣服だからである。ミシェル・コロンブらの彫刻師によって制作されたこの墓標は、一五〇七年に完成した。

アンヌはまた、公国の歴史書の作成を助成した。古くからの臣下であるピエール・ル・ボーはすでに公国の歴史を書いていた。一四八六年に『ブルターニュ公の家系図』を記述したのが彼で、「サリカ法とは異なり」父のあとを娘も継承できることを証明するためだった。一四九八年一〇月、つまり、彼女が公国の女性主権者を自任していたとき、彼女はル・ボーのために公国の文書館を開くよう命じた。彼の原稿は、彼が亡くなる一五〇五年に完成したが、いまだ手稿本のままである。その一方、ブルターニュの法律家アラン・ブシャールは『ブルターニュ大年代記』の執筆に専念した。アンヌはそこに何が書かれているかを読んでもらい、すぐに作品を完成するよう命じ、一五一四年に刊行された。また、彼女はルメール・ド・ベルジュをブルターニュに派遣し、古い城や修道院で史料の調査をおこなわせた。そのような歴史作品は、ブルターニュの主権を示すという目的をもっていた。事実、ブシャールは、フランスと比較して、王権の起原はブルターニュの方が古いこと、キリスト教への改宗もブルターニュの方が早いことを実証している。つまり、ブルターニュの諸公はフランス王に従属してはいなかったのである。このように、何人もの歴史家への要請は、歴史は国民のアイデンティティを確認する手段であることを女公が自覚していたことを明示している。

公国の独立の永続化

将来の問題が残っていた。公国が王領に併合されるのか、それとも、独立したままかは緊張を引き起こしていた。一四九九年以来、王夫妻には一人娘クロードがいた。王の推定継承者はアングレーム伯フランソワだった。ところで、アンヌは娘のためにもっとも名誉ある結婚を望んでいたが、あわせて、自分の娘がフランス王国の継承者と結婚するのを避けようと望んでもいた。それは将来、ブルターニュが王領と統合されるのを避けるためである。そこで一五〇一年八月、クロードと幼いカール〔この二歳の子どもが、のちの神聖ローマ皇帝カール五世である」との結婚、つまり、ネーデルラントの主権者であり、神聖ローマ皇帝となったマクシミリアンの息子でもあるフィリップ美麗公の子どもとの結婚計画がまとまったとき、アンヌはとても満足だった。この結婚計画はすべての当事者を満足させた。ルイ一二世はイタリアでミラノ公国を征服したばかりで、それについての皇帝の承認を必要としていた。フィリップ美麗公は、彼の一つの領邦がフランス王国内にあるフランドル伯領なので、それで平和を願っていた。この結婚計画は一五〇三年に条約の形で確認された。ただし娘の両親は婚資を彼女に渡す必要があり、ルイ一二世はフランスのもう一つの領邦であるブルゴーニュをクロードに与えることを約束した。

だが結局、ルイ一二世はブルゴーニュの放棄が王国にどれほど害をもたらすかを理解するに至った。一五〇五年五月、王はクロードが王国の継承者であるフランソワと結婚することを遺言書で明記させた。翌年、王はル・プレシ＝レ＝トゥールに名士会議を召集し、この婚儀が結ばれることを会議が望んでいるとの声明を出させた。その一週間後、二人は婚約し、結婚契約書に署名がなされ、すべて万端整ったことが確認された。ある証言は、「そのことでアンヌがとても落胆した」と明記している。結婚を決定するのにこのような大集会を催したのはこれ一回きりである。実際、それは、オーストリアのハプスブルク王家と王妃アンヌという、この政治的な転換を望まない人たちを無理やり納得させるための演出だった。

結婚それ自体は八年後、つまりアンヌの死の直後にしかおこなわれなかったので、この結婚にアンヌが反対し続けたと考えるのは理屈に合っている。アンヌは残りの人生を男子誕生という希望をもって生きた。それが王国と公国の継承を分離させる唯一の手段だったからであろう。一五〇〇年代にはまだ期待感があったけれども、その希望はやがて頓挫した。一五一〇年には娘の出産、次いで一五一二年には待望の男子だったが死産だった。

一五一〇〜一三年、王がローマ教皇ユリウス二世と激しい抗争に入ったとき、アンヌは夫の政策を非難した。教皇が天国の鍵をもっているのだから。王は一五一〇年にフランスの司教たちを集めて司教会議を開催したが、ブルターニュの司教たちはそこに行くのを拒否した。教皇はアンヌと文通を続けたが、彼女をあたかもフランス王妃とは区別されたブルターニュ女公として扱った。すなわち、大きな領国の女性主権者だったがゆえに、アンヌは個人的な政治的・宗教的な立場を表明できたのである。この緊迫した時期は、一五一三年二月ユリウス二世の死によって解消された。そのかわり、若きイギリス王ヘンリ八世がフランス王国の征服という昔ながらの夢を再開したので、アンヌは共通の敵に対してブルターニュの防衛を組織する命令を下した。ブルターニュ海軍がイギリス艦隊と激しく戦った。とりわけ、おそらくその当時もっとも強力だったコルドリエール号と英艦リージェント号のあいだで有名な海戦があった。

フェミニストとしてのアンヌ

アンヌは最後の出産で身体が衰弱した。一五一四年一月九日、彼女はブロワで亡くなった。享年三七。ルイ一二世は彼女のために、これまでのどんな王妃も授けられたことのない栄誉ある荘重な葬儀が挙行されることを望んだ。王家の衣服に身を包んだ彼女の遺体は、幸いにも一月の寒さのために、ブロワ城内で一週間にわたって弔問客の面前に晒すことができた。そのあと、遺体はパリまで運ばれた。その行列には彼女の似姿、つまり、天蓋の下に座した彼女とよく似た彫像が含まれていた。遺体は一晩中パリのノートル＝ダム大聖堂に安置され、二月一五日にサン＝ドニ聖堂で埋葬された。そのとき、彼女を追悼した詩文を書いた著作家の数はこれまでに前例がないほどだった。彼女の紋章官ピエール・ショックは自ら葬儀用の独唱曲を作曲したが、フランスだけでなく、西ヨーロッパ各地で演奏された。今に残る三五点の写本がそれを証言している。

アンヌ・ド・ブルターニュの個人的な生涯は、彼女が四半世紀ものあいだ、しばしばとても緊迫した状況を生き抜いたという点で、例外的なものだったといえる。彼女は最初に自分と戦った王と結婚した。そして、自分の二つの結婚をもって、これまで戦ってきた二つの国家間の同盟に変えたのだ。彼女はフランス王国の王妃と、その王国内にある主権をもつ女公という二つの身分を一身に帯びた。彼女はフランス王妃に尊崇の念を抱くとともに、大きな領国の独立を永続化させるという独自の政治的な計画を堅持した。この計画を実現しようとした彼女の一貫して変わらぬ努力、とりわけ一四九八年の決然とした交渉に取り組んだことで、彼女は「国の女傑」と見なされるようになった。この女性ならではの計画が、ただ娘ばかりしか生まれなかったことが原因で挫折したのは、彼女にとってまことに不運だった。つまるところ、フェミニズムをその時代には考えられもしなかった男女間の平等という観念ではなく、社会のなかで女性の役割を拡大しようとする意思と定義するならば、彼女が独自の政治的な計画を育んできたという事実、一五〇五年に自分の領国を一巡したときに示した自由な振る舞い、そして、女性のイメージや宮廷の女性の地位を向上させようとした心情は、彼女のうちに「言葉が生まれるはるか以前のフェミニズム」を示すものである。アンヌ研究の第一人者マイケル・ジョーンズも同じことを提言している。

第2章
Claude de France

クロード・ド・フランス
――ブルターニュをフランスに統合した王妃

ルイ一二世とアンヌ・ド・ブルターニュの長女クロード・ド・フランスは、父の王位継承者であるフランソワ一世と結婚した。母と同じく、彼女はブルターニュ公国の女性相続人であり、フランス王妃だった。しかし彼女の人生を取り巻く状況は大きく異なっていた。一五歳で結婚した彼女は、夫に七人の子どもを授けたあと、わずか二四歳で亡くなったのである。薄幸の人生といってよいだろうか。年代記作者は彼女個人についてほとんど語っていないし、彼女も書いたものを残さなかった。彼女は王妃としてどんな権力も与えられなかった。彼女は、王の傍で、王の母［ルイーズ・ド・サヴォワ］や王の姉［マルグリット・ダングレーム］とうまく折り合いをつけねばならなかったが、二人とも並外れた個性の持ち主だった。とはいえ、王妃クロードの影の薄さを誇張してはならない。彼女が制度的な面で権力に関わらなかったという事実は、彼女が個人的に影響力をもつことを妨げるものではない。ここで明らかにしたいのは、まさにそのことである。

一、幼少期のクロード

クロードの誕生

クロードは父のルイ一二世が即位した一年後の一四九九年に生まれた。彼女につけられた名前は、聖人司教の名に因んでいた。彼女が成人したあと所持することになる『祈禱の書』（ニューヨークのピアポント・モルガン図書館に所蔵されている写本は、一五一七年頃のものと推定される）は聖クロードを描いた二枚の細密画を含んでおり、その一つは司教の叙階を、もう一つは聖クロードの蘇生の奇蹟（f° 35v° et 36)を描いている。クロードは子ども時代をブロワ城で過ごした。もっとも、その当時、この城は父によって拡張され、新しい翼棟が付け加えられた。その建物のなかに、幼い王女は自分のイエを母のイエのすぐ隣にもった。母のアンヌが留守のとき、彼女は傅育係のブシャージュ夫人と連絡を取り合った。

彼女のもとには父がよくやって来たが、一五〇四年以来、王がもっともよく滞在した場所がブロワだったからである。息子をもちたいという歴代国王に共通した願望はあったけれども、父は彼女に愛着を抱いていた。一五〇五年、王家の人々がブロワに集まって楽しい復活祭の祝祭行事がおこなわれた直後、ルイ一二世は生命の危険が心配されるほどの重病に陥った。ある日、彼は精神錯乱状態になって、自分のところにクロードを連れてくるように命じ、そして彼女に自分の剣を持つように求め、彼女以外にこの剣に触れる者は死ぬだろうと声高に叫んだ。年代記作者ジャン・ドートンが語るこの劇的なエピソード（第三巻三六〇頁、第四巻八頁）は、王の心がこの少女のことで一杯だったことを示している。もっと大きくなったとき、彼女は父に連れられて狩猟に行った。大使アンドレア・ダ・ボルゴからマルグリット・ドートリッシュ〔ネーデルラントの女性統治者〕への手紙がそれについて報告している。おそらく鷹狩りだったと思われるが、彼女は従者が跨る馬の後尻に乗せてもらってついて行くことができた。

彼女はとても敬虔に育てられ、伝統的な信仰心が刻み込まれていた。一五〇七年、幼い彼女が熱病にかかったとき、母のアンヌは彼女を福者パウラのフランチェスコの加護のもとに委ねた。その人物はミニミ修道会の創始者で、三週間ほど前に〔すぐ近くのル・プレシ＝レ＝トゥールで〕亡くなったばかりだった。彼女の治癒は奇蹟と受けとめられた。再び引用するドートンの年代記は、「彼女は素晴らしい教育を受けていた」と述べている。

クロードの婚約

彼女の結婚は早くから計画された。一五〇一年に、彼女はハプスブルク家のマクシミリアン〔一世〕の孫、つまり、ネーデルラント、オーストリア、スペインを継承することになる後のカール五世との結婚が約束された。しかし、ルイ一二世はこの結婚の危険性を考えた。ブルターニュをネーデルラントの君主に与えることは、フランスが二つの側から同時に侵略される恐れを孕むからである。王には息子がなかったので、王を継承する推定相続人は、サリカ法に照らして、血統親王の筆頭、すなわち、王の父系親族で百合の花の王家のなかでもっとも王に近い親族である若いアングレーム伯フランソワだった。

一五〇五年に病気になったとき、自分の死を想定したルイ一二世は摂政会議を設け、摂政として王妃アンヌと、王の継承者の母ルイーズ・ド・サヴォワの二人を任命した。やがて王は健康を回復したので、この摂政政府は現実のものとはならなかった。しかし、王は娘と後継者との結婚の意志をはっきりと示した。かくして一五〇六年、クロードが七歳のとき、彼女は五歳年長のフランソワと婚約した。王の長女と結婚しただけでは、推定相続人に何ら法的に十分な王位継承の権利を与えはしなかったが、正統性の何がしかを保障するものではあった。事実、この結婚は彼に王との〔義理の〕親族関係をもたらし、王は個人的に彼を認知するものだった。一五〇八年フランソワは宮廷に呼び出され、婚約した若い二人はお互いを知り合う時間をもった。しかし、結婚は王妃アンヌによって引き延ばされた。アンヌはこの結婚に激しく反発していたのである〔第1章を参照〕。

二、王の家族

クロードの結婚

アンヌ・ド・ブルターニュは一五一四年一月に亡くなった。そして彼女の娘クロードは四カ月後の五月一八日に結婚した。亡き王妃の喪に服するため、結婚した二人は黒い服を着て、結婚式は寂しいものだった。父王の継承者との結婚によって、クロードは王女に共通した運命、つまり、遠い異国の人との結婚、故国との永遠の別れ、完全な根なし草状態を経験せずにすんだ。彼女はブロワを離れて、アンボワーズやその他の宮廷のある城に移ったにすぎない。それでも、若いカップルの登極は父の再婚によって妨げられるかもしれなかった。というのも、一五一四年一〇月、男子の誕生を諦めきれないルイ一二世がイギリスの王女〔ヘンリ七世の娘マリー・ダングルテール（メアリー・テューダー）〕と再婚したからである。この王女に付き従ってきた侍女のなかに、クロードは気持ちの通じる一人の若い女性と出会うのだが、その女性こそ、のちに数奇な運命を辿るアン・ブーリン〔イギリス王ヘンリ八世の妃。エリザベス一世の母〕だった。しかし、ルイ一二世は息子をもうける時間がないまま、三カ月後の一五一四年一二月三一日から一五一五年一月一日の未明にかけて死去した。その日、クロードはヨーロッパで最強の王国の王妃となったのである。

夫の家族のなかのクロード

フランソワ一世はエネルギーに満ち溢れた若者であり、頑強で、勇敢で、非常な好色家だったが、それには彼の教養や、生きる喜び、自負心の強さが釣り合いをとっていた。クロードは「とても貞潔で、慈愛深く、敬虔」だったが、母親から気骨のある性格や人を魅惑する力を受け継がなかった。彼女は「背が低く、不格好で、二つの腰でたいそう足を引きずっていた」と旅行家ベアティスはあからさまに書いている。彼女の肖像画（図2－1）を見ればわかるとおり、少し斜視だったせいで、彼女の眼差しは美しさが損なわれていた。

図2-1　クロード・ド・フランスと娘たち

フランソワは、ものにした女性や、魅了された女性など愛妾を囲っていった。クロードはそんな夫や義姉の生きる喜びにはなじめなかった。妹〔ルネ・ド・フランス〕以外に親族はなかったので、クロードは夫の親族に対してやや孤立していた。王の姉であるマルグリット・ダングレーム（歴史の上では、二番目の夫〔ナヴァール王アンリ・ダルブレ〕の名に因んでマルグリット・ド・ナヴァールとして知られている）は、若く輝きのある女性で、美しく、知的で、教養があり、天賦の才能に恵まれていた。彼女はのちに詩を書き、新しい小話を集めた『エプタメロン』を書くことになる。ルイーズ・ド・サヴォワは二人の子どもに身体の運動と文学的教養、馬術と言語（イタリア語、スペイン語、ラテン語、初歩のギリシア語）を結びつけた人文学の教育を施していた。この素晴らしい教育は、母、娘、息子のあいだで一種の連帯感、運命的な共同体意識を強固につくりあげており、彼らはそれを「三位一体」のように考えていた（図２－２）。

そこでは、妻は闖入者にすぎなかった。王、彼の妻、彼の姉で構成される三人組を、マルグリットは『エプタメロン』の四話のなかで仄めかしているように思われる。祖母がマルグリットと親友だったブラントームは、実際、マルグリットがこの物語の主人公であると示唆している。「この若き王は自分の喜びに身を委ね、若者なら皆そう求めるように、狩猟や娯楽や貴婦人を愛した。そして、彼には《不具合な》妻がいて、夫の娯楽にまったく興味がなかった。そこで王は彼の妻と彼の姉といつも一緒に生活した。この姉はあるべきもっとも楽しく最良の仲間だったが、それでいて賢く、道理をわきまえた女性だった」。実際、マルグリットは結婚してはいたが（最初の夫シャルル・ダランソンは一五二五年に死去した）、子どもをつくるという喜びはもたず、いつも自分の弟にまとわりついていた。「不具合な」という語はクロードに向けられていたのだろうか。事実、ある種の確かな重々しさが、天を仰いだ様子の王妃のいくつかの肖像画に現れている。

図 2-2　チェスに興じるフランソワ１世とマルグリット・ダングレーム

ついに、「彼女の義母は、彼女を邪剣に扱った」とブラントームは断言している。しかし、こうした筆致はおそらく行き過ぎだろう。クロードとルイーズ・

ド・サヴォワの関係は複雑で微妙だった。王妃は王国の貴婦人に対して上座権を持っていたが、にもかかわらずクロードは義母に敬意を払う必要があった。クロードは若い孤児であり、義母は彼女の親代わりという務めがあった。そのため、義母にはクロードに対するある種の権威が与えられていたのだ。そこで、ルイーズ・ド・サヴォワはクロードについて「私は彼女を指導した」と書くことができた。

三、王妃と権力

ブルターニュ公国とミラノ公国の継承者クロード

政治面について、若い妻はただちに夫への忠誠を態度で示した。母の死以来、クロードはブルターニュ女公だった。結婚から一カ月後、彼女はこの公国を夫に与えた。用益権付与、つまり彼女が存命中限りという条件付きである。こうして、彼女はこの大きな領域の統治権と、その収入を受け取る権利を夫に与えた。それでも彼女はブルターニュ女公の肩書きは保持した。同様に、彼女は勅令軍団〔王の常備軍〕の一つ、すなわち重装騎兵の一隊をも所持した。その実際的な指揮は一人の指揮官に明確に与えられており、一五一五年に部隊はブルターニュに駐屯していた。

一五一五年の王の即位のとき、王妃は一五歳、王は二〇歳だった。王国や人民にとって、王夫妻の若さは歓喜、燃え立つ生命、再生の兆しだった（カスティリオーネ『宮廷人』第一巻、四二節を参照）。クロードはランスまで夫に随伴し、そこで王の聖別を見守った。すでに彼女は妊娠していた。しかし、夫はフランスが二年前に失ったミラノ公国の再征服に出発したがっていた。ところで、クロードはこの大所領の女公でもあった。父からミラノ公国を継承していたからである。イタリア北部にあるこの公国はフランス王国に属してなかったので、〔サリカ法の適用を受けず〕彼女はその相続権を排除されなかった。古くからの慣習である傍系相続に基づいて、また、断絶した家系との親族関係を理由に、ルイ一二世はミラノ公国の継承権を要求し、それを征服したのである〔ミラノ公国の当主スフォルツァ家は簒奪者であり、正統な継承権は祖母ヴァランチーヌ・ヴィスコンティの子孫である自分にある、とルイ一二世は主張していた〕。けれども一五一二年、フランスはミラノ公国を失ったばかりだった。クロードは肩書きがミラノ女公であるがゆえに、その公国を再征服する必要があった。六月二六日、彼女はこの権利を夫に委ね、それがアンボワーズで賑々しい祭典として祝われた。今や王は個人的にもこの公国を要求し、それを征服するための戦争を起こすことができた。自分の夫が自分の父からの継承地を守ってくれるのは、おそらくクロードにとって満足のいくものだった。

クロードの出産

ブーローニュ総督に宛てた一通の手紙には「王と私は……厳命します」とあり、若い王妃は、王の傍らにあって、実効的な政治的役割をはたすのを望んでいたことを示唆している。しかしイタリアに出発する間際になって、王は摂政の地位を母に託した。この選択のうちに、王妃の排除や、クロード自身の影の薄さを見てはならない。フランス王妃がただそれだけで権力を付与されなかったのは、王の伴侶であるにすぎなかったからだ。これまで摂政となったすべての王妃は王の母だった。唯一の例外はシャルル八世の統治が始まるときで、王の姉〔アンヌ・ド・ボージュー〕が統治の実際的な職務をはたした。王の妻が王権の頂上に登りつめるのは、つねに王との親等の近さ、つまり、昔からの個人的な親しさによっており、若い妻は権力をもつことはできなかった。しかも一六歳だったクロードには何ら政治的な経験がなかった。彼女は八月一五日アンボワーズで出産した。子どもは女の子だったが、少なくとも若い王妃は自己の受胎能力を示したのである。

一カ月と少し後、彼女はイタリアのマリニャーノの戦い〔九月一三〜一四日〕での夫の大勝利のニュースを得て、喜びを宮廷の人たちと分かち合うことができた。宮廷の一団とともに、彼女は英雄となった夫に会いに行くためにプロヴァンス地方に下向した。一五一六年一月半ばの二人の出会いは実りが大きかった。つまり、クロードは二番目の女の子を一〇月二三日アンボワーズで出産した。そして一五一八年二月、彼女は男子を産むことになる。王太子で、父と同じフランソワと名づけられた。

王妃の戴冠と入市式

一五一七年の初め、王国は平和で、王妃の戴冠と聖別の儀式がパリ北郊のサン＝ドニ聖堂で挙行された（図2-3）。戴冠の日である五月一〇日の日曜日、彼女は裏地にイタチをあしらった青い色（王家の紋章地の色である）のビロードの王家のマントをまとった。彼女は聖堂の入口で枢機卿兼教皇大使の出迎えを受けた。彼女のマントの裳裾は長かったので、アランソン公妃（義姉マルグリット）とヴァンドーム公妃が二つのそれぞれの側を持った。彼女の後方には王の母が歩んだ。彼女には王権の象徴物である王杖と正義の手が授与された。彼女は主祭壇で祈ったが、その間、テ＝デウム〔神への讃歌〕が歌われた。彼女は大司教によって戴冠され、そのあと血統親王たちによって玉座へと導かれた。

五月一二日の火曜日、パリで王妃の入市式が挙行された。二頭の大きな馬が引く無蓋の輿に座って、彼女は銀色の衣服、イタチをあしらった外衣、やはりイタチを撒き散らした深紅色のビロードの王家のマントをまとった。彼女は宝石をちりばめた首飾りとダイヤモンドで覆われた王冠を身に着けた。パリ市長と助役がサン＝ドニの礼拝堂まで彼女の前を進んだ。サン＝ドニ門からパリ市内に入るのだが、四名の者がやって来て、行列のなかで王妃の居場所を指し示す天蓋を王妃の頭上にかざした。彼女の前には聖職者

図 2-3　クロード・ド・フランスの戴冠（1517 年）

たち、最高諸法院の面々、宮廷の大諸侯たちが、彼女の後には王と王母が行進した。最後に続いたのが王妃の紋章で飾り付けた三台の荷馬車だった。これらの紋章は『祈禱の書』のなかに何度も姿を表わしている（f° 6r°, 15v°, 18v°）。すなわち、フランスの二分割紋、フランスの四分割紋、ブルターニュの二分割紋である。それらはクロードがフランス王の妻であり、フランスの王女であり、ブルターニュの女性相続人であることを表している。パリの大通りはタピスリーで飾りつけられた。人々は大喜びで歓声をあげた。行列はサン＝ドニの礼拝堂からノートル＝ダム大聖堂まで行くのに三時間もかかった。それほどにこの行列を見ようと大勢の人がやって来たのだ。それから彼女はセーヌ川を渡って、夜の宴会が催される宮殿に行った。彼女は市庁舎での夕食会にも招待された。数日がたって騎馬試合がおこなわれたが、そのとき彼女はおそらく勝利者に賞品を渡す役目を務めたに違いない。

入市式にみる王妃の役割

忠誠都市《ボンヌ・ヴィル》への王の入市式は大がかりなスペクタクルとなっていた。そこでは、大通りにつくられた舞台の上で、聖人伝のエピソードや道徳のテーマをもとにした寸劇が演じられた。王の入市式は君主権力の表明の手段であるとともに、王と人民との交歓の機会ともなったのである。その上演は少なくとも二カ月前にパリ市当局によって準備されており、王妃の役割を人々が抱いている政治的な観念でもって表現させようとした。それについて著者不明のある報告書がすでに一五一七年に出版されている。それは図像を欠いてはいるものの、同じテーマを扱ったいくつかの写本に挿絵が入っている。その一つは入市式の演出家ピエール・グランゴール自身が編集したもので、A・M・ルコックが分析し、C・ブラウンが刊行している。王妃クロードの入市式の演出のメインテーマは、あらゆる形をとった愛、相互的な愛であり、また、国王夫妻と神のあいだ、王と王妃のあいだ、王妃と人民のあいだでの心の結合であった。ここでは、もっとも重要な最後の二つの舞台の情景だけを描いておこう。

六番目の舞台はパリの通常の裁判権を所管するシャトレ裁判所に設置されたもので、正義に捧げられていた。クロードの家系図の樹の上で、王と王妃がそれぞれに王杖と正義の手を誇示している。下方の区画にある四人の人物は、それぞれ法、慣習、厳格、寛容といった「正義の娘たち」の役を演じている。寛容とは寛大さや慈悲にほかならない。したがって、この舞台は王妃が平和の源泉であり、王の正義を行使するにあたっての一つの役割を想起させる。その役割は、王宮に設置された最後で七番目の舞台ではっきりと説明された。その全体図は大英図書館に所蔵されており、ニコール・ホックナーが最近刊行したばかりの写本の細密画にも描かれている（二七三頁）。上の方で、正義の手を誇示する王は、彼の母と、正義のアレゴリーに取り巻かれている。王は剣と天秤を持つ正義の神の方を振り返っている。下の区画では、浮浪者、農民、「ならず者」（傭か兵士）が裁判の被告や悔い改めた犯罪者を表しており、慈悲を求めるための嘆願書を振りかざしている。一番下には、王と王妃の二枚のエキュ金貨があり、後者、つまり王妃の金貨は正義の女神が表になっている。より一般的に、人々が王妃に期待したのは、裁判官である王の傍で慈悲の心をもち、王に〔減刑するよう〕とりなしを依頼することだった。

入市式で初めて都市に入ったとき、フランス王妃は牢獄を開かせ、囚人を釈放する特権さえもっていた。王妃の恩恵が彼らにまで及ぶようにである。そのような囚人はシャトレやパリ高等法院の牢獄や王宮にいた。それらは王妃の行列の最後の二つの立ち寄り先だったので、行列は囚人の解放、つまり、慈悲深さの絶頂で終わったのである。クロードは一五一七年にこの特権を用いたはずである。というのも、その当時、宮廷の唯一の女性詩人であるアンヌ・マレ・ド・グラヴィルが最初の作品で、このテーマを扱っているからである。彼女は王妃クロードのイエに属していて、王妃に詩を捧げた。グラヴィルはボッカチオの作品を詩にした。アテナイの王テセウスは、敵の二人の王を捕虜にし、彼らを殺そうと企てたが、彼の妻が彼らの赦免の許可を得た。したがって、それは王妃に認められた仲介者の役割をさらに高めることだった。

王妃クロードは制度的な権力をもたなかったとしても、影響力をまったく欠いていたわけではなかった。ローマ教皇レオ一〇世はトルコに対する十字軍を起こすことを望んでいたが、そのなかにフランス王を引き込む必要があり、その方向へと世論を盛り上げた。一五一八年に出版された『王の名声を考える』という書物のなかで、著者ギヨーム・ミシェル〔ミシェル・ド・トゥール〕は王が十字軍の先頭に立つよう促している。ただ、この作品の終わりの部分は主に王妃に向けられている。それは、王妃が母アンヌ・ド・ブルターニュの宗教的な指針に倣って教皇の計画に従うべきだというだけでなく、彼女には無視しえない影響力が〔宮廷内に〕あると認めていたからでもある。

四、王妃とイエ

王妃が権力から遠ざけられたのは、頻繁に起こる妊娠のせいでもあった。王は愛妾が多かったけれど、それでも妻のベッドで過ごすことを厭わなかった。一〇年と二カ月のあいだにクロードは七回身ごもった。すべての貴族と同じように、生まれた子どもはすぐさま乳母に預けられた。伝記作家のシモーヌ・ベルティエールの計算によれば、婚姻生活一二二カ月のうち、クロードは六三カ月、つまり半分以上の期間妊娠していた。

王妃クロードのイエは大きかった。それは二〇九人の使用人を含んでおり、一五二三年で計算すると、王のイエの五三パーセントに相当した。彼女のイエは王妃アンヌには劣るが、カトリーヌ・ド・メディシスのそれよりも大きかった。使用人の大多数は男性の奉公人で、クロードには個人的に仕える女性が一二名しかいなかった。「彼女はすべての既婚ないし未婚の侍女たちと一緒に針仕事をし、祭壇の飾りつけのための仕事に勤しんだ」。いくつかの手がかりからは、クロードが書物と密接な関係をもっていたことを想像させる。書物は彼女の『祈禱の書』の細密画のなかにもしばしば登場している。王の図書室はブロワ城にそのまま残っていて、クロードの世襲財産だった。彼女は個人的にも図書をもっていた。自分の両親の書物の大半、とりわけ母アンヌの途方もなく見事な図書を相続していたからである。

図2-4　クロード・ド・フランス

彼女の存命中にも、ブロワ城では中世風の様式との断絶を特徴づける大規模な建設工事がおこなわれていた。この城の女城主〔クロード〕が建造物の建築様式上の、あるいは芸術的な構想に関与したことはあり得るだろう。ただそれを明確に証明することはできない。王夫妻はそれぞれに応接間、寝室、衣裳部屋を含んだアパルトマンを持っていた。フランソワ一世のアパルトマンは二階にあった。回廊の奥に螺旋状の小さな階段があって、上の階にある同じ広さのアパルトマンに密かに通じていた。そこがクロードのアパルトマンだったはずである。アンボワーズ城については、王がもっとも頻繁に滞在したのは一五一六年と一五一八年にすぎない。そこでもクロードのアパルトマンは三階にあって、王のアパルトマンのすぐ上だった。アンボワーズ城も、ほかの王家の城も、生活のための居館と統治のための場所を結びつけたもので、イタリアの君主が利用したような、永続的な居住に適した宮殿ではなかった。そうした理由から、宮廷はつねに移動していたのである。

五、王妃の名誉

旅行のなかの王妃（一五一六〜一九年）

一六世紀の君主にとってはなお、旅行は権力を行使する一つの方式だった。忠誠都市への入市式は王の権力の父性的な性格を表わした儀典や祝祭であり、王の傍らにいる王妃の存在は平和と豊穣の保証だった。王妃には二つの義務があった。王に息子を授ける義務と、人々に国王夫妻のスペクタクルを提供する義務である。何人かの年代記作者は、クロードの度重なる妊娠も、彼女が宮廷の旅行に付いていくのを免除される理由にならなかったと記している。宮廷生活は貴婦人たちの存在なくしては考えられず、宮廷が移動するたびに彼女たちもそうしなければならなかった。このような貴婦人や王妃の移動性は、いくつかの社会で流行していた女性の閉じ込めとは対照的だった。

一五一六年一月、王妃と宮廷はプロヴァンス地方にあった。彼女たちはイタリアから凱旋して来た王とそこで出会ったのである。その折、クロードは有名な巡礼地であるサント＝ボーム〔マルセイユ近郊〕の洞窟に赴いた。この洞窟は、キリストの死後ユダヤの地を去ってプロヴァンスに隠棲したとされる聖女マグダラのマリアのいた場所として知られている。クロードが所有した『祈禱の書』の一つの細密画（f° 42v°）は、マグダラのマリアの画像を描いている。その次のフォリオ版の細密画はタラスクという怪獣を引きずりまわす聖女マルトを描いている。事実、一五一六年二月三日、王と王妃はローヌ川を遡ってタラスコンで足を止め、そこで聖女マルトの墳墓に詣でた。この聖女は聖書のなかでキリストを迎え入れた人物である。この聖女もまたプロヴァンスにやって来て、この地域を荒らして住民を殺戮していた件の怪獣〔タラスク〕を屈服させたと信じられている。今日では、この怪獣は地元の民俗文化の花形である。こうした二枚の細密画からは、とても美しい『祈禱の書』が一五一六年の旅行のあとに、「クロード・ド・フランスの師匠」としてしか知られていない一人の工芸家によって制作されたことを示している。

一五一七年、王妃はピカルディとノルマンディを七カ月かけて巡った。一五一八年二月、彼女は最初の息子を産んだ。春に宮廷がロワール川をブルターニュ公国の首都ナントまで下ったとき、クロードはナントの町に生まれて初めて入った。王妃であり女公でもある彼女は、輿に乗って、自分自身の首都で荘厳な入市式をおこなった。もっとも、王はブルターニュ半島の先端まで公国を一周したが、クロードは休息のためノルマンディに向かった。このエピソードからは、彼女は母ほどにブルターニュに対する個人的な愛着がなかったと想定されるが、しかし、おそらくはブルターニュの悪路があまりに不快な旅の条件となっていたからである。一二月にパリでイギリス王の使節団の一行を接見するため、王妃は王と並んで檀上に昇ったが、祝宴には姿を現さなかった。彼女は四度目の妊娠をしたばかりだった。クロードに代わって公式の祝祭行事に出席したのはマルグリットで、その美しさに使節団は魅惑された。クロードは一五一九年三月、パリの近くのサン=ジェルマン=アン=レ城で男子を出産した〔のちにフランソワ一世を継承したアンリ二世の誕生である〕。

旅行のなかの王妃〔一五二〇年〕

一五二〇年二月、王が自分の所領のある〔西南フランスの〕アングーモワ地方で臣下のもとを訪れたとき、クロードは五度目の妊娠の初期にあった。ルイーズ・ド・サヴォワは、とりわけ王妃を対象とした素晴らしい祭典をコニャックで準備させた。彼女の輿が会場となった囲い地の入口に到着すると、メルクリウス神〔豊穣の神〕が彼女のもとに歓迎の挨拶をしにやって来て、「あなたを迎え入れ、敬意を表するために天上から神々が降臨しています」と告げた。牧草地では、緑色の絹布で覆われた山車に乗り、手にする弓でそれとわかる狩猟の女神ディアーヌから彼女は挨拶を受けた。年代記作者が明確に述べるところによれば、少し離れた場所にいたアポロン神、「すなわち太陽神」が彼女に賛辞を呈した。そのあと、二つの軍団が戦闘のスペクタクルを演じた。ヴィーナスが乗った山車が現れ、花火が打ち上げられ、……といった具合である。古代の神々をふんだんに取り入れたこの演出は、ブルターニュの首都における入市式を支配した素朴さとは好対照をなしている。

その年の春、「金襴の野営地」(camp du drap d'or)の名で知られるフランス王とイギリス王の長々しい会見式典が〔フランドルのカレーの近くで〕おこなわれた。それは二人の王のあいだの個人的で持続的な友情を築くことが狙いだった。そのエピソードの一つとして、六月一〇日、それぞれの王と王妃が取り替わる余興が催された。ちなみにヘンリ八世は、クロードから〔フランス側の〕アルドル城で個人的な夕食会の招待を受けた。彼女は二カ月後に出産を控えていた。外国の使臣たちは「彼女の奇怪な肥満」にびっくり仰天した〔彼女の妊娠を知らず、変装していると思ったのである〕。

王妃の名誉と尊厳

以上のように、もっとも大きな名誉はクロードに与えられたのだった。そして彼女自身がそれらの名誉をしかるべき人たちに返した。すでに述べたように、王は愛妾たちを集めていたが、王はお気に入りの愛人が〔宮廷公認の寵姫に〕昇格する儀式にクロードを無理やり出席させるのを差し控えた。男性の姦通が流行していたばかりか、とくに一六世紀には、貴族社会のなかで夫が愛人を夫婦のいる屋敷に住まわせることもしばしばだった。妻は自分の家でも、使用人たちの視線のもとで嘲笑されたのである。かつてシャルル七世は、王妃に帰されるべき名誉を美しい寵姫アニェス・ソレルに与えて、宮廷内での地位を確立させた。のちにクロードの息子アンリ二世は、やはり愛妾ディアーヌ・ド・ポワチエとの古くからの愛人関係を宮廷で見せびらかせた。たしかにフランソワ一世の母〔ルイーズ・ド・サヴォワ〕は、宮廷の若い女性たちに礼儀作法をわきまえるよう監視の目を光らせた。おそらく彼女は、自分の息子に影響力を及ぼすかもしれない女性関係が自分の権勢を削ぐのではないかと苦々しい目で見ていたのだ。こうした一種の嫉妬は、王に一定の抑制を強いた。ともかくも、旅行家のベアティスは「王は、たとえ素行に軽はずみなところがあったとはいっても、……妻である王妃に大きな尊敬と名誉の念をもち続けた」と述べている。一六世紀の女性が望んでいたのは、夫の愛情以上にまさにそのこと、つまり夫による尊敬の気持ちだったのである。

それに続く数年間は、一五二一年に勃発した神聖ローマ皇帝カール五世との戦いによって暗闇となった。フランスは再びミラノを失った。クロードは一五二二年と一五二三年にも子どもをもうけた。一五二三年、王はイタリアに向けて出発し、摂政の位を母に委ねた。クロードの顔は一種の皮膚病によって蝕まれていた。ある人たちは、彼女は梅毒に罹ったと考えた。ブラントームは「夫の王が彼女に梅毒をうつした。そのため、彼女は生涯を縮めた」と書いている。この断定は疑わしい。梅毒がフランスで流行したのはとりわけナポリへの遠征のあと、すなわちクロードの死後である。繰り返される妊娠が彼女の身体を弱らせ、重苦しくさせていたのである。

死に臨んで、王妃は夫に最後のとても大きな政治的な奉仕をおこなった。彼女は遺言書のなかで王太子をブルターニュ公国の相続人に指定したのである。こうして彼女は、母の結婚契約書に規定されていて、これまで統合の障害となっていた相続条項を破棄することで、ブルターニュが王領と統合することを認めたのだった。この遺言書が事前に準備されていたのは明らかである。なぜなら、遺言書の日付は七月二六日で、その日に王妃が亡くなったからである。彼女は一一月四日サン＝ドニ聖堂に埋葬された。ギヨーム・ミシェルが彼女に捧げた『哀歌』を公にした。

王妃の任務を果たしたクロード

全体として、王妃クロードは政治的な観点からは控えめな役割に留まっているが、彼女にはもっとも大きな名誉がいつも与えられていた。彼女は自分の役目を演じ、その地位を保った。王の姉がのちに行使するほどの影響力をもってなかった時期において、王妃は寛大さやカトリックの敬虔さの美徳の化身であった。彼女が歴史のなかで残した足跡は、彼女の義母や義姉のそれとは比較にならないほどに小さい。けれども、それはクロードがルイーズやマルグリットの半分も生きなかったからにすぎない。彼女は結婚してからの人生の半分以上の期間、子どもを身ごもっていた。ブルターニュについては、彼女は「フランスの娘〔＝フランス王女の称号〕」だったので、フランス王国に対抗して公国の独立権を永続化させようという母の論理をもたなかった。彼女は慎ましく、尊敬されるべき妻、しかし同時に、自己の立場ゆえに、夫の家のなかで支配され、疎外される妻のタイプをはっきりと具現化している。

第3章
Catherine de Médicis

カトリーヌ・ド・メディシス
——理想の実現に挫折した王妃

カトリーヌ・ド・メディシス〔イタリア語でカテリーナ・デ・メディチ〕は一五一九年四月一三日にフィレンツェで生まれた。母は王家の血を引くマドレーヌ・ド・ラ・トゥール・ドーヴェルニュで、出産の一五日後に亡くなっている。父のウルビーノ公ロレンツォ〔二世〕・デ・メディチも、そのすぐ後に死去した。彼女を主人公にした歴史は難しい。というのも、彼女の人生の各場面は、一五七四年以降につくられた暗黒伝説によって再構成されてきたからである。彼女の名誉を傷つける物語は、一五三三年に彼女がやってきてからフランス王国で起こった「不幸」の責任を彼女におしつけた。毒殺者、人殺し、野心的なイタリア女、外国の魔術師、子どもを支配しすぎる母親、そしてマキアヴェリスムの権化。このように彼女は悪人の烙印を押されたわけである。一九八〇年代までの歴史記述はこうした悪意をもった肖像描写の影響下にあり、宗教戦争期の出来事をネガティヴな心理学というプリズムを通して解読してきた。しかし現在では、カトリーヌの思想と行為に関する研究手法は大きく進展し、フランス王妃としてよりも人文主義者の王妃という視点で研究されている。

一、ローマ、フィレンツェ、フランス宮廷のあいだで

学識あふれる姫君

孤児となったカトリーヌは、ルネサンス期イタリアの勢力均衡にとって重要な争点であった。彼女は幼い頃から歴史の最前線にいたのである。幼少時代はヴァチカンでローマ教皇の保護を受けて過ごす。その後一五二七年から反メディチ派が支配するフィレンツェで人質として修道院を転々としたが、一五三〇年一〇月、〔メディチ家出身の〕教皇クレメンス七世が彼女をローマに連れ戻し、外交の一環として彼女とフランス王フランソワ一世の次男アンリの結婚を決める。この結婚は神聖ローマ皇帝カール五世に対するフランスの外交の勝利であり、メディチ家の世襲財産放棄の見返りに一〇万エキュの持参金を彼女に設定した。フランス王と教皇の会談期間中に（一五三三年一〇月二七～二八日）、マルセイユで結婚式も挙行された。

カトリーヌ・ド・メディシスが一歩を踏み出した新しい生活は、間違いなく彼女の価値を高めるこ

図3-1　盛装のカトリーヌ・ド・メディシス

とになったが、それと同時に、おそらく困難に満ちたものでもあった。ただし、フランソワ一世を取り巻く宮廷社会で控え目な態度を強制されただとか、あるいは戦術的に控え目な態度をとっただとかいった伝説は、相対化されねばならない。カトリーヌは教養で抜きん出ており、教父に関する知識を有していただけでなく、マルシリオ・フィッチーノやエラスムスといった人文主義者にも通じ、さらにはフランス宮廷の知的な遊びにも参加していた。ヴェネツィア大使は次のように手紙に書いている。「フランソワ一世陛下も彼女を愛しています。彼女は宮廷の皆から、そして全臣民からとても愛されているのです」。ただし、結婚後も長らく子どもができなかった。さらに王位継承者となった夫アンリは、一五三六年ないし三七年以降、ブレゼ卿の未亡人ディアーヌ・ド・ポワチエに夢中になりカトリーヌを顧みなくなった。第一子となる男子の誕生は、一五四四年一月一九日まで待たねばならない。その後カトリーヌは一二年間に一〇人産むことになる。

カトリーヌ・ド・メディシスはフランス語を習得し、同時代人に強い印象を与えた。〔ブラントームの証言によれば〕彼女は「とても上手にフランス語を言ったり話したりした」。彼女は「大貴族や外国人や大使たちに対し、見事に意見を述べることのできた」姫君だった。彼女の言葉は「素晴らしい優美さと威厳のある」言葉だったし、彼女は熟練した話し方をした。彼女が話すのを目の当たりにした人々の証言の行間から、彼女の話し方には倫理的な理由があったことがわかる。修辞的技巧と説得のための手練手管が生み出す秩序によって、敢えて彼女と話そうとする人々は、知らず知らずのうちに、彼女の言うことを聞き、彼女の考えに同意してしまった。

ヴェネツィア大使が「彼女は宮廷の皆から、そして全臣民からとても愛されている」と書いているとすれば、トスカーナ大使は一五四四年一二月の手紙で、別の事実に注意を引きつけられている。フランスでは女性が使うことのなくなったと思われている古典語をカトリーヌが習得しているというのだ。この事実は彼にはとても意義深いものに思われた。彼女はラテン語に精通しているだけでなく、「勉学に熱心で、とくにギリシア語にいそしみ、男性たちを驚かせている」。それゆえ、のちにメラン・ド・サン＝ジュレは「メルクリウスから贈られた才能ゆえに／わからない言語などない」王妃カトリーヌを称えたのだった。

さらに注目に値するのは、彼女が歴史、地理、自然科学、さらには天文学について進んだ知識を有していたこと、そして彼女がこれらの知識を敵対者と対峙する際に利用したことである。彼女自身がにわか理論家になることもあった。たとえば、息子の一人に政治に関する「訓示」を書いたときがそうだ。学識は彼女の教育計画のなかで重要な位置を占め、子どもたちの教育でも実地に生かされた。彼女にとって統治するとは、幅広い学問的知識という資本を頼りに決定を下せること、そしてとりわけ、膨大な知識を身につけて上手に話すことであった。それはつまり、哲学者の王というプラトンの夢を実現することであった。

カトリーヌ・ド・メディシス自身が、おそらくはその生涯を通じて、書籍と写本の収集家であった。二つの蔵書目録の分析から、彼女のコレクションがいかに魅惑的かがわかる。七八〇の写本のうち、ヘブライ語で書かれたものが四〇、ギリシア語の神学書、哲学書、詩学および修辞学の文書が四三七、そしてラテン語のものが三〇三ある。興味関心の幅が教養の広さを物語っている。それは聖書やカバラに始まり、聖ヨハネス・クリュソストモス〔四世紀のギリシア教父〕、ナジアンゾスのグレゴリオス〔四世紀のギリシア教父〕、ダマスコの聖ヨハネ〔八世紀のギリシア教父〕に至る。また、古代の巫女の神託やヘルメス・トリスメギストス〔ヘレニズム期に崇拝された神〕関連の文書など、予言の多さにも気がつくだろう。哲学関連の写本はプラトンが圧倒的に多く、プラトンのテクストが三二、プラトンに関する注釈が四五ある。プロティノス、プロクロス、イアンブリコス、ポルフュリオス〔以上、三～五世紀の新プラトン主義の哲学者〕、レオーネ・エブレオ〔一五世紀のプラトン主義のユダヤ人哲学者〕がこれに加わる。さらには、アリストテレス、ピタゴラス、ホメロス、ヘシオドス、プルデンティウス〔四世紀、キリスト教ラテン詩人〕といった名や、トゥキュディデス、クセノフォン、ティトゥス＝リウィウス、フラウィウス・ヨセフスなどの歴史家を挙げることもできる。印刷された書物に至っては、その数二一一八に及ぶ。

カトリーヌのシンボル

彼女には、ヴァロワ家の君主との結婚を特殊なモチーフと関連づけようとの意図があったようである。彼女は、天上世界と人間世界の仲介者としての使命をもってフランスにやってきたのだと自己演出した。彼女の銘は神と人間の仲介者というアイデンティティの獲得に向けられている。曰く「彼女は光と平穏をもたらす」。この「金言」(*impresa*)は、雨あがりの晴天というモチーフに関連づけるべきかもしれない。さらには彼女の曽祖父ロレンツォ〔一世〕・デ・メディチの信念、「天気は回復する」を引き合いに出すこともできよう。しかし、カトリーヌが精通していると主張し、彼女がフランスに新しい歴史の手ほどきをすることを可能ならしめただろうこの学知は、さらなる考察に値しよう。彼女とともに光の到来が予告されたのだった。日の光はフィレンツェで復興した良き文学的教養の真実を象徴している。そしてメディチ家は、その再発見された知識の中心としてキリスト教徒の魂の改善に先鞭をつけたと主張していた。ロンサールは次のように歌う。カトリーヌ・ド・メディシスが属する君主の家門はアテネと古代ギリシアの偉人たちを忘却から救い、とりわけプラトン、ソクラテス、ホメロスは「殺されて／メディチ一族がいなければ、永遠の死のなかにいた」。それゆえ、カトリーヌが良き文学的教養を身につけたのは、その「高貴な」血のおかげということになる。フランスは彼女の到来によって、英知と学知において、他のキリスト教諸国を凌駕することができるだろう。

したがって、以下の点をしっかり確認しておくことが重要となる。すなわち、カトリーヌ・ド・メディシスは、影の部分・幻影・情念との戦いという仕事に、あるいはプラトンが『国家』のなかで想起した意味での「転向」（conversion）の活動に参加していると表現されることを望んでいたのである。彼女にとって、魂の英知への転向、ひいては善への転向、暗闇から光明への移行は、人間の問題であると同時に、現実世界の統治にも関係しただろう。彼女はこうした観点に立って別の銘も自分のものとした。それは彼女が至福の状態を確信していることを告げるものである。「彼女は自身に希望と喜びをもたらす」。たしかに、こう確信しているということは、フランス王国の春はロレンツォ・デ・メディチの娘の神意に基づく活動によってこれから始まるのだから、現在は疑いと試練と不安の時代ということになる。しかし、それもやがては乗り越えられるだろう。来たるべきより良き未来を予言する、楽観的な確信である。

やはり興味深いのは特異な紋章である。それはおそらくフランソワ一世の提案によるもので、銘の意味を深めると同時に明快にすることを狙っていたと思われる。彼女が採用したのは、広げられた女神イリスのスカーフ、すなわち虹の図像である。それは嵐や雷雨といった暗い天気のあとで、人間世界に太陽の光が戻ってきたことを示している。こうしてカトリーヌは、翼をもち薄いヴェールをまとった姿で表現される、タウマスとエレクトラの娘、ギリシア神話の神々の使者イリスに自分をなぞらえさせたのだった。神々の使者の到来は、平和の時代、豊穣の時代の始まりを意味する。つまりは黄金時代を告げ知らせる。背後に透けて見えるのは、またしてもメディチ家の信念である。なぜなら、ユピテル〔ギリシア神話のゼウス〕に仕え、その妻ユノー〔ギリシア神話のヘラ〕の代弁者の役目を果たすイリスは、愛の女神エロスの母であり、したがって男女の結合の女神だからである。そしてもう一つ想起すべきは、イリスはアイリスの花でもあることだ〔アイリス（iris）の名はギリシア神話の女神イリス（Iris）に由来する〕。アイリスは春を象徴し、春は生と愛が再生する季節である。

虹の象徴体系には、当時、豊穣のモチーフが含まれていた。虹は地上の水分を吸い取り、雲を水でいっぱいにし、また地上に雨を降らせる。こうして自然の生命は永遠に維持されるのである。果てしなく繰り返される循環（コミュニケーション）システムのなかで、空気と水は地上の生、つまりは人間の生の源泉である。しかし、「カメレオンのごとく色が変わる」虹はまた、地上と天上を結びつけもする。虹は地上を照らす太陽の炎のおかげで姿を現し、二本の柱で蒼穹を支えているのだ。カトリーヌ・ド・メディシスの銘は、この循環が絶えず機能するための、そして人間が神に忠実であり続けるための、倦むことのない活動への参与を表そうとしていたのだろう。

王妃としての修行時代

フランソワ一世の死（一五四七年三月）によって、カトリーヌ・ド・メディシスはフランス王妃となったが、彼女がおかれていた状況は依然として曖昧だった。夫の愛人と一緒に暮らし、さらには彼女の存在を黙認しなくてはならなかった。その一方で、宮廷および顧問会議で権勢を誇り、イタリアに関する外交と軍事での決定や指導にある程度関わり続け、彼女の周りにはゴンディ家やストロッツィ家などイタリア人の小社会が形成された。

一五五九年〔夫アンリ二世の死の年〕以前の政治システムのなかで彼女に割り当てられた重要な役割

を強調しておかねばならない。一五四八年以降、王は一時的に顧問会議を彼女に委ねただけでなく、三度にわたって彼女を摂政に任命した（一五五二年、一五五三年に二度）。一五五二年以降、彼女はフランスの方針を転換させて、ナポリ王国とフィレンツェに干渉させようと務めた。一五五七年八月、サン＝カンタンの戦いに敗れて北部国境が脅かされたとき、彼女は臨時に開かれたパリ市の市民集会から三〇万エキュの課税を取りつけ、首都とイル＝ド＝フランスの秩序を守った。さらに、愛人ディアーヌ・ド・ポワチエと大元帥アンヌ・ド・モンモランシーの影響を受けたアンリ二世がスペインとの和平に傾いたとき、彼女はギーズ家と一緒に不満を抱く人々を結集させた。以上が彼女の修行時代である。

二、融和の王妃

宗教分裂の危機

夫アンリ二世が不慮の事故で亡くなったあと、カトリーヌ・ド・メディシスは「二股政策」をとり、暗黒伝説によれば、これがマキアヴェリ的な権力行使に道をひらくことになったという。しかし、アンリ二世の未亡人は福音主義の伝統に忠実で、それゆえ宗教的な分裂に対してはどちらかというと異宗派間の協調をもって臨んだ（彼女は一五二三年にルフェーヴル・デタープルが訳したフランス語版の新約聖書を所持していたし、エラスムスの素描の肖像画も持っていた）。また彼女は新プラトン主義の影響も受けていた。彼女の主な顧問官たち、たとえばヴァランス司教ジャン・ド・モンリュックなどは、公会議の開催を

図3-2　アンリ2世とカトリーヌ・ド・メディシス（A. カロン作）

切望していた。公会議を開けば、カトリック陣営とプロテスタント陣営が「中庸の道」を見出し、短期的ないし中期的な見通しでの宗教的統合の可能性もあると考えていた。彼女自身は、薬剤師ニコラ・ウエルの詩から発想を得て、画家アントワーヌ・カロンに命じ、王権を守るためだけに人生を捧げる王妃として自らを描かせた。

しかし、このような人物像の構築を理解するためには、一五五九年以前にカトリーヌがフランスにおける自らの存在をどのように意味づけたかを考慮する必要がある。〔アントワーヌ・カロンが描いたカトリーヌとアンリ二世の肖像のなかで〕カトリーヌとアンリ二世が手にする角笛から立ち上る神々しい火は多産性という美徳を表現しており、カトリーヌを王国と大地にとっての来たるべき希望と喜びに仕立て上げた〔図3－2〕。彼女はこの世の春と黄金時代の再来を告げていた。その横に描かれた麦の穂は、フランスの大地が彼女の「多産な性質で」再び活気を取り戻すことを言わんとしていた。当時彼女はオリンポスの王妃に例えられた。〔ロンサール曰く〕彼女は「フランスのユノー」であり、神の摂理により彼女が宿した「この世界の継承者である息子たちは／多産な家系に属し／この地球を人間で満たすだろう」。

とはいえ、宗教的危機は急速に高まった。なぜなら、プロテスタントはアンリ二世の治世末期にロレーヌ枢機卿とその兄ギーズ公フランソワが主導した迫害の終結と、彼らの信仰の公表および信教の自由を要求したからである。一五六〇年三月、相対立する貴族の党派にとってカトリーヌの息子フランソワ二世が争点となり、プロテスタント貴族がギーズ家を権力から排除しようと陰謀を企んでいたとき〔いわゆる「アンボワーズの陰謀」〕、カトリーヌはプロテスタントを赦免する勅令を発布することで歴史的な大転換に着手した。さらに彼女は、地方総督、国王役人、都市の司法官など、国家的テクノストラクチャーの参与者全員に宛てて厖大な書簡を送り、プロテスタントの組織が確立された状況で（その教会は二〇〇〇を数え、たくさんの家臣を抱える一部の大貴族の支持も得ていた）、あるいは暴力によって敵を根絶やしにしようという終末論的夢想がカトリック教会に蔓延している状況で、王権が取るべき選択肢を知らしめた。

その一方で、敵対する宗派〔プロテスタント〕による礼拝堂の占拠、聖像破壊、テロ行為が起こるなか、母后カトリーヌは、彼女に与えられた「王国の統治者」という栄誉と大法官ロピタルの支援を頼りに、経験を踏まえつつ、内戦を防いで安定した状態を確立できるような解決策を模索した。その結果が一五六一年七月の勅令で、公の集会の禁止は堅持しつつ、宗教行為によって正当とされた司法介入を一切禁じた。これは信教の自由という寛容の一形式である。同年九月、ポワシーで両派の対話集会が開催された。カトリックとプロテスタントの神学者を話し合わせることで、カトリーヌは宗教分裂から宗教色をなくせることを期待したのである。しかし、その計画は意見のぶつけ合いに終わった。

宗派共存の夢

融和の夢は一五六二年一月一七日の勅令に到達点を見出した。この勅令により異端は罪ではなくなった（礼拝および信教の自由の公布）。またこの勅令は、国内状況の顕著な悪化によって説明はつくけれども、母后カトリーヌが身をおいていた哲学的平面を象徴してもいる。すなわち、すべては暴力が優勢にならないため、すべては君主制国家が国を支配する唯一の政治的権力であり続けるため、すべては敵対者たちが互いに中庸の道をとり、「情念」と呼ばれるもの、つまりは暴力へと突き進まないようにするため、そして、すべては神（その地上における「生きた」似姿がフランス王である）と臣民とをつなぐ唯一の仲介者として彼女自身を認めさせるためだった。「時代の要請」に直面したとき、王は王国の法を変えて、王国のなかに二つの宗教が共存できるようにする義務がある。そうして、神の慈悲により人民の統一が回復するのを期待するのである。カトリーヌはある手紙のなかで述べている。女性であるゆえに、彼女には「温和さ」がある。この「温和さ」のおかげで、動き始めた暴力の連鎖を止めることができるのだ、と。彼女にとっての敵は非人間性のこ

図 3-3　喪服姿のカトリーヌ

とであり、この非人間性こそが日々キリスト教徒に神の名の下で殺し合いをさせているのである。

カトリーヌはその意に反して恐ろしい内戦に巻き込まれ、カトリック「三巨頭」〔アンヌ・ド・モンモランシー、ギーズ公フランソワ、ジャック・ド・サン＝タンドレ〕の側についたけれども、アンボワーズの和議を締結して政治的主導権を取り戻したのち（一五六三年三月）、王権と宗派共存の両方を確立しようと努めた（一五六三年八月にシャルル九世の成人を宣言し、一五六六年二月にムーラン王令を発布した）。そして二年近くものあいだ、息子シャルル九世を伴いフランス王国をめぐった〔一五六四年一月〜六六年五月〕。その目的は臣民に王の姿を見せるためであったが、それと同時に彼の存在を通して、歴史は平和に向かって流れていること、平和以外に道はないこと、王は融和を求めていること、そしてこれまでに神の名のもとに犯された残虐行為は過去に属さねばならないことをフランス人たちに知らしめるためでもあった。また、和平活動を成功させるために宮廷生活も再建し、宴会や舞踏会の開催、演劇の上演、そして詩人や音楽家の保護といった活動もおこなった。こうした政治権力の領有は、一五六四年以降、パリにおける母后の「邸宅《イエ》」(maison)、すなわちテュイルリー宮殿の建設として表現された（設計はフィリベール・ド・ロルムで、ジャン・ビュランが工事を引き継いだ）。

しかし、一五六三年から一五六七年にかけて、貴族家門の政治争いから、そしてスペインと教皇庁の圧力から王権を解放することを目指したカトリーヌの和平活動は、フランドルにおける聖像破壊運動（一五六六年）によって動揺した。さらにプロテスタントの首領たちが〔パリ東方の〕モーの町を奇襲（一五六七年九月）するなど、人間の情念の抑制という使命を帯びた「絶対的」権力の行使に邁進す

図 3-4　サン＝バルテルミーの虐殺
（中央奥の黒服の女性がカトリーヌ、F. デュボワ作）

る王権を脅かすかにみえた。そのためカトリーヌは、プロテスタントの根絶を図った二度にわたる血みどろの戦争にシャルル九世を一時巻き込んだ。その帰結が〔プロテスタントに信仰の自由と制限つきの礼拝の自由を再度認めた〕サン＝ジェルマンの和約である（一五七〇年八月）。

三、必要な暴力という無理な逆説

サン＝バルテルミーの虐殺

一五七二年八月二四日未明のパリの虐殺〔いわゆるサン＝バルテルミーの虐殺〕におけるカトリーヌ・ド・メディシスの役割は厄介な問題である。ネーデルラントへの軍事介入計画をめぐってカトリーヌとシャルル九世が仲違いしていたとは断言しにくい。念頭におくべきは、カトリーヌもシャルル九世も、難しいゲームを戦っていたことである。コリニー提督によって擁護されたプロテスタントの好戦的気風を和らげなければならなかったし、ヨーロッパ列強のなかにフランスをしっかりと位置づけ直すために国内の平和を確固たるものにしなければならなかった。重要なのは、権力のこうした複雑なやり方が成功するかどうかだった。しかもその政治には、占星術や魔術が混ぜこぜになっていたのだ。

王女マルグリット・ド・ヴァロワとプロテスタントの王族アンリ・ド・ナヴァールの結婚は、平和の象徴的確立に成功したことを意味すると同時に、フランス人が和解の新しい時代に入ることに成功したことも意味していた。結婚式は一五七二年八月一八日にパリで挙行された。パリにはプロテスタントの貴族も集結した。ただ、彼らは王権の政治的・宗教的な方針には反対していた。

カトリーヌ・ド・メディシスの歴史から、サン＝バルテルミーの虐殺が予め仕組まれていたという見解を取り除かねばならない。おそらく彼女は、コリニー襲撃（八月二二日）によって引き起こされた危機的状況への対応として、シャルル九世の同意を得て、その場しのぎの策に出たのだ。コリニー襲撃は、復讐のロジックのなかでギーズ家によって仕組まれたものと理解できよう。なぜなら、一五六三年にオルレアンの近くでギーズ公フランソワを暗殺させた黒幕としてコリニー提督は指弾されており、司法手続きの開始を求める動きもすべて失敗に終わっていたからである。

もともとサン＝バルテルミー事件の首謀者側には、殺害目標として数十名のプロテスタントの軍事的指導者の名前が挙がっていたらしい。なぜなら、プロテスタントの領袖たちはコリニー襲撃に責任があると疑われる者たちの裁きを求めていたが、王権の側では彼らの訴えを聞き入れることができなかったからである。そしてまた、軍事的なプロテスタンティスムを壊滅させねばならかったからでもあろう。内戦がいつ再開してもおかしくないことを考慮すれば、それは脅威であり続けていたのである。さらには、フェリペ二世に迫害を受けているネーデルラントの同胞を救うためのプロテスタントの軍事遠征を阻止する目的もあったろう。確かなのは、急遽決定されたこの「死刑執行」が失敗に終わったことである。なぜなら、それは民衆による大虐殺に発展してしまったからである〔パリだけで二五〇〇名から三五〇〇名が犠牲になり、地方でもたくさんの犠牲者が出た〕。

最初の犠牲者はコリニーだった。「異端者たち」は家から引きずり出され、セーヌ川のほとりに引き立てられ、「王様の命令だ」の叫びとともに惨殺された。そのとき、サン＝ジノサン墓地〔パリ中心部にある共同墓地〕の聖母像の前に立つ枯れたサンザシの木が緑の葉で覆われたという。それは悪魔の教えによっていつもキリストに逆らってきた者たちの死を神が喜んでいるしると解され、パリ中の教会の鐘が鳴らされた。パリは新たなエルサレムとなり、神の敵の虐殺という行為のゆえに祝福された〔と信じられたのである〕。

暴力をなくすための暴力

王の暴力停止命令にもかかわらず、殺戮は八月の終わりまで続いた。母后と王が抱いていた〔宗教的〕融和という人文主義的な夢の挫折は、〔カトリック信者にとっては〕神の意思にかなったものとされた。

母后と王はパリ高等法院に出向き、王シャルル九世とその母および兄弟たちの殺害を狙ったプロテスタントの「陰謀」を理由に、これらの行為の全責任を認める必要があった。しかし、突発的に暴力に頼ったのはおそらく謀略でしかなかった。いつか近い将来、合議と「共生」(*convivere*)に適した条件を回復すれば、手段と目的の一致は説明がつくと考えたのかもしれない。殺戮はまた別の「時代の要請」への応答でもある。すなわち、例外的な状況なら、王権は自身の執行権力を無傷のまま保つため、特別な裁判権を行使できるというのだ。これは詩人アマディス・ジャマンがシャルル九世の死の直後、カトリーヌに献じた『哀歌』のなかで彼女にはっきりと述べることである。恐ろしい戦争の女神、不吉なるベローナがフランスの諸都市を焼き払ったときも、平和がフランス人の好戦的な気持ちを抑えたときも、王妃は「実り豊かな良き助言を得て賢明さ」を示した。彼女の視線は監視を怠らない。まるで「至るところに」降り注ぐ太陽のようだ。

カトリーヌ・ド・メディシスをときに暴力にまで駆り立てた策動(jeu)をいわば正当化するためにしばしば言及されるのは、パラス〔女神アテナ〕との同一視である。技芸の女神であるパラスは、ときに「傭兵の仕事」に従事することもあり、そののち「羊毛の仕事に/手間暇かかる金と絹の仕事に」静かに戻ってくる。結局はカトリーヌ・ド・メディシスにとってプロテスタント領袖の殺害という目標には、一つの狙いがあったのだろう。それは、コリニー襲撃から生まれ、王国を内戦と残虐行為に明け暮れる時代へと逆戻りさせる宗派間の潜在的な暴力の可能性を中和化することだった。これは彼女が抱く権力行使の人文主義的観念から切り離すことのできない、一種の「現実政策」である。人間が情念に駆られて殺し合うのを防ごうとしたのだ。

カトリーヌはプロテスタントのパンフレット作者たちによって、犯罪者、支配者、魔術師、毒殺者の烙印を押された。しかし彼女の暗黒伝説は、彼女がアンリ三世のポーランドからの帰国を保証したうえで摂政に就いた一五七四年以降につくられる。もちろん暗黒伝説の中心には、アンリ二世の未亡人を特徴づけることになる血がべったりとこびりついていて、サン＝バルテルミーの虐殺も彼女が望んだこととされた。たしかに八月二三日から二四日にかけての夜の決定に彼女は関与していた。しかし、彼女は考え、そして自分の意に反して行動したのである。

四、信心行為としての政治

和平の調停者

カトリーヌは一五七二年以降も現役でありつづけ、息子を助けて宮廷で動き回る諸勢力を中和化しようと試みていた。日陰に隠れるつもりなどさらさらなかった。宗教戦争はこの頃、とくにシャルル九世の死〔一五七四年五月〕のあと、大きな転換点を迎えた。彼の弟アンリ三世が即位すると、ラングドック地方の穏健派のカトリックがプロテスタントと同盟を結んだ。密かに宮廷を脱した王弟フランソワの周囲に「不平派」(malcontents)が形成されたことで、戦争はカトリック同士の戦いになった。

その後も彼女は仲介者として活動し、王権の擁護と過激派の中和化に努めていた。忠実な大臣たち(ヴィルロワ、ピナール、ブリュラール)のネットワークを利用して、王権が直面している諸問題に直接介入し決定を下した。王権はいつも二元性原則のうえに機能していたのである。シャンボールでの王と王弟フランソワの会談を準備したのち、彼女はフランソワと交渉してボーリューの和平を実現した（一五七六年五月）。この和平はプロテスタントに当時としてはもっとも有利な条件を認めている〔サン＝バルテルミーの虐殺犠牲者の名誉が回復されるとともに、パリと王宮を除く王国全土でプロテスタントの信仰が認められた〕。次いで彼女は一年以上にわたる大旅行に出、彼女自らラングドック、プロヴァンス、ドーフィネの宗教的・社会的な対立、あるいは貴族間の争いを収めていった。その途中、アンリ・ド・ナヴァールとのあいだでネラック協定に署名している（一五七九年二月）。

まさにこの旅行の途中の一五七九年一月、彼女は自身の政治行為の動機を説明している。さらに、人生を通じて政治的・宗教的場面の前面に彼女を押し立てたものを明らかにしている。彼女が言うところでは、悪い季節にこれほど遠くまでやってくることの「苦労」（peine）については不平を言いたくない。いかなるときも、自分の「苦労」について不平を言うなど論外である。なぜなら、王の側を離れて「困難な仕事」（labeur）に取り掛かってからというもの、彼女「個人」（particulier）に関わることはまったく考えてはこなかったからである。彼女は目的を達成するため全身全霊で「取引」(négoce)に臨んだ。その目的とは恒久的な平和を打ち立てること、好戦的な勢力を解体すること、王の臣民を保護すること、つまりは王の権威を守ることである。彼女の個人的な合言葉は「忍耐」（patience）である。しかし、それがほとんど見せかけなのは明らかだ。彼女は自分の役割を「闘い」（combat）として認識している。「事態を打開する」ため、彼女は息子の権威を借りてその闘いを遂行する。ただし、その闘いは対決を求めない。その闘いの過程で、彼女は過激な行動をより巧みに中和化するため、しなやかさを発揮しなくてはならない。

理性と忍耐

彼女の行為は理性と非理性を対置する。「忍耐」のおかげで、敵対勢力との交渉をうまく運ぶことができたと彼女は言う。彼女の課題は、緊迫した状況のなか、均衡を保てる一点を見つけることである。カトリーヌ・ド・メディシスが利用したのは理性であるが、その理性に対して何人もの人物たちが反抗した。彼女はそうした人々の一部は厄介だと断言する。その筆頭に挙がるのが、自分たちの権利の要求に固執する「強硬で、頑固で、邪な意思に満ちた」ユグノー〔プロテスタントへの蔑称〕で、その何人かについて彼女は「手に負えない」(fascheux) と形容している。ユグノーは理解しがたく、「心のなかに何かを隠している」。だから、彼らが悪事 (mal) に戻る危険はいつも存在する。「それこそ私たちが恐れねばならないことであり、私に多大な忍耐を強いる唯一の原因」なのである。

この先彼女は、人々の心を変えなくてはならない。そして、彼女が彼らのなかに見抜いた「隠された」部分、彼女が追求する平和の絶対的必要性に彼らが従うことを妨げるその「隠された」部分を捨てさせなければならない。ユグノーとその「策略」にまんまと騙されないようにすること、これが一番大事なことだと彼女は息子アンリ三世に繰り返し書いている。悪事は嘘のなかにあるのだ。また別の敵もある。その敵も裏表ある態度をとり、見せかけの罠を仕掛け、二枚舌を用いることを知らねばならない。ここでも忍耐が必要だ。その敵とは、彼女が命じる平和に反対し、陰謀をやめようとしないカトリック教徒たちである。彼らのなかには、アンジュー公〔一五七六年以降の王弟フランソワの呼称〕の取り巻きの手下や王の役人たちに加え、戦争で暮らすという厄介な習慣を身につけた貴族たちがいた。そうした貴族たちは考えを隠すことに慣れていたし、そのうえ強情だった。

臣民の母

平和のための闘いはまた、隠されたやり方でも繰り広げられた。自分の考えを隠すことができるのは、王国の安息の敵、プロテスタントとカトリックだけではない。カトリーヌはアンリ三世に自分の考えを隠さねばならないと諭している。なぜなら、いつでも暴力に頼ることができながら、猫を被った者たちを出し抜くためには考えを隠す必要があるからである。忍耐はそこを通って力を発揮する。カトリーヌ・ド・メディシスは、自分の行為と意図を「明かす」ことのない自身の才能を強調する。ときには悪人たちに対する正当な処罰も曖昧な未来に繰り延べにした方がよいこともある。つまりは、彼らとの取引に応じるふりをするのである。戦争で暮らすがゆえに戦争のことしか考えない人々の心を変えるには、まずは自分自身の心を覆い隠さねばならない。忍耐とは自分自身を統制する技術のことである。いずれにせよ、反抗的な者たちには「別の機会に」、「好機が到来したときに」懲罰を与えればよいのだ。

王国の幸福に役立つ「不屈の態度」および「揺るぎない態度」という主題をめぐって展開された言

述のなかに、ある重要な連関が現れる。カトリーヌ・ド・メディシスにしてみれば、駆け引きをおこなうことと女性であることとの結びつきが突如現実のなかで機能するのである。彼女はフランス王の母という「名誉」に拘っただけでなく、息子の臣民を保護する母親という形象を自分のものにすることを強く望んだ。プロテスタントの取引相手や一部のカトリックの立役者たちに対する母后の特殊な作法と表現方法は、この形象によってよりしっかりと理解することができるだろう。彼女の「名声」は名誉の同義語だという。ただしこの名誉は象徴的な名誉であり、何よりカトリックであれプロテスタントであれ「すべての」臣民に対する義務、愛を与えようという意思と同じである。王の臣民が長いあいだ待ち望んでいるもの、すなわち平和を回復することは名誉である。そして、彼女が王国の人民とのあいだに持とうとしているのは神秘的な紐帯ともいえる。

彼女はさらに続ける。保護者としての母親という使命において「神の助け」がなければ何も成すことはできず、神は彼女自身が暴力と残虐行為を拒否するよう求めている、と。彼女の言い分では、彼女はただひたすら和平の実現だけを考えて艱難辛苦に立ち向い、「大幅な遅延とたくさんの不当な仕打ち」に直面した。カトリーヌが息子アンリ三世に述べるところによれば、彼女がすべてを受け入れたのは、「あなたの臣民すべての母でありたいという大きな願望」に突き動かされたからだ。王とその臣民の母であるということは、彼女にとって、信心行為を成し遂げるためである。

彼女はアンリ・ド・ナヴァールとの交渉を終えたあと、「おしゃべりさん」ことユゼス公夫人に次のように書いている。「私はラングドックのユグノー全員に会いました。いつも私をお助け下さる神は、ギュイエンヌのときと同じようにうまくいくよう、取り計らって下さいました」。この先彼女はプロヴァンスとドーフィネで和平という「仕事」(œuvre)を続行しなくてはならない。そのあとは首都を取り戻さねばならない。なぜなら彼女は神のために行動しているのであり、息子は神の地上における生きた似姿なのだ。フランス王国の平和に敵対する好戦的雰囲気という「不幸」(mal)を乗り越えられたのは、神が授けてくれた力のおかげである。彼女はその神の恩寵が彼女の企てを助けてくれたと考えている。また彼女は、どんなときも恵み深い神が彼女の祈りを聞いてその恩寵を授けて下さったと確信しているようだ。

一五七八年一〇月三一日、彼女は息子から授けられた役目を引き受け、平和のために働きに行くのだと書いている。「こうした手段で神様によりよくお仕えしたいという希望がかなえられるなら、何も惜しくはありません」。「私たちが穏やかな手段で一致してあなたの勅令を実行し確立できるよう信心を込めて」神に願ったと彼女は語っていた。したがって、フランス王の臣民全員の母でありたいという願望の根源には、そして、彼女の「心」と「まっすぐな理性」という秩序を再創出するための仕事の根底には、信仰に基づく思想があったのである。カトリーヌ・ド・メディシスは王に仕えていただけでなく、彼女の見解ではフランス王国の平和を望んでおられる神にも仕えていたのである。

五、平和と王権のための闘いは終わらず

神聖同盟

彼女は自ら引き受けたこの神聖な使命に最後まで身を捧げた。アンジュー公〔王弟フランソワ〕の死（一五八四年六月）はすべてをひっくり返してしまった。というのも、アンリ三世には子どもができなかったため、プロテスタントの王族、アンリ・ド・ナヴァールがその後継者になったからである。これに対し、ギーズ公アンリ〔一五六三年に殺害されたギーズ公フランソワの息子〕、マイエンヌ公、ヌヴェール公、その他の大貴族たちはナンシーに集結し（一五八四年九月）、カトリックの擁護と維持を目的に「神聖同盟」(Sainte Ligue) を結成した。一二月末にはジョワンヴィルでスペイン王とのあいだに条約が締結され、それに関与した者たちは傍系長子相続権を理由にブルボン枢機卿〔アンリ・ド・ナヴァールの叔父〕を王位継承者と認め、異端の撲滅とトリエント公会議決定の受容に全力を挙げることを約束した。つまり、もともと神聖同盟は王権に圧力をかけることを狙った貴族の組織だったのである。

神聖同盟にインスピレーションを与えたのは、参加型君主政ないし代議制君主政といった神話的理念と結びついた十字軍という共通の理想である。ペロンヌで出された声明で（一五八五年三月）、神聖同盟は綱領を策定した。そのなかで神聖同盟はフランス人に向けて、王位継承問題の危機に気づいて異端に対抗し結集するよう、そして財政における権力の「専横」に抵抗するよう呼びかけた。また貴族に向けては、アンリ三世の寵臣エペルノン公およびジョワイユーズ公に対して立ち上がるよう呼び

かけた。さらに神聖同盟は全国三部会の定期的な開催を要求した。この貴族の同盟《ユニオン》からは都市の同盟《ユニオン》も派生した（一五八五年一月）。シャルル・オトマンと三人の聖職者の主導の下、宗教結社がつくられたのである。彼らはプロテスタントとの戦争にカトリックの「熱烈な信奉者たち」全員を動員することで「異端」を根絶しようとした。

繰り返される仲裁

神聖同盟が求める戦争は、平和と中庸というカトリーヌの倫理観と両立しなかった。それゆえ彼女は、神聖同盟と王権の対立を未然に防ごうと試みた。一五八五年三月以降、ギーズ公に交渉を余儀なくさせることを狙った権謀術数を仕組んだのである。まず彼女は何も知らないふりをして、ギーズ公が心中を明かすよう仕向けた。さらに彼女は自分の病身を利用した。消耗し疲れ切った身体を王国の不幸の象徴とすることで、ギーズ公が再び接触してくるよう仕向けたのである。敵対者たちのあいだに不和の種をまくことを狙った「隠された戦略」だった。エペルネ大修道院でのギーズ公との会談は（一五八五年四月）、ヌムール協定および一五八五年七月の勅令に結実した。とくに七月の勅令は、アンリ三世が神聖同盟の出したたくさんの要求に同調し、プロテスタントの根絶を目指す徹底した戦争に身を投じるかのような印象を与えた。

この交渉のあいだ、内密の協議が長時間にわたってもたれた。ジョヴァンニ・ドルフィンはその時間の長さを強調する。曰く、母后は頻繁にギーズ公と議論し「一六時間ものあいだ、彼と話し合っていた」。ギーズ公にとっては、この会談は言葉の罠にはめられているようなものだった。彼の妻カトリーヌ・ド・クレーヴも「可能な限りの調停」をしてくれるよう母后から頼まれた。彼の叔母ルネ・ド・ロレーヌは「繰り返し忠告と説得」を受けた。カトリーヌ・ド・メディシスにとって政治行為の狙いは、人々が好き勝手な方向に行かないようにすることだった。彼女の目標は、「国家」(*res publica*)という身体の統一を維持することだった。「国家」という身体にとって王は頭であるのだから、神から与えられた王の権威を疑ったり覆したりしてはならないのである。そのために彼女が用いる手段は、すでに見たように、やはりいつでも言葉であった。

その後も彼女は動き回ることをやめなかった。まずコニャック近くのサン＝ブリス城でナヴァール王に会い(一五八六年一二月〜八七年三月)、カトリックへの改宗を促した。のち改宗をきっかけにナヴァール王は宮廷に復帰し、過激なカトリック派を切り崩すことになる〔一五九三年〕。次いでフェール＝アン＝タルドゥノワではギーズ公と話し合いをもった(一五八七年五月)。さらに彼女は神聖同盟との決裂を避けるためにも働いた。

挫折と死

しかし、一五八八年五月一二日のいわゆる「バリケードの日」〔ギーズ公を支持するパリ市民が蜂起し、アンリ三世はパリからの逃亡を余儀なくされた〕で彼女は暗礁に乗り上げる。彼女はアンリ三世とギーズ公を仲裁したものの、両者の合意で被害をこうむり、彼女に忠実だった大臣たち〔ヴィルロワ、ピナール、

図3-5　ヴァロワの霊廟

ブリュラール〕が政府関係者として追放された〔一五八八年九月〕。これを機に彼女は、王国を引き裂く内戦の傍観者にすぎなくなる。

カトリーヌはギーズ公および〔その弟の〕ギーズ枢機卿の暗殺〔一五八八年一二月二三日、二四日〕によって幕を閉じる一連の悲劇的事件の単なる目撃者にすぎなかったのだろうか。また、彼女は疲れ切ったために、この政治的・宗教的な危機と再編の時期に権力から距離をとっていたのだろうか。はっきりとしたことはわからない。いずれにせよ〔ギーズ兄弟暗殺から〕間もない一五八九年一月五日、彼女はブロワで息を引き取った。しかし、生前彼女がサン＝ドニに建立したヴァロワ家の霊廟に遺骸が安置されるのは一六一〇年まで待たねばならなかった。

第4章

Louise de Lorraine-Vaudémont

ルイーズ・ド・ロレーヌ
——アンリ三世と恋愛結婚した王妃

ルイーズ・ド・ロレーヌは歴史の表舞台にあまり登場しない、ほとんど忘れられた王妃である。彼女の活動で知られていることといえば、絶世の美女で、会話と舞踊の名手で当時の社交界をリードした花形だったことぐらいである。彼女の容姿については駐仏ヴェネツィア大使ミケーレが次のように証言している。「(彼女は中背で)、……顔の輪郭は品格があり、感じがよく、にこやかで、目はフランス人のお気に入りの少し白(=青)で生き生きしている。彼女の髪はブロンドで、それを王はとても愛でている。というのも、フランスでは稀で通常は黒だから。王妃は身繕いに何ら人為的なものに頼っていない」。クルーエの筆になる彼女の肖像(図4-1)は、凛とした気品のあるさまを写し取ってい

図 4-1　ルイーズ・ド・ロレーヌ
（F．クルーエ作）

るが、緊張してやや肩肘を張っているように見受けられる。けれどもルイーズ・ド・ロレーヌの歴史を辿るとき、宗教戦争の激動のなかを彼女なりに生き抜いたことに加え、アンリ三世の良き伴侶として、次いでアンリ四世のある意味での盟友として賢明かつ機敏に立ち回ったことを見逃してはならない。人を見る眼の鋭いアンリ四世は彼女が亡くなるまで敬意を払い、王妃としての尊崇の念をもち続けた。

ここでは、ルイーズの一貫した生き方を通じて、彼女が密かに抱いていた政治や社会の意識、さらに王妃の存在意義を浮き彫りにしたい。

一、ルイーズの結婚

ルイーズの生い立ち

ルイーズは一五五三年四月三〇日にロレーヌ地方のノムニー城で生まれた。父はヴォーデモン伯ニコラ・ド・ロレーヌ、母はマルグリット・デグモンである。傍系とはいえ、父は名門ロレーヌ家の一員で、当主で甥のシャルル三世が幼いあいだの約一〇年間は摂政として采配を振るった。母方のエグモン家はネーデルラント屈指の旧家である。ただルイーズが生まれて一年後に母が亡くなったので、彼女は第二の母ジャンヌ・ド・サヴォワ＝ヌムールの手で育てられた。

少女時代のルイーズはジャンヌに可愛がられ、祈禱書を読み、刺繡を得意とする清貧で敬虔な生活を過ごした。質素な身なりでしばしば巡礼に行き、貧者への施しを欠かさなかったといわれている。一〇歳の頃、ジャンヌはルイーズに高度な礼儀作法を学ばせるためナンシーの宮廷に送り出したが、そのときのロレーヌ公妃との出会いが彼女の運命を変えた。ロレーヌ公妃がカトリーヌ・ド・メディシスの愛娘クロード・ド・フランスだったからである。クロードはお気に入りのルイーズに自ら社交術の要諦を教えた。

青春期のルイーズには不幸な出来事が続いた。優しかったジャンヌがまだ若くして死去し、父が三番目の妻を迎えたのだ。新しい母はカトリーヌ・ド・ロレーヌ＝オーマールで、ルイーズとは三つしか年が違わなかったため、そりが合わなかった。カトリーヌはジャンヌの子どもたちにも辛くあたる典型的な悪役イメージの継母だった。ルイーズはナンシーでこそ快活に振る舞ったが、ノムニーでは寡黙で孤独な生活を強いられた。結局のところ、父ニコラは三度の結婚で一五人の子どもをもうけた。ただし、ルイーズの実母マルグリットとのあいだの四人のうちで生き残ったのは、末子のルイーズ一人なので、彼女は事実上の長女である。一五人の子どものうちでも、二〇歳以上に成人したのは六名だけで、ルイーズを除いて歴史に名を留めたのは腹違いの弟フィリップ＝エマニュエル（のちのメルクール公）と妹マルグリットの二人にすぎない。

ポーランド王となるアンリ

フランス王アンリ三世は聡明である半面、天才肌の風変わりで得体のしれない人物であり、ヴァロワ王家滅亡の張本人とも目され、一般的な評判は芳しくない。しかし近年の研究では、アンリ三世が王権の再編強化をはかろうとした点が注目されつつあり、いずれブルボン王朝の絶対王政へと橋渡しした王と評価されるだろう。

宮廷で女性を追いかけ回し、多くの愛人と浮名を流す一方、カトリック王党派の首領としてサン＝バルテルミー事件やラ・ロシェル包囲戦を指導したアンリ(当時はアンジュー公)が、一五七三年五月ポーランド王に選出され、心ならずもポーランドに出発したのは同年一一月だった。心ならずもと言ったのは、アンリには二つの心配事があったからである。一つは病弱な兄シャルル九世に男子がなかったため、フランス王位継承の可能性が高かったこと、もう一つはプロテスタント派の領袖コンデ親王の妻となっているマリー・ド・クレーヴと恋愛関係にあったことである。サン＝バルテルミー事件のあと軟禁状態になっている宮廷からコンデ親王が逃亡したとき、マリーは夫と行動をともにしなかった。かなり傷心気味のアンリは、ポーランドに向かう途中の一一月末、ナンシーに立ち寄って姉クロードをはじめロレーヌ公家の人々から歓待を受けた。その歓迎陣の輪のなかにルイーズも交じっていたのだが、アンリには美しい女性を見たという印象しかなかっただろう。ルイーズのほうも高貴な王子が来たという記憶が残った程度だったと思われる。

アンリは一五七四年二月一八日ようやくポーランドの首都クラクフに到着し、二一日にポーランド王として戴冠された。ポーランド側では、アンリ王とヤゲウォ王家の一人娘アンナとの結婚を期待していた。しかし、アンリは四〇歳を超えた王女との結婚を断固として拒んだ。というよりも、アンリは愛するマリーに毎日のように恋文を送り続けていたのである。激したときには、流れる血で手紙を綴ったといわれる。六月一四日、フランスからシャルル九世が五月三〇日に死去したとの急報を受けると、アンリは一九日に数名の従者とともにポーランドを脱出し、ウイーン、ヴェネツィアを経て九月六日リヨンに帰り着いた。ただしポーランド王位を捨てたわけではなかったようである。だが、フランスの宮廷では彼の即位に反対する陰謀があり、彼はその帰趨を用心深く見極める必要があった。

アンリ三世の結婚問題

フランスに戻ったアンリ三世には、政治の仕組みを根本から変えようとの野心があった。そこで、彼はパリに入るよりも国民から王の認知を得るためのランスでの聖別式を優先させ、あわせて、自身の結婚式に拘った。ところがここで目算が狂ってしまう。一〇月三〇日、再会を心待ちにしていたマリー・ド・クレーヴが、女子を出産した直後パリで急死したのだ。アンリはコンデ親王と無理やり離婚させてでも彼女を王妃にしようと考えていただけにショックは大きく、三日間泣き暮れて部屋を出ようとしなかった。王はマリーから贈られた時禱書を形見として大切に保管した（パリのクリュニー美術館に現存している）。

もっとも、マリーの死の段階でアンリには結婚相手についてある考えが閃いていた。その相手こその一年前にナンシーの宮廷で出会ったルイーズだった。マリーとルイーズはよく似ていたのだろうか。アンリの意中の人を知らされた母のカトリーヌ・ド・メディシスは非常に驚いた。なぜなら、ルイーズの属するロレーヌ家が「君主家」(souverain)ではあっても、「王家」(royal)の血筋でなく、フランスの王家にとって貴賤婚にあたること、また、宗教戦争で実力をつけてきたギーズ家がロレーヌ家の分家であるため、これ以上のロレーヌ一門の専横を許すと、王家にとって致命傷となる恐れがあったからである。ただ、王の意思が固いのと、ロレーヌ一門の重鎮ロレーヌ枢機卿が一二月末に病没したので、カトリーヌはロレーヌ家の勢いが弱まると予測した。さらに、ルイーズの身元をおそらくロレーヌ公妃クロードに問い合わせたところ、とても敬虔で気立てがよく、何よりも美しくて健康であることが報告された。カトリーヌからすれば、ナヴァール王アンリに王位を渡さぬためには、ここは貴賤婚の批判を受けてでも、アンリとルイーズの結婚と子づくりに賭けるしかなかった。

母の同意が得られると、アンリ三世は一五七五年一月末、部下のデュ・グァストをルイーズの父ニコラ・ド・ロレーヌのもとに派遣し、結婚の承諾を求めた。このサプライズに慌てたのはニコラ側である。彼は聖別式出席のための準備をしている最中だった。伝説によれば、このニュースに接した妻のカトリーヌは「私は何て愚かな失敗をしてしまったのでしょう」と嘆き、大慌てでルイーズの寝室に行って彼女に最敬礼をした。まだ寝床にいたルイーズの方が驚いて、継母の冗談だと思って、「お母さま、まだ早いので身繕いが整っていません」と弁解したところ、父が入ってきて、冗談ではなく、先ほど王から結婚の申し込みがあったと言ったので、ルイーズは再び仰天した。

アンリ三世とルイーズの結婚

シンデレラの物語のような微笑ましいアンリ三世とルイーズの結婚話は、王側のイニシャティヴで急速に進み、二月一一日の王のランス入市式、一三日の王の聖別式のあと、一四日に婚約式、一五日に結婚式という段取りとなった。ルイーズの一家は聖別式のときにランスに到着し、そこで彼女は初めて王に会った。王の方も彼女の美しさと優雅さに触れて、改めて感動を覚えた。聖別式で唯一問題視されたのは、ランス大司教がシャルルマーニュの王冠をアンリ三世の頭に被せようとしたところ、二度も滑り落ちそうになったことで、「まるで王冠が落下を望んだ」と不吉な出来事の前兆と見るむきもあった。

婚約式ではどんな問題も生じなかった。財産相続に関して、ルイーズの方にはこれといった財産がなかったからである。結婚によって身分や地位が上昇する場合、とくに女性は相続権を放棄するのが慣わしだったようである。一方、王側からは王妃のイエを賄うための費用として年額六万リーヴルの支給が取り決められた。ルイーズが受け取る給金が少なかったのは、彼女が低い身分の出身だったからといわれる。ランスでの結婚式と祝宴は、儀典に参列した人々の衣装、街並の飾りつけ、舞踏会など豪華絢爛たる絵巻物だった。そこには、王族だけでなく、ロレーヌ公、ギーズ一門など有力な諸侯が揃った。このような伝統的な祝祭行事の締め括りが、二月二七日にパリでおこなわれた入市式である。アンリ三世は失意のどん底にあったポーランドから不死鳥のように蘇った。カトリーヌ・ド・メディシスにとっても、王妃の外戚の力が弱いのは歓迎すべき点で、三つの儀式を集中したために経費が節約できたことなど、安上がりで理想的な王妃の誕生だった。

二、王妃となったルイーズ

ルイーズのイエ

ルイーズは王妃となった途端、多くの人々に傅かれるようになった。アンリ三世が存命中、ルイーズのイエは約三〇〇人の使用人を数えており、会計簿が現存していないため実態は不明だが、それを賄うために年収一〇万リーヴルは下らなかったと想定される。もっとも、当初のルイーズには、ロレーヌ家、しかも傍系の出身であることから陰口や侮辱の声があって、なかなか宮廷生活になじめず、また、ルーヴル宮には先王シャルル九世の妃エリザベトが居座っていたため、居場所にさえ窮するありさまだった。ルーヴル宮に王妃のアパルトマンが完成するまで、彼女はパリの有力者の館に居候し、ノルマンディ地方の城を転々と移動した。そうしたルイーズを可哀想に思った王は、パリの喧騒を離れて彼女と静かな憩いのひとときを過ごすため、一五七六年七月にパリの南部にあるオランヴィル城を六万リーヴルで買い取り、二人の棲家とした。

ルイーズに仕えた使用人は、二六人の既婚の侍女、一四人の未婚の侍女、一〇人の部屋係をはじめ、衣装係、洗濯係など約一〇〇人の女性と、五人の執事、一八人の侍従、一六人の小姓、五人の医師、そのほか厩舎係、先触れ係など約二〇〇人の男性だった。これとは別に、王妃の財政を担当する執務会議が七~八名の書記官によって構成された。こうした使用人はルイーズが勝手に選べるものではなかったらしく、ロレーヌから連れてきた侍女はカトリーヌによってすぐさま解雇された。ギーズ家が宮廷に送り込んだスパイと疑われたのである。使用人には先の王妃エリザベトの代からそのまま居残った人が多かった。女官長のダンピエール夫人(レ元帥の母、ブラントームの叔母)もその一人で、フランソワ一世時代から宮廷に出仕した経歴をもち、「宮廷の生き字引」といわれた。ダンピエール夫人の死後は、これも手練手管を弄するランダン伯夫人が起用された。男性ではラジリィ、モンモランなど事務方のほか、侍従長格のフィスク伯が彼女に忠実に仕えた。

とはいえ、のちにアンリ三世がパリを追われ、やがて暗殺されると、煌びやかだった王妃のイエも様相が一変する。夫に随伴してパリを離れたルイーズは、生活の拠点をロワール川方面のシュノンソーに移すが、王が死去した場合に王妃にあてがわれる六万リーヴルの寡婦給与財産も容易に支払われなかった。使用人も一〇〇人ほどに縮小した。寡婦給与財産をめぐるルイーズの悪戦苦闘のさまは後述するとして、有力な外戚をもたず、清貧で倹約な生活に甘んじてきた彼女は、多大の苦渋を味わうことになる。

子どものできない国王夫妻

アンリ三世とルイーズの結婚の直後は、フランスのみならずヨーロッパ中が夫妻の子どもの誕生に注目した。諸国の大使は仲睦まじい夫妻の行動を本国に逐一報告している。一五七五年四月から五月にかけて、さっそく王妃懐妊のニュースが駆け巡った。占いや魔術に通じていたカトリーヌ・ド・メディシスは、子どもが男子であると予言した。だが待望の子どもは生まれず、「流産」に終わった。このあとルイーズは何度か流産を経験している。流産というよりも想像妊娠ではなかったかと推定される。世継ぎの誕生というプレッシャーのなかで、彼女には過重な負担がかかっていたに違いない。

ルイーズの受胎力をあてにしたカトリーヌの目論みは外れた。ルイーズは不妊症を疑われ、王家の断絶を回避する意味から王の再婚を促す世論さえ飛び交った。早くも一五七七年秋、情報通で知られるレトワールの『日記』は、若い王妃は病気のため離縁されるだろうと記している。彼女は妊娠するためあらゆる手段を用いた。側近の勧めに応じて魔術師から治療を施され、怪しげな媚薬も飲んだらしい。今日の医学の見地に立つと、彼女は子宮筋層炎を患っていたか、過度のストレスによる神経症だった。一方のアンリも、これまで尋常ではない女性遍歴をしてきただけに、不妊の原因が自分の側にあるとも考えていたようで、王の周辺では性病的疾患や父王アンリ二世譲りの尿道下裂が疑われた。

アンリ三世夫妻が他の国王夫妻と異なっていたのは、この苦難に二人で立ち向かおうとした点である。彼らがノルマンディの港町ディエップまで足を延ばしたのは、海水浴が受胎に効果的であると聞かされたからだった。また、彼女は約一〇年間にわたって温泉治療に専念し、カトリーヌが開発したことで知られる中央山地のプーグやブルボン＝ランシィの温泉地では、多くの時間を王とともに過ごした。彼女は手紙のなかで「この温泉療法をあと何日かするつもりです。だって限りなく私の療養になっているのですから」と記している。二人の行脚は宗教的な治療にも向けられた。祈禱と苦行、そして慈善活動である。それ以上に力を注いだのが、出産に聖母マリアのとりなしを祈願する巡礼だった。二人はパリの西南方のシャルトル大聖堂に五度も赴いた。三度目の巡礼のとき、ルイーズが冬の雨や雪でぬかるんだ泥道を裸足にサンダルを履いただけの恰好で歩いた姿は、執念というよりも殺気を感じさせる。ローマ教皇をはじめカトリックを支持する勢力からは、王妃が受胎しないのはトリエント公会議で決定された教令を国内に布告せず、プロテスタントを野放しにした王の責任であるとの声が満ち満ちていた。王はこうした不満をかわしつつ、王妃のけなげな心に寄り添おうとしたもので、これまでのフランス王家の歴史では類稀な夫婦愛の姿が垣間見えてくる。

三、アンリ三世の政治改革とルイーズの立場

アンリ三世の新政

ここで少し話が脇道に逸れるが、ル・ルーの研究をもとに、アンリ三世が新たに始めようとした政治の手法を概観しておきたい。この政治のあり方がルイーズのその後の活動に大きな影響を与えたからである。宗教戦争の混乱のなかで、アンリ三世が求めていたのは父アンリ二世と祖父フランソワ一世の治世への回帰で、王の尊厳に見合った政治秩序の再構築だった。そのため、アンリはボダンの主権論やル・ロワの王国統治論から大きなヒントを得たが、具体的な政治的実践から引き出されたイタ

リアのグイッチャルディーニ『イタリア史』やマキァヴェリ『君主論』の金言を参考にするのを忘れなかった。アンリ三世によれば、理想とすべきは王が中心を占める美しく神秘的で整然とした秩序体系で、君主には透徹した思考力と、徹底した「秘密」と「隠蔽」の技法が求められる。君主は変幻自在な存在であって、国益を守る場合には直接的な暴力の行使さえ容認される。一五八八年一二月のギーズ公暗殺の陰謀も、王権をないがしろにするギーズ一党への処罰であって、王からは当然の一撃だった。

それを具体的な形にしたのが宮廷改革で、「起床の儀」をはじめ、食卓の作法、宮廷の礼儀作法《エチケット》、宮廷人の序列と席次などが定められた。宮廷内の治安維持をはかるため、王の腹心デュ・プレシ（宰相リシュリューの父）が宮廷監督官に任命された。王のアパルトマンには、控えの間と王の寝室の間に「国家の間」と「謁見の間」が設けられ、そこに廷臣たちが序列に従ってずらりと並んだのである。王に接見する人は、長い人垣をかき分けてその奥に王を見つけねばならなかった。ルイ一四世時代に完成をみる宮廷空間の原型がそこにある。

もう一つ注目されるのがアンリ三世の側近政治である。その中心となったのはエペルノン公、ジョワイユーズ公、ベルガルド公、デュ・グァストなど「ミニョン」と呼ばれる若い寵臣たちで、美男子揃いで、派手な衣服を身にまとい、喧嘩っ早く、王との強い愛情で結ばれた一団だった。ミニョンの何人かは決闘で死んでいる。王はこの集団を「私の軍団」とか「私の親衛隊」と呼んだ。王にとって、美しさや優雅さは肉体的・精神的な調和の理想形にほかならず、それが神に至る手段だった。やがて王の身辺警護を目的に組織された「四五人組」は若い美男子集団の決定版といえるだろう。

付け加えれば、アンリ三世は一五七八年に「聖霊騎士団」を創設した。聖霊を守護神とするこの騎士団は、王と個人的な固い誓約を結んだ貴族たちとでつくる心霊的な結社であり、王の恩恵への絶対服従的な色彩が強い。最初に選ばれた二六人の騎士は、数人の諸侯のほか、国務卿、顧問官、元帥といった政府高官だった。ロレーヌ一門からはオーマール公と、ルイーズの弟メルクール公が入ったが、党首格のギーズ公は一五八〇年まで入会を引き延ばされた。図4－2はパリのグラン＝ゾーギュスタン修道院で催された最初の集会の場面で、ヌヴェール公が聖書に手を触れて宣誓している。華美な堂内の飾り付けや騎士の衣裳はルイーズが担当した。ただ、このような側近政治は伝統的な政治集団である王族や大貴族の反発を招き、一五八五年以降に収拾のつかない内乱状態の一因をつくった。

図 4-2　ヌヴェール公を聖霊騎士団に迎え入れるアンリ 3 世

ルイーズの政治参加

ルイーズはアンリ三世の政治にどのように関わったのだろうか。彼女は王妃の立場からしばしば国務会議に出席したが、ロレーヌ家の利害関係者と目されたため、発言は控え目で、決定に与る余地はほとんどなかった。その反面、王の信任が厚かった彼女は、人払いを命じられずに王の傍らで王と要人との会話を聞くことができた。ここでは、ルイーズが宮廷社会のなかで果たした役割をいくつか紹介しておこう。その一つは彼女の家族の身分上昇に関してで、王から過分な恩恵が授与された。七歳年下の弟フィリップ＝エマニュエルは、王の仲介でブルターニュに巨大な所領（パンティエーヴル公領）をもつ女性相続人マリー・ド・リュクサンブールと結婚した。その後、彼にはメルクール公とブルターニュ総督の肩書きが与えられた。妹マルグリットは一七歳のとき、やはり王の仲介でミニョンの代表格アンヌ・ド・ジョワイユーズと結婚した。二一歳の若輩者の彼は、その時点で公爵に昇格し、海軍提督、ノルマンディ総督へと破格の昇進を遂げた。ルイーズにとってこの二人は宮廷のなかの数少ない肉親で、大切な相談役となった。

アンリ三世がルイーズに政治面で期待したのは、彼女の影響力でロレーヌ一門、なかんずくギーズ公の不満を抑え込むことだった。彼女の懐妊が絶望的ななか、一五八四年六月に王弟フランソワが死んだとき、プロテスタントのナヴァール王がフランス王位を継承することがほぼ確定した。王位がちらついたナヴァール王はアンリ三世から頻りに求められたカトリックへの改宗を拒否し、一方、ギーズ公はナヴァール王の廃位を目指して一五八五年に神聖同盟（カトリック・リーグ）を結成した。ここに三者鼎立のいわゆる「三アンリの戦い」という状況が生まれたのである。ルイーズは心情的にはギーズ公支持だったものの、王の政策を支援するのに手段を尽くし、メルクール公がギーズ公に与するのだけは辛うじて喰い止めた。一五八八年五月にパリの民衆が蜂起する「バリケード事件」が勃発したとき、逸早くルーヴル宮から遁走したアンリ三世を尻目に、パリに踏みとどまってリーグ派の面々と和平の談判をしたのは、カトリーヌ・ド・メディシスとルイーズだった。

図4-3　ジョワイユーズ公夫妻の結婚を祝う舞踏会(1581年)

ルイーズと祝祭行事

ヴァロワ王朝の末年は戦乱に明け暮れた暗いイメージが付き纏うが、それとは裏腹に賑々しい祝祭行事で彩られている。ルイーズの天分が発揮されたのは、まさにこの分野だった。カトリーヌは、すでに宮廷にイタリア風の美術様式や礼儀作法《エチケット》の慣習を根づかせていた。カトリーヌに随伴することの多かったルイーズは、彼女の流儀を学びつつも独自のスタイルを導入した。その力量がよく現れているのが舞踊である。図4－3は、一五八一年九月に妹マルグリットがジョワイユーズ公と結婚したあと、ルーヴル宮で開催された大舞踏会で、王家の人々を前に踊りを始めようとする喜びに溢れた眩いばかりの情景である。主役ではないものの、ルイーズはその振付に熱心に取り組んだはずだ。

図 4-4　王妃のバレエ・コミック（1581 年）

窮屈な宮廷生活に疲れていたルイーズは、王が無類の舞踊好きであるのを幸い、宮廷外の舞踏会に二人で示し合わせて出席した。カトリーヌは「王と王妃は毎木曜日と毎日曜日にダンスに出かけている」と半ば呆れている。その当時は、踊りの合間にマスカラードという仮面踊りを挟むのが流行していた。これを逆手にとって、マスカラードを中心とし、芝居じみた口上のあとで参加者が一斉に仮面を被り、パリの街々に繰り出してゆく。仮面によって匿名的な人格を獲得して自由に踊り巡るのは、宮廷人にはスリル感があって、またとない快楽であっただろう。

ここではルイーズが企画した舞踏会を二つ紹介しておきたい。その一つは「王妃のバレエ・コミック」と名付けられ、前述したジョワイユーズ公夫妻の結婚を祝うためにプチ＝ブルボン館で催されたバレエ劇である（図4－4）。歌あり、ダンスあり、芝居ありの五時間に及ぶ大作で、バレエ史の上でイタリアからフランスに本格的に導入された画期と位置づけられている。テーマは単純明快で、魔法使いキルケの呪縛で内乱や不幸が起こるが、やがてその魔法が解かれてフランスに黄金時代が戻って来る。偉大なアンリ三世のもとで平和が達成されるという設定である。最後を飾るのは、ニンフに扮したルイーズ、妹マルグリット、義妹メルクール公妃、ギーズ公妃など宮廷を代表する一二人の貴婦人の踊りで、それぞれが黄金のメダルでできた贈物を捧げもつ。ルイーズが王に捧げたのは「イルカ《ドーファン》」で、もちろん王がもっとも欲しがっている「王太子《ドーファン》」との語呂合わせだった。もう一つのバレエ劇は一五八三年に上演されたもので、清貧に生きようとした一二人のアフリカ人の娘が美徳の化身であるルイーズのいるフランス宮廷へと向かい、途中で一二人の巨人に行く手を阻まれるが、一二人の小人の戦士によって無事救われるという他愛もない筋書きである。

こうした祝祭行事を無軌道な娯楽や快楽と見てはならない。踊りの名人であるばかりでなく、新しい舞踊の企画や振付に手を染めたルイーズは、異なる党派の人々が意見の違いを越えて一同に集まり、舞踊という芸能に打ち興じることで、アンリ三世が構想した平和で調和的な政治空間をつくりあげようと考えていたに相違ない。ヴァロワ王朝末年を彩る「華麗な祭典《マニフィサンス》」と呼ばれる祝祭行事には平和の願いがこめられていた。

四、アンリ三世の死とルイーズ

アンリ三世の横死

ルイーズの願いも空しく、アンリ三世は自分が築こうとした美しい政治に溺れ、墓穴を掘った。王がギーズ公とギーズ枢機卿を殺害したという報告を受けると、死を前にしていたカトリーヌは王の前途を大いに悲観したという。事実、王は穏健派のカトリック勢力からも見放され、宿敵だったナヴァール王と野合せざるをえなかった。ようやく四万余の軍勢を整え、パリを包囲した矢先の一五八九年八月一日、王はパリ西郊サン＝クルー城内でリーグ側が放った刺客ドミニコ会修道士ジャック・クレマンの手にかかった。午前八時頃、リーグ派に拘束されているパリ高等法院部長アルレーから秘密の手紙を持参したというクレマンは、王に耳打ちすることを許され、油断した王の下腹を突き刺した。クレマンは隣室に控えていた四五人組に窓から投げ落とされたあと、なます切りにされた。

王と行動をともにしていたルイーズは、六月に王からロワール方面で待機するよう命じられ、シノンの修道院に滞在していた。彼女が王の遭難を知ったのは八月五日前後で、王自身から手紙を受け取った。そこには王の自筆で「愛する人よ、私は良くなると期待しています。私のために神に祈ってください。また、そこからは動かぬように」とあったので、まさか致命傷を負ったとは信じられなかった。けれども、傷の手当てを受け、当初は冗談さえ口をついていたアンリ三世の容態は午後になって急変し、ナヴァール王に後事を託して八月二日未明に亡くなった。ブルボン王朝成立の瞬間であった。

アンリ三世の死を伝える第二報を受け取ったルイーズの嘆きはとても激しかった。彼女の従者たちは、彼女の身の安全を考慮して、ひとまずシュノンソー城に避難することに決定した。カトリーヌ・ド・メディシスの遺言によって、ルイーズはこの城を遺贈されていた。アンリ三世の死に慟哭し、喪に服したルイーズだったが、立ち直るのも意外と早かった。彼女を奮い立たせたのは王の非業の死への怒りと、王が掲げた理想を実現しようとする強い意思だった。そこから彼女の本当の闘いが始まったのである。

国王殺逆者の処罰

ルイーズはアンリ四世となったナヴァール王から弔文を受け取ると、すぐさま返事を書いて彼の王位継承の正統性を認めた。アンリ三世が常々そのように述べていたからでもある。むしろルイーズの狙いは、アンリ四世と良好な関係をつくった上で、実行犯クレマンの背後に蠢く真の張本人を「王殺し」の裁きにかけることだった。

アンリ四世の軍隊は、一五八九年一一月、パリ郊外での戦闘中にドミニコ会修道士ブルゴワンを捕えた。ブルゴワンはパリ市内で旧約聖書のユディトの故事を引き合いに出してアンリ三世の殺害を称える説教をするなど、クレマンに暗殺を教唆したと噂される札付きの人物だった。トゥールで裁判にかけられたブルゴワンは、自分の関与を否定し、共犯者の名前も明かさないまま、翌年二月に王殺しのかどで四つ裂き刑に処されたが、刑の執行の直前に「私たちは望んでいたことではなく、できることをしたのだ」と叫んだという。この発言はアンリ四世の死をも暗示した預言として怖れられた。

ルイーズはリーグ派を動かした中枢に真犯人を求めた。彼女からみると、パリ地区代表の「一六区総代会」はもちろん、ギーズ公の一党はクレマンの黒幕だった。ギーズ公の妹カトリーヌ（モンパンシエ公妃）や母（アンヌ・デスト）はもっとも傲岸で、王の死が伝えられると、「皆さん吉報です。フランスにアンリ・ド・ヴァロワはもういません」と駆け回った。追求が遅々として進まないのに業を煮やしたルイーズは、一五九四年一月アンリ四世が本営にしていたセーヌ河畔のマントに出向き、王殺しの厳罰を直訴した。しかし結局、ギーズ一門に対する処罰はなされなかった。確実な証拠がないというのである。このあたりがアンリ四世の政治手腕の巧みなところだ。パリ入城を三月に控え、王国の再統一を目前にした王には、すべてを不問に付し、赦免する用意があった。アンリ四世の有名な格言「パリはミサに値する」はこの地で発せられたという。リーグ派の首領格マイエンヌ公が王の軍門に下ったときにも、王殺しの罪を問わないとの暗黙裡の了解があった。

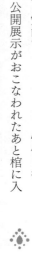

アンリ三世の名誉回復をめざして

ルイーズのもう一つの願望はアンリ三世の名誉回復だった。アンリ三世はギーズ公とともに教皇の臣下であるギーズ枢機卿を殺し、ブルボン枢機卿とリヨン大司教を幽閉したので、教皇庁から厳しく叱責されていた。一五八九年五月、教皇シクストゥス五世は、王に破門を匂わす「召喚状」を送りつけてきた。パリのリーグ派は、王は懺悔をする余裕もなく即死したと指摘し、地獄に堕ちた王に慈悲を与えるべきでないと主張した。アンリ三世の破門の疑いを解くため、ルイーズは、王の死のときに居合わせた側近から、王は死の床で教皇を満足させたいと述べていたこと、王の死はキリスト者にふさわしい安らかなものだったとの証言を引き出した。しかし、教皇庁は基本的にリーグ派を支持していたため、彼女の要望に耳を貸さなかった。第一、王の寵臣の証言など信用できるわけがない。

ルイーズの最後の願望は、アンリ三世の遺体をサン＝ドニ聖堂に安置することだった。慣例に従って、アンリ三世の遺体はサン＝クルー城内で防腐処置が施され、公開展示がおこなわれたあと棺に入れられ、安住の地を求めてさまよった。サン＝ドニがリーグ側の支配下にあったからである。アンリ四世と王軍が棺の護衛にあたったが、王はリーグ軍との決戦を控えていたため、当分は安全で三人のフランス王の墓所でもあったコンピエーニュのサン＝コルネイユ修道院に仮安置することにした。

問題は王の棺がそのまま置き去りにされたことで、ルイーズはサン＝ドニ聖堂への移送をアンリ四世に懇願したが、どういうわけか聞き入れられず、ついにその願望は彼女の生存中には実現しなかった。それを最終的に実現させたのは、彼女と親しく、穏健王党派《ポリティーク》としてアンリ三世とナヴァール王の仲介役を務めていたアングレーム公妃ディアーヌ(アンリ二世と愛人フィリッパ・デュシの娘)である。ディアーヌの訴えを聞いたアンリ四世の妃マリー・ド・メディシスは、まずはブロワに残されていたカトリーヌ・ド・メディシスの棺を、次いで一六一〇年五月二二日にアンリ三世の棺をサン＝ドニ聖堂に隣接する「ヴァロワのドーム」と呼ばれる霊廟に移送させた。レトワールの『日記』によれば、二三日の葬儀にエペルノン公、ベルガルド公などかつての忠臣の参列はあったものの、「王の棺は何の華やかさもなく、哀れな王の治世の終わりを象徴する混乱のなかで埋葬された」。

ただし、この直前の五月一四日にアンリ四世がパリ市内で刺殺された点を考慮すると、アンリ三世の葬儀は意味深長である。再び勃発した国王暗殺という大事件を前に、王妃マリーが必要としたのはブルボン王朝がヴァロワ王朝を正しく継承しているとの証で、そのためにはアンリ四世の先王であるアンリ三世の墓石がサン＝ドニ聖堂になくてはならなかった。レトワールの『日記』を引用すれば、一五九〇年にサン＝ドニを奪回し、建設工事が中断されたままの「ヴァロワのドーム」を訪れたアンリ四世は、「畜生め、ここに私の義兄がいるのだ。彼の傍らに私をおくことを私は望む」と謎めいた言葉を残している。

五、晩年のルイーズ——ルイーズ最後の闘い

シュノンソーの所有権をめぐって

ルイーズは夫の名誉回復にアンリ四世の威光をあてにしていたが、アンリ四世は彼女を適当にあしらっていたとの印象を拭えない。彼女の居城シュノンソーについても、彼女と王との確執が見え隠れする。アンリ三世の死で四〇日間の喪に服したルイーズは黒の喪服の上に白のヴェールを被ったので、「白衣の貴婦人」と称される。シュノンソー城の三階にある彼女の居室と礼拝堂は黒い壁で囲まれ、その壁には銀色で葬祭の標章である十字架、埋葬用のシャベルと鶴嘴《つるはし》、涙に濡れた豊穣の角、髑髏が描かれた。暖炉の上には等身大のアンリ三世の肖像画が掲げられた。カプチン修道会の宗旨に深く帰依していた彼女は、このシュノンソーで王を追慕する生活を送ろうとした。

ところが静かな余生の夢はたちまち破られてしまう。ルイーズに宛がわれるはずの寡婦給与財産が一向に支払われなかったのだ。アンリ四世との談判の挙句、それが認められたのは、ようやく一五九二年五月だったが、その財源に指定された所領収入では予定額にまったく足りなかった。また、ルイーズはカトリーヌからシュノンソー城を相続したが、実はカトリーヌは八〇万エキュ（＝

二四〇万リーヴル）もの借金を抱えていたので、ルイーズは抵当に入ったこの城からの立ち退きを債権者側に求められる羽目になった。いよいよ一五九七年には、デュ・ティエを代表とする債権団が、パリ高等法院からの立ち退き命令書を手に迫ってきたのである。

メルクール公の帰順とシュノンソー

話がやや複雑になるが、ルイーズの窮地を救ったのはアンリ四世側の事情だった。その一つは軍事的なもので、王は北東部でマイエンヌ公と戦っていたが、西部ブルターニュのメルクール公の動静にも気を配らざるを得なかった。メルクール公はアンリ四世とは相容れない仲で、マイエンヌ公が降伏したあと、落ち目のリーグ派の盟主となって、アンリ四世に徹底抗戦したのである。彼の妻マリーは中世ブルターニュ公国を支配したシャルル・ド・ブロワの子孫を自負し、プロテスタント嫌いで通っており、無謀ともいえる夫のブルターニュ独立計画をむしろ煽っていた。アンリ四世からメルクール公の帰順の仲介を依頼されたルイーズは、一五九四年以降、何度もナントに近いアンスニまで足を運んで弟との交渉に臨んだ。その結果は芳しくなかったけれども、王は彼女に恩義を感じた。

もう一つは王家内の問題で、アンリ四世はマルグリット・ド・ヴァロワと結婚していたが、彼女はユッソン城に幽閉され、王の寵姫ガブリエル・デストレが事実上の王妃として幅を利かせていた。そのガブリエルが美しいシュノンソー城に目をつけ、これを王とのあいだの長男セザールに与えようと画策した。この話を聞き及んだ王は、幼いセザールとメルクール公の一人娘フランソワーズを結婚させることでこれまでの難題を一挙に解決しようと目論んだ。まさに一石二鳥である。王から再び和平の斡旋を頼まれたルイーズはアンジェに赴き、ついに一五九八年三月にメルクール公の降伏と引き換えに、公への莫大な下賜金（四〇〇万リーヴル）付与、二人の子どもの将来の結婚を取り付けた。その意味で、宗教戦争を終わらせたのは、四月のナント王令というよりも、三月のアンジェ和平条約といってよい。その副産物として、懸案のシュノンソー城はデュ・ティエからルイーズが買い戻す形で決着がはかられ、最終的にはセザール（ヴァンドーム公）夫妻に寄贈されるが、ルイーズ存命中は彼女の用益権が保障された。一件落着である。ただし、やや自暴自棄になったメルクール公はフランスでの居場所を失ったかのように十字軍遠征に志願し、ハンガリーでトルコ軍と戦い、一六〇二年に南ドイツのニュルンベルクで客死した。

ルイーズの安らかな死

体力を消耗していたルイーズは、残された気力を振り絞って不得手な政治の表舞台に立った。ナント王令のあともアンリ四世はときどきシュノンソーを訪ね、彼女と歓談している。その理由の一つは王が彼女の侍女を追いかけていたからで、王の終生変わらぬ性癖に彼女は苦笑していただろう。ひどい粘膜症を患っていた彼女は、一五九九年の前後から体調を崩し、体も痩せ衰えて、ついにムーラン城を死に場所と定めてシュノンソーをあとにした。オルレアンでアンリ四世が表敬訪問にやって来たとき、彼女は王とマリー・ド・メディシスとの結婚に賛意を表し、二人の結婚式のあとにパリを訪れると約束している。

死期の迫ったルイーズは信仰生活に没入し、死の前日に遺書を認めた。それによれば、少なくなった財産を親族や従者に分配するほかは、ブールジュにカプチン会修道院を建設するための基金六万リーヴル、自分の棺が置かれるムーランのカプチン会修道院に三〇〇〇リーヴルを寄贈している。そして一六〇一年一月二九日、彼女は眠るように死去した。享年四八。枕元に置いた王冠を死のときに頭に被せるよう指示していたのは、王妃としての矜持があったからであろう。後事を託された親族のメルクール公妃は、一六〇三年、ブールジュではなく、パリのサン゠トノレ地区（現在のヴァンドーム広場近辺）にカプチン会修道院建設の許可を王から受け、ほどなく彼女の棺をそこに運び込んだ。幸運といってよいのだろうか、フランス革命のとき、この修道院も例外なく破壊されたが、彼女の棺は無傷のままペール・ラシェーズ墓地に運ばれ、一八一七年に偶然発見されてサン゠ドニ聖堂に納められた。

アンリ三世に献身的に仕えたルイーズ・ド・ロレーヌは、王妃としての尊厳を終生意識し、それを人々から認められていた。アンリ四世がマリー・ド・メディシスと結婚するまで実質的な王妃はいなかったので、ルイーズは一五七五年から亡くなる一六〇一年まで唯一の王妃だったといって過言ではない。能力も器量も十分に備わっていたので、世継ぎの子どもにさえ恵まれていれば、カトリーヌ・ド・メディシス級の王妃になったであろう。ルイーズはカトリーヌの愛弟子だったのだから。

第5章

Marguerite de Valois

マルグリット・ド・ヴァロワ

——「王妃マルゴ」の世界

マルグリット・ド・ヴァロワの生涯は、波乱万丈という一言では言い尽くせない面妖さと複雑怪奇さを孕んでいる。マルグリットはナヴァール王アンリ（のちのアンリ四世）の妻となり、やがて名目的であるにせよ王妃となって、それなりの役回りを演じた。風雲急を告げる宗教戦争のさなか、ヴァロワ王朝からブルボン王朝へと軟着陸をはかるにあたって、彼女の存在は決して小さなものではない。

その一方、首を傾げたくなるのが彼女の私生活の常軌を逸した行動である。乱行といってよいだろう。彼女は「色情狂」と嘲笑されるほどに愛人遍歴を重ねた。彼女の生存中から流された毒婦伝説によれば、彼女と情を通じたのは兄弟のシャルル九世、アンリ三世、フランソワをはじめ、ギーズ公、ラ・

モル、ビュシィなど、ついには名も知れない使用人に及び、その人数は二〇人を超えた。しかも彼らの多くは暗殺死、処刑死、決闘死といった尋常ではない死に方をしており、何かしら怪しい気配が漂っている。それを素材に嗅覚の鋭いデュマが『王妃マルゴ』を書き、今日では演劇や映画の恰好のテーマとなった。わが国で彼女の伝記『戦国明暗二人妃』を著した渡辺一夫氏は、彼女の奔放な生きざまに当惑し、「放縦で不品行だったことは否定できないまでも、一種の情状酌量的な理解でマルゴ公妃を眺める」と述べ、彼女のよき審判者であろうと努めている。

図 5-1　マルグリット・ド・ヴァロワ
（左・14 歳）（右・8 歳）

　マルグリットは子どもの頃から利発な王女だった。彼女の美しさは衆目の一致するところで「ヴァロワの真珠」と称えられた。ブラントームは『貴婦人伝』で次のように絶賛している。「……彼女の美しい顔立ちは、まさに信徳《フォワ》であり、それをつくり上げるために、完璧な造作主である母なる自然がその最良の感覚と繊細な精神を注いだかのようである。……その美しい顔は見事で、肉付きのよい身体を基礎として、地上の王女というよりも天上の女神かと見紛うばかりに威厳に満ちた振る舞いである。……」。ただし『貴婦人伝』はマルグリット本人に献呈されているので、公平を期して、この評価を少し割り引く必要があるだろう。肖像画では、あどけなさが残り、唇を少し噛んだ八歳頃の容姿（図５－１右）と、成熟して口元に微笑を含み、肉感的な印象を与える一四歳頃の容姿（図5－1左）が注目される。もっとも、この章で描きたいのは彼女の愛欲生活ではなく、美貌と天分に恵まれ、王家の一員であることを強く意識した彼女が描いた人生の軌跡を政治社会史の文脈で捉えることである。

一、マルグリットの少女時代と結婚問題

マルグリットの生い立ち

マルグリットは、一五五三年五月一四日、アンリ二世とカトリーヌ・ド・メディシスの三女としてパリ西郊のサン＝ジェルマン＝アン＝レ城で生まれた。国王夫妻の子ども一〇人のなかで成人年齢まで達したのは七人で、彼女の兄三人、姉二人、弟一人のうち、兄は三人とも王となった。アンリ二世は多忙だったため、子どもたちはカトリーヌの監督のもとで育てられた。マルグリットは年齢の近い兄アンリ、弟フランソワと一緒に過ごすことが多く、近親相姦の疑いがかけられるほどに兄弟愛が強かった。

ルネサンス文芸の薫陶を受けたカトリーヌは子どもの教育に熱心で、マルグリットは家庭教師から古典、語学、舞踊、音楽、馬術などの教科をみっちりと仕込まれた。彼女はイタリア語とスペイン語の会話が得意で、プルタルコスの『対比列伝』を諳んじるほどにラテン語の素養もあったらしい。そうした教養は宮廷社会を生きていく上で不可欠な要素だったが、彼女はそれを幼いときから体得する機会に恵まれた。一五五九年六月の父王アンリ二世の事故死、一五六〇年一二月の兄王フランソワ二

世の病死という王家の不幸はあっても、彼女の傍には会話術や交渉術の生きた手本である気丈な母カトリーヌがいた。

なお、マルグリットは「マルゴ」と渾名されるが、その由来は次のエピソードによっている。第一次宗教戦争が終わり、束の間の休息が戻ってきた一五六四年二月、王家の人々はヴェルサイユ城に集って舞踏や狩猟などに打ち興じるとともに、ロンサールが書き下ろした『牧歌風景』という演劇作品の登場人物を演じた。兄アンリは「オルレアンタン」、弟フランソワは「アンジュロ」、ギーズ公は「ギザン」、マルグリットは「マルゴ」の名だった。この芝居のなかで、羊飼いの少女役の彼女は恋人役の兄アンリに向かって、「太陽は毎夜海のなかで憩う／されど、汝を愛するマルゴは憩うことができぬ」と詩を朗読し、それを面白がったシャルル九世が彼女を「マルゴ」と呼んで以来、彼女の愛称となったのである。マルゴの名は少女時代の彼女を取り巻く和やかな雰囲気を彷彿とさせる。

マルグリットの結婚問題

王女として生まれた以上、マルグリットは政略結婚の道具となることが義務づけられていた。彼女の著作『回想録』によれば、彼女が四〜五歳のとき、彼女を膝の上に抱き上げたアンリ二世は、近くにいた幼いジョワンヴィル親王（のちのギーズ公）とボープレオー侯を指さして、冗談半分に「どちらを家来にしたいか」と彼女に尋ねた。彼女がボープレオーの方を選んだので、不審に思った王がその理由を聞くと、彼女は「ボープレオーがもっと賢いからです。ジョワンヴィルは美男子だけれど、忍耐力がなさそうで、いつも主人でいようとする」と答えて王を驚かせた。

それでもマルグリットとギーズ公は幼なじみで、気のおけない関係だったようだ。一五六九年一〇月、王軍を率いたギーズ公が傷の手当てを兼ねて宮廷に滞在したとき、二人はしばしば行き来した。この二人の関係を訝った兄アンリは、カトリーヌに告げ口した。すると、彼女はシャルル九世とカトリーヌの前に引きずり出され、ロレーヌ一門との結婚は絶対に認められないと叱責された上、激しい平手打ちを食らわされた。この恐ろしい体験を境に、彼女は自分のおかれた立場を認識し、自由恋愛の芽を閉ざした。

ナヴァール王家との結婚交渉

一五七〇年に入るとマルグリットの結婚問題は急に慌ただしくなった。カトリーヌの眼中にあった結婚相手はスペイン王、ポルトガル王などだったが、当時の国際情勢のもとですべて断念せざるをえず、次善の策として浮上したのがナヴァール王アンリだった。マルグリットと同年生まれのアンリは、アントワーヌ・ド・ブルボンとジャンヌ・ダルブレの長男で、父から親王、母からナヴァール王の称号を継承する点で申し分なかった。問題はジャンヌ・ダルブレが熱烈なプロテスタントで、息子のアンリにプロテスタントの信仰を守るよう強く説得していたこと、また、二人の共通の祖先シャルル・ダングレームが曽祖父にあたることで、近親婚の赦免のためには教皇の許可を必要とした。双方の予備交渉では、教皇の許可は後回しにされ、カトリックとプロテスタントの和解による内戦の回避が最優先された。交渉が難航するなか、最終的な詰めの作業は、一五七二年二月、ジャンヌがブロワに滞在するカトリーヌを訪問する形で進められ、ついに四月一一日に合意がなされた。最大のネックとなったのは、カトリック信仰の篤いマルグリットがプロテスタントへの改宗に頑として応じなかったことだった。これにはカトリーヌも辟易したが、彼女の美しさに魅惑されたアンリが、いずれカトリックに改宗すると踏んでいた。

フランスを二分する勢力を代表するカトリーヌとジャンヌ・ダルブレの手打ち式が終わり、八月にパリでの結婚式が決定されると、ジャンヌは一足早くパリに入った。だがその段階で持病の肺結核が悪化し、ジャンヌは六月九日に死去した。カトリーヌによる毒殺説があるが、ジャンヌはカトリーヌとの交渉で体力を消耗し尽くしていたのだろう。交渉の妥結まで南仏の領地に留まるよう母から命令されていたアンリは、母の死を知ると、八〇〇人の騎士を引き連れて七月八日パリに入城した。こうして、ジャンヌの急死という不幸はあっても、カトリックとプロテスタントの和解ムードは頂点に達したのである。

二、マルグリットの結婚とサン＝バルテルミー事件

ナヴァール王とマルグリットの結婚式

周知のように、一五七二年八月一八日から二一日まで四日間の結婚の式典と、二二日から始まるサン＝バルテルミー事件は、喜びと哀しみが一瞬に入れ替わるドラマティックな出来事である。二人の

結婚式は、ノートル＝ダム大聖堂の前庭に臨時につくられた演壇の上でおこなわれた。そこではプロテスタントの方式が重んじられ、式を主宰したブルボン枢機卿はアンリの叔父の立場で臨んだ。結婚の誓いのあと、アンリはマルグリットを大聖堂内の身廊までエスコートしたが、そこで方向を転じて外に出て歓呼の声に応えた。カトリックの信仰を認められたマルグリットは一人残されて、主祭壇で待ち受けるヴァロワ王家の人々の方向に歩み、カトリックの方式に則ったミサに与った。

図 5-2　ナヴァール王アンリとマルグリット・ド・ヴァロワ

結婚式後の祝賀行事は四日間続いた。一八日に司法宮殿でおこなわれた舞踏会では、シャルル九世以下のヴァロワ王家の面々と、ナヴァール王、コンデ親王などプロテスタントの領袖が総出演し、居並ぶ貴婦人たちをダンスの輪に誘った。とくに注目すべき祝祭がおこなわれたのは二〇日のプチ＝ブルボン宮と、二一日のルーヴル宮においてである。前者は「愛の天国」と題された大がかりな舞踊劇で、ヴァロワ三兄弟率いる天国を守る騎士団がナヴァール王率いる遍歴の騎士団を打ち負かして地獄の方へと追い払う。勝利を収めたシャルル九世たちはバレエを踊ったあと、敗れたナヴァール王たちを奈落の底から救い出し、再び一緒になって踊るという他愛ないものである。後者も、アマゾン戦士に扮したヴァロワ三兄弟たちと、ターバンを巻いてトルコ戦士に扮したナヴァール王たちが指輪を求めて競い合う。ここでも、やはりシャルル九世側が勝利するのは「愛の一団」だからで、不信心者のトルコ人側に勝つ術はなかった。いくら無邪気な見世物とはいっても、ナヴァール王がいつも敗者の側に回るのはどのような心境なのだろう。ただし象徴性に満ちた祝祭を企画したカトリーヌは真剣で、この機会を利用して国民の和解と一致を演出したかった。詩文、音楽、舞踊には人々を魅了し麻痺させる魔力があると彼女は信じていた。

サン＝バルテルミー事件とマルグリット

祝祭行事が終わろうとする頃、プロテスタントの絶滅を企てる陰謀が同時に進行していた。八月二二日朝のコリニー提督の狙撃事件はカトリックとプロテスタントの敵愾心を一気に高め、二四日未明からのサン＝バルテルミー大虐殺事件を誘発した。この事件の顛末をめぐっては現在でも謎の部分が多い。ここでそれを論じる余裕はないが、今日の定説では、事件にはっきりとした主謀者がいたわけではなく、出来事が連鎖反応的に広がり、歯止めのきかない暴力の爆発に至ったとの「事態説」が主流となっている。この事件ではパリだけで約三〇〇〇人、全国で約一万人にのぼるプロテスタントが虐殺されたといわれ、上り調子だったプロテスタント勢力が失速する画期となったのは間違いない。

ルーヴル宮に居合わせたマルグリットは、『回想録』のなかでこの事件に触れている。夫とのわずか四日間の新婚生活を破られた彼女は、事件の進展をまったく知らされなかったらしく、不安にかられてカトリーヌの部屋を訪ね、自室に戻ったところ、数十人のプロテスタント貴族に護衛された夫を見て一安心して眠りについた。しかし、彼女が目を覚ますと夫は不在で、代わりに四人の衛兵に追われた一人のプロテスタント貴族が不意に闖入してきて助命を求めた。王家の人には嘆願者の訴えを聴き届ける義務と威光がある。このあたりの経緯は臨場感に溢れ、『回想録』の見せ場の一つとなっている。彼女の記述を信じるかぎり、彼女は三名の貴族の生命を救った。

『回想録』でもっとも興味をそそられるのは、事件後何日か経って、マルグリットがカトリーヌから呼び出され、次のような会話が交わされるくだりである。「私は彼女に本当のことを言うよう誓わされた。彼女は私の夫のナヴァール王は〈男《オム》〉なのかと尋ね、もしそうでないなら、私を離婚させる用意があると言った。私はあなたが何を言っているのか理解できないと懇願した」。これは、ナヴァール王を離縁し処刑さえ辞さないカトリーヌに、マルグリットが夫の助命を精一杯に嘆願した有名な一節である。そうした言動は、彼女がナヴァール王の妻として生きる道を選ぶとの声明でもあった。実際には、事件の拡大を恐れた王とカトリーヌは、殺害者のリストから王族を外すよう命じていたので、ナヴァール王もコンデ親王もルーヴル城内に軟禁され、カトリックに改宗するだけですんだ。それにしても、結婚式から大虐殺への暗転は、マルグリットをはじめ王家の人々の未来を暗示するものだった。

三、政治に目覚めるマルグリット

王位継承をめぐる陰謀事件

サン＝バルテルミー事件の大きさにもかかわらず、ナヴァール王夫妻は宮廷内で比較的自由に行動できた。ナヴァール王が改宗した以上、この結婚は何ら不都合がなかった。翌年、ナヴァール王がかつての同志だったはずのプロテスタント勢力が籠るラ・ロシェル包囲戦に出陣したとき、宮廷に留まったマルグリットはレ夫人の文学サークルに加わり、ヌヴェール公妃、コンデ親王妃らと交わった。夫からは宮廷内で味方してくれる勢力をつくっておくよう指示があったのだろう。その際、盟主に担いだのは、姉としてコントロールができる野心家の弟フランソワだった。

一五七三年ポーランド王に推挙された兄アンリがポーランドに旅立つと、フランソワは病弱なシャルル九世の後釜として王位を狙うようになった。サリカ法を無視し、アンリを王位継承から追い落とす陰謀である。そのときマルグリットはフランソワの腹心ラ・モルやココナスと連絡を取り合う役目を担った。だがこの陰謀は翌年春に発覚し、主謀者の両名は捕えられ処刑された。ドービニェの『好色な離婚』によれば、マルグリットとヌヴェール公妃はそれぞれラ・モルとココナスの恋人で、モンフォーコン刑場で晒された遺骸をモンマルトル墓地に埋葬した。伝記作者タルマン・デ・レオーの記述はもっと奇怪で、マルグリットはその後自分のせいで死んだ愛人の心臓をスカートの腰当て部分の小袋に縫い込んだという。それらはまったくの作り話にすぎないが、彼女の名が出てくると何かしら真実味を帯びてくる。ラ・モルは彼女が理想とする知的な美男子だった。

シャルル九世の死後、ポーランドから戻って即位したアンリ三世は、フランソワを取り巻くグループのなかにマルグリットがいるのを知っていた。情報源はカトリーヌが宮廷に仕掛けたスパイ網で、たとえば、カトリーヌが放った美しいスパイの侍女ソーヴ夫人をめぐってナヴァール王とフランソワが恋敵となっている。これは薬が効きすぎて、ナヴァール王とマルグリットの夫婦喧嘩に発展したので、慌ててカトリーヌが仲裁に乗り出すほどだった。政治に目覚めたマルグリットはフランソワへの加担を進め、一五七五年九月に彼が宮廷から脱出するのを助けた。この事件の渦中で二人をつなぐ伝令役を務めたビュシィ・ダンボワーズは、アンリ三世の「ミニョン」の向こうを張ってフランソワが集めた剣客・伊達男集団の一員で、勇猛で文章力に優れ、宮廷女性の憧れの的だった。もちろん彼はマルグリットの好みにぴったりで、ラ・モルと同じような情愛関係に発展したらしい。

こうした状況を宮廷から傍観するばかりで、意気地がないと陰口を叩かれていたナヴァール王は、ようやく重い腰を上げる決断を下し、一五七六年二月三日、王に従って狩猟に出かける機会を利用して逐電し、所領のあるヴァンドーム城に逃げ込んだ。彼が再びプロテスタントに改宗し、反宮廷の狼煙を上げたので、フランスはさまざまな党派が入り乱れる抗争の場と化した。

「不平派」と「ナヴァール派」のはざまで

アンリ三世の独裁政治に反対し、外国人（カトリーヌなどのイタリア人）の専横を排除し、貴族連合による穏健な王政を掲げてフランソワのもとに集まった人々は「不平派《マルコンタン》」と呼ばれ、国内の平和のためには宗教の寛容政策を認める「穏健王党派《ポリティーク》」の先駆けとなる。フランソワとナヴァール王が相次いで反旗を翻した一五七六年の春、アンリ三世は難しい舵取りを迫られた。いくつかの戦闘が続いたあとの五月、三者は和解してボーリューの和が結ばれた。この条約により、フランソワは多くの親王領を与えられ宮廷に復帰した。ナヴァール王もギュイエンヌ総督に任命され、パリ以外でのプロテスタント信仰の保証、サン＝バルテルミー事件の犠牲者の名誉回復がなされた。不平派の結集で功績のあったマルグリットは、アンリ三世やカトリーヌから疎んじられた。ナヴァール王も宮廷から脱出するにあたって彼女に一言も告げなかった負い目があり、二人のあいだに隙間風が吹き始めた。そのため彼女は宮廷内で浮き上がり、心労も重なって、身の振り方を考えあぐねるようになった。その点は、政治の決定権から外されたフランソワも同様だった。

この二人をうまく処遇するチャンスとなったのが、ネーデルラントの独立戦争の動きである。スペイン軍の攻勢で苦戦を強いられた独立軍は、しきりにフランスの軍事介入を求めていた。マルグリットは、介入の見返りにフランソワをネーデルラント王に据えるという方策を具申した。カトリーヌは王位に執着心の強いフランソワを知っていただけにこの意見に賛同し、ネーデルラントの感触を探る任務を彼女に託した。一五七七年七月、マルグリットを代表とする使節団はリエージュまで行って、約一カ月間会談を重ねた。随員が男女合わせて数百人にのぼり、行く先々で宴会や舞踏会を催したのは、フランスの権勢を見せつけるカトリーヌの常套手段だが、社交好きなマルグリットにふさわしい仕事でもあった。結局、この外交の成果はフランソワを「護国卿」にするとの口約束を得たにすぎなかったが、彼女にとっては久しぶりに巡ってきた晴れ舞台だった。

しかし、マルグリットもフランソワもすぐに憂鬱になった。閉塞的な状況を打開するため、一五七八年二月一五日、フランソワはルーヴル宮を脱出したが、そのやり方は自室の窓から濠に投げ下した綱を伝って外に出るという突飛なもので、逃走用の綱を準備したのがマルグリットだった。宮殿の門ではなく、わざわざ窓から出るという手法は、その後しばしば王への抗議を示す象徴的なパフォーマンスとなった。

四、マルグリットの栄光と挫折

ナヴァール王妃としてのマルグリット

マルグリットを持て余したアンリ三世は、ようやくナヴァール王の要請を受け入れ、彼女をガスコーニュに送り出すことに同意した。王にとって体のよい厄介払いだった。初めてのガスコーニュ入りにあたり、マルグリットがカトリーヌと一緒に三〇〇人もの華美な行列を従えて、パリを出発したのは一五七八年八月だった。けれども、途中でボルドー、トゥルーズ、オックなどの都市に寄り道し、ナヴァール王の待つポーに着いたのは翌年五月、夫妻が生活するネラックに落ち着いたのは七月で、約一年間にわたる大旅行だった。その間、南フランスの政情安定に心を奪われたカトリーヌはナヴァール王との交渉に明け暮れ、ナヴァール王も時たま彼女に会いに来る程度で、彼女に対する愛情や誠意は感じられなかった。

それでもネラック到着とともに、二人の関係は正常になったかにみえた。一五八〇年になると、彼女は夫の許しを得て古ぼけたネラック城の改築に着手し、舞踊や音楽などにカトリーヌ譲りの芸術的才能を発揮し、モンテーニュやドービニェなどフランス西南部の文化人との交わりを深めた。モンテーニュはドイツやイタリアに旅立つ直前の慌ただしい時期だったけれども、彼女の依頼で『随想録《エセー》』のなかでもっとも長い「レーモン・ド・スボンの弁護」の章を書いた。ネラックに花咲いた宮廷文化の名声はシェークスピアの耳にも達したようで、『恋の骨折り損』の冒頭でナヴァール王に比定される主人公ファーディナンド王に「わがナヴァールを世界の驚異たらしめ、宮廷をプラトンのアカデミーに倣って、つねに不滅の学芸に思いをはせるよう学園たらしめよう」と宣言させている。ネラック滞在はマルグリットの人生で最良のときだったかもしれない。

マルグリットは子どもが授かるよう巡礼に行き、温泉地バニュールも訪ねている。心配のたねは夫の浮気癖で、彼女の侍女は次々と夫の口車に乗せられていった。ヴァロワ王家とナヴァール王家の鎹《かすがい》という使命にとうとう耐えきれなくなった彼女は、夫と別れてパリへの帰還を決意し、一五八二年一月にネラックを立ち、五月末にパリに帰り着いた。彼女を出迎えるためにカトリーヌはポワトゥ地方まで出張し、挨拶にやって来たナヴァール王にパリまでの同道を促したが、彼は身の安全のためガスコーニュに引き上げてしまった。こうして彼女のネラック滞在は実質的には二年半で破綻したのである。

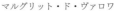

見果てぬ夢

パリに戻ったマルグリットは、夫だけでなく、兄王からも見捨てられ、楽しみはフランソワのネーデルラントでの活躍だけとなった。一時期、フランソワはイギリス女王エリザベスの結婚相手と目されるほどに羽振りが良かった。もっとも、エリザベスは彼を軽蔑して「ヒキガエル」と呼んでいた。彼に不幸だったのは、一五八三年一月、フランス軍がアントウェルペンを攻略したあと市内で略奪を働いたことで、ネーデルラントばかりかヨーロッパ中の支持を失った。アンリ三世は和平路線に転じ、スペインとの講和を結ばざるを得なかった。フランソワのネーデルラント王の夢は永遠に失われたのである。

この頃から自暴自棄になっていたマルグリットは、フランソワに仕えるシャンヴァロンとの恋愛に溺れてゆく。彼女の三度目の熱愛である。この人物も美しくて勇敢な武人、そして詩人だった。一五八二年秋にルーヴル宮で出会った二人は、その瞬間から相思相愛の仲になった。二人は公然と逢瀬を重ねたので、たちまちパリ中の噂となり、彼女の館は「淫売宿」と揶揄された。二人の手紙も多く現存している。とくに彼女が妊娠したとの噂が立つと、アンリ三世は王家の名誉が汚されたと烈火のごとく怒り、彼女をナヴァール王のもとに送り返す決定を下した。王の憤懣はそれでは収まらず、出発した彼女の一行をパリ郊外まで追いかけ、開いていた馬車の窓から彼女を見ようとせず、大きな屈辱を与えた。

傷心のマルグリットを出迎えたナヴァール王は今回も冷静で、この問題を自分の軍事的利益になるよう利用したため、受け入れ交渉は長引き、一五八三年八月にパリを出立した彼女の一行がネラックに到着したのは翌年四月である。実に半年間にわたって彼女は野晒しにされたのだ。そのうえ、スキャンダルの露見を咎めた夫は、彼女を妻として扱わなかった。彼の傍には、すでに愛人「麗しきコリザンド」ことディアーヌ・アンドゥアンがいた。マルグリットにとってもっとも大きな衝撃は、一五八四年六月、最愛のフランソワの死が伝えられたことだった。彼女にはもはや身近に相談できる親族が一人もいなくなった。

逃避行——ネラックからユッソンへの道

ネラックからユッソンまではほとんど一本道である。だが一五八五年三月の「神聖同盟」(リーグ派)の結成以降の政治の激変を考慮すると、そこにマルグリットの不見識や不品行をあげつらうのは誤りであろう。ネラックでアンリ三世とナヴァール王の監視下におかれた彼女は、生命の危険を強く意識したようである。彼女が死ねば、ヴァロワ家の血を受け継ぐ者がいなくなる一方、夫は公然と再婚できるからである。マルグリットに愛想をつかせたカトリーヌの方も、ナヴァール王に孫娘(クリスチーヌ・ド・ロレーヌ)との結婚話をもちかけていたらしい。というわけで、彼女は食事に毒味係をおき、刺客を恐れ、自分の護衛隊の指揮官を手なずけた。一五八五年三月一九日、ネラックを捨てて自分の所領であるアジャンに移ったのも、ネラックの防衛に不安を感じたからだった。

ここからマルグリットの転落の道が始まる。かつて思いを馳せたギーズ公がパリでリーグ派の旗揚げをしたとのニュースが伝えられると、五月一五日、彼女はそれに呼応して決起し、占領したアジャンの町を南仏カトリック・リーグ派の拠点にしようとした。けれども九月二五日のアジャン市民の蜂起で町から追い払われた彼女は、落武者さながらに城から城へと逃走し、一五八五年九月末から約一年間、自分の持ち城で堅固な南オーヴェルニュ地方のカルラ城に籠って抵抗した。この城が王軍の圧迫で支えきれなくなると、彼女はカトリーヌから最後の逃げ込み城と教えられていたイボワ城に入った。それは袋小路に追い詰められた彼女に対してカトリーヌが仕掛けた罠、というよりも、母からの救いの手であっただろう。ついにアンリ三世が派遣した王軍に降伏したマルグリットは、一一月一三日、王の命令でユッソン城に移された。三重の城壁をもち、国事犯の監獄で知られるこの城（図5－3）に、彼女は一六〇五年までの約一九年間蟄居したのである。

図5-3　ユッソン城

五、マルグリットの私生活

マルグリットのイエ

ところで、マルグリットの生活はどのような形で支えられていたのだろうか。王女として生まれた彼女には、五～六歳のとき父母とは別のイエがつくられた。一五七二年に彼女が結婚すると、彼女のイエは大きく膨らみ、使用人も二五〇人を数えた。その規模はアンリ三世の妃ルイーズ・ド・ロレーヌや王弟フランソワと較べて遜色がない。一五七〇年代の状況をみると、彼女の身近に仕える侍女は約四〇人で、女官長キュルトン夫人、のちにはトゥルノン夫人が束ねた。男性の使用人はベアルン出身の侍従長ド・メームや、ピッケ、ピブラックらを頂点に一〇〇人を下らなかった。

ガリッソンの研究によれば、彼女の収入源は結婚時に兄王シャルル九世が持参金として与えた「定期金《ラント》」と、トゥールとブールジュの各徴税管区の租税収入、それに母カトリーヌが贈った「祝い金」だった。夫のナヴァール王も年収三万リーヴル相当の所領を彼女に与えたので、帳簿上、彼女の年収は一七万リーヴルにのぼった。この数値は大貴族三～四人分になる。だが収支面からいえば、家計はいつも火の車だった。その理由は、彼女が有名な浪費家で、金遣いが荒かったからだけではない。収入源に割り当てられた租税・領主収入が部分的にしか徴収できない場合が多かったからで、実収入は名目の半分以下になることもしばしばだった。支出は使用人の給金だけで約五万リーヴルだったといわれる。というよりも、そもそも宮廷生活自体が放漫財政（＝支出中心主義）なので、財政の均衡はありえず、支出の削減はイエの衰微を意味する。すべては、彼女がどれだけの臨時収入を外部から獲得するかにかかっていたのである。

注目すべきは、使用人が主人と固い絆で結ばれ、親子、兄弟、姉妹など一族で奉仕する例が多いことである。その中軸となったキュルトン夫人は、代々ヴァロワ王家に奉仕する家系であったらしく、マルグリットの教育係をも務めた。キュルトン夫人の娘や孫娘も侍女となっている。侍女のなかにはユッソンまでマルグリットに従い、彼女と運命をともにする者も少なくなかった。贅沢三昧のマルグリットの収支はいつも赤字で、給金が何年も未払いになるのもしばしばだったが、それに耐えてこそ忠実な使用人である。主人への貸しは名誉なことで、いずれ主人の出世で取り戻され、帳消し以上になる。これが主人と従属者が「恩恵」や「愛情」をもとに構築した「忠誠関係」(fidélité)であって、金銭的な損得勘定が入る余地は少なかった。近世はそうした主従関係で成り立っていたのである。

マルグリットとナヴァール王との夫婦生活

マルグリットとナヴァール王はどのような夫婦だったのだろうか。定説によれば、二人は政略結婚で、同居した期間も短いので、夫婦生活も淡白なものだったとされる。たしかに、彼らが同じ場所で宿泊しえたのは、結婚直後の約三年間と、ガスコーニュでの約二年半に過ぎない。しかし、もっと興味深い解釈によれば、二人は当時の貴族の行動様式である「優雅にして好色《ギャラントリー》」を地でゆく自由奔放な性格だったので、お互いに愛人をもつことを暗黙裡に認め合っていたとされる。その当時、上流階級の子女が会話や会食を楽しみ、詩文をつくり、踊りに興じることは粋でしゃれた社交として流行していた。しかし、それはモンテスキューの『法の精神』が「(お気に入りの婦人への心遣いは)愛ではなく、愛についての繊細で軽妙な、そして永遠の虚構なのである」(二八編二二章)と述べているように、あくまで非現実な世界での情愛であって、何よりも秘密、そして慎重さと用心深さが求められた。

ナヴァール王が女性に執着し始めた一五七三年頃、マルグリットは相当に反発し、別居も辞さない態度だった。それでもネラックに移ってからは比較的寛大になったようである。いつの時代もそうだが、ギャラントリーも女性に不利な仕組みだった。逆にいえば、このあたりで彼女は王妃としての自覚が芽生え、風格が備わってきたようである。彼女の『回想録』は次のように懐古している。「私たちの宮廷はフランスのどの宮廷でも味わえない美しく快いものでした。……夫の国王陛下と妹の王女殿下〔カトリーヌ・ド・ブルボン〕が釣りに行くと、私とその一行は庭園にある礼拝堂のミサに行きます。そこから戻ると、私たちは一緒に月桂樹ととても高い糸杉のある並木道か、川に沿って三〇〇〇ピエある並木道かを散策します。一日の残りには、あらゆる上品な娯楽がおこなわれます。踊りは通常は夕食後か夜におこなわれます」。このような仲睦まじい夫婦生活がある一方で、彼女の社交生活は派手で、軽はずみで、情念のままに行動し、人目を憚る配慮が欠けていたのは、王女にして王妃という特権的なプライド意識があったせいだろうか。彼女の恋愛相手は今をときめく美男子揃いで、冒険好きな彼らは秘密にしようという慎重さに欠けていた。

夫に見切りをつけられたマルグリットが、アジャンからユッソンへと移動するなかで取り巻きの部下や城の守備隊長の愛人になったとの逸話や噂話については、その概要を『戦国明暗二人妃』に委ね、ここではその名をあげるに留めたい。アジャンで彼女を護衛したリニュラックとドビヤックは彼女の愛を争うライヴァルだった。ドビヤックは一連の反乱の中心人物で、彼女が降伏したときに捕えられ、アンリ三世の命令で絞首された。また、カルラ城を守っていたリニュラックが亡くなると、あとを継いだ弟は乱暴者で、彼女の寝室で薬屋の息子一人を殺害した。最後にイボワ城脱出のあと、彼女をユッソン城に連行したカニヤック侯は、彼女の幽囚生活に過剰ともいえる利便をはかった。なお、彼女は二度妊娠したと噂されるが、彼女はそれを否定し、カトリーヌに宛てた手紙で死後に遺体を解剖して証明してほしいと哀訴しているので、それを信じることにしよう。

六、晩年のマルグリット

王妃の離婚

マルグリットはユッソンで静かに余生を過ごしたわけではなかった。当初は憔悴し、生命の危険さえ感じていた彼女は、少し落ち着くと持ち前の妖しい魔力を発揮して司令官のカニャック侯を懐柔し、ユッソンの指揮権を握った。このあと、一五八八年のバリケード事件をきっかけに、ギーズ公の暗殺、カトリーヌの病死、アンリ三世の暗殺、アンリ四世の即位と政治は目まぐるしく動いてゆく。リーグ派に属していた彼女は、事態の推移をユッソンから眺め、王軍の侵攻に備えていたが、どうやらアンリ四世が勝利しそうだという情勢判断に傾き、リーグ派との距離をとり始めた。失敗続きの彼女も、ようやく政治感覚が身につき始めた。その頃から、アンリ四世が彼女と離婚したがっているとの噂が聞こえるようになった。愛人コリザンドを捨ててガブリエル・デストレに乗り換えた王が、二人のあいだの子ども（セザール）に王位継承権を与えようとしたからで、一五九三年には王の顧問官デュプレシ＝モルネが正式にこの件を申し入れてきた。

王側が持ちだした離婚の理由は三つあった。第一は近親婚の赦免状を教皇から得てなかったこと、第二はシャルル九世とカトリーヌが結婚を決定し、当人の意思がまったく無視されたこと、第三は二人のあいだの性交が完遂していないことである。マルグリットはこの離婚請求のなかに王の焦りを見抜き、巧みに立ち回った。というのも、第一、第三の問題はともかく、第二の問題は彼女の一存にかかっていたからである。彼女は、身の安全保障と、元王妃にふさわしい待遇を講じることを条件に離婚を原則的に了承した。

一五九九年に入って、離婚問題は突如として解決に向かった。渦中のガブリエルが四月一〇日に急逝したのである。高慢で野心家のガブリエルに対する宮廷人の不満は強かったので、彼女の死には暗殺説がある。あるいはアンリ四世の窮余の一策だろうか。一方、マルグリットは自分の親族であるトスカーナ大公家のマリー・ド・メディシスが王妃の候補にあがっていたことを知っていたに違いない。四月二〇日頃、彼女は自分に結婚の意思がなかった旨の白紙委任状をアンリ四世に送り付け、教皇庁から派遣された調査官に対しても自分の結婚は親族による強制だったと証言した。こうしてローマ教皇クレメンス八世の結婚無効の勅書によって、離婚は晴れて承認された。一六〇〇年一二月、アンリ四世はマリー・ド・メディシスと再婚した。

アンリ四世との和解でマルグリットは大きな利益を引き出した。まずは終身の「王妃」と「ヴァロワ公妃」の称号の獲得である。また、この威信の高い地位を保つため、約一五万リーヴルの年金が与えられた。彼女は六〇万リーヴルもの借金があったが、これも王が肩代わりしてくれた。その恩義に報いるべく、彼女は王への手紙の冒頭で、「わが主君にしてわが友」と呼びかけている。ユッソンにも穏やかな生活が戻り、散り散りになっていた使用人も徐々に復帰してきた。彼女は再び贅沢な暮しを始め、文人や芸術家を招聘した。一五八二年までの半生を綴った『回想録』が書かれたのは一五九四年頃とされる。

パリへの帰還

マルグリットがパリに帰りたいと思ったのはいつ頃からだろうか。アンリ四世は彼女のスキャンダルを恐れたのか、彼女の帰還に慎重だった。そこで彼女は実力行使に訴え、一六〇五年七月にユッソンを発し、パリ郊外から王に帰着を知らせ、八月にパリ入りの許可を得た。予想に反して王は機嫌がよく、彼女はルーヴル宮で王と王妃マリーの出迎えを受け、歓待された。このあと彼女がブルボン王家の人々と親しく交わったのは、まだぎこちない王家の安定に貢献する役割を担おうとしたからで、彼女は王妃の相談役となり、会食しては宮廷のエチケットを伝授した。王の次男ガストンの名付け親、三女アンリエットの代母にもなっている。もっとも興味深いのは、幼い長男ルイ〔のちのルイ一三世〕が彼女を「お母さんで私の娘」と呼ぶほどになつき、彼女の家によく遊びに来たことである。彼女も可愛いルイに母親のように接し、自分の財産をルイに遺贈すると約束した。

マルグリットの住居となったのは、一六〇六年からサンス館、一六〇九年からセーヌ川を隔ててルーヴル宮と向かい合ったサン＝ジェルマン地区に建てられた新館（現在は国立美術学校がある区域）である。彼女は館を開放したので、デポルト、ラ・ロック、ヴァンサン・ド・ポール、マレルブなど著名な文化人が出入りした。図書室もグルネー夫人の管理のもと数千冊を揃えた。マルグリットが好んだ音楽会、舞踏会もしばしば開催され、アンリ四世も通っていたようである。王は「今日は《売春宿》に行って来る」と照れ隠ししていた。この時期に彼女は『ちぐはぐな閨房』のほか、イエズス会士ロリヨの女性蔑視論への反論として『博識で繊細な談話』を書いたことを指摘しておきたい。

マルグリットの死

マルグリットも五〇歳を過ぎ、容色もすっかり衰えた（図5－4）。頬が長くたるみ、歯痛で食物を噛み砕けなかったそうである。口の悪いタルマン・デ・レオーは「彼女は恐ろしいほど太っていた。それに鬘を着けさせ、衣服の胴体部はだぶだぶで、袖もそれに見合っていた。……彼女は早くから禿げていた。そのため、彼女にはブロンド髪の従僕がいて、ときどきその毛を刈り取っていた」と述べている。それでも彼女の愛人遍歴はずっと続いたらしく、サンス館の門前で二人の従僕が殺し合いを演じた事件など、いくつかの怪奇事件も発生しているが、その経緯はやはり『戦国明暗二人妃』に委ねたい。

図5-4　晩年のマルグリット

結核の持病をもっていたマルグリットは、一六一四年頃から公式の場に出る機会が少なくなった。一六一五年三月、彼女は風邪をこじらせ、高熱を発して重篤に陥り、死を覚悟して遺言書を認めた。それによれば、修道院への寄進と使用人への報奨金を除けば、すべてルイ一三世に寄贈された。彼女が亡くなったのは三月二七日夜だった。享年六二。彼女の遺体からは大きな結石が見つかったという。彼女の家でおこなわれた葬儀のあと、敷地内の礼拝堂に安置された棺は翌年、サン＝ドニのヴァロワ家の霊廟に運ばれ、アンリ二世夫妻の家族の墓石がすべて揃った。一方、パリ移転以降も彼女は厖大な借金を抱えていたので、葬儀の直後から債権団が殺到する事態となった。借金の引き継ぎを恐れたルイ一三世は、彼女からの贈与物の受け取りを謝絶し、一六二三年、彼女の館を売却して借金返済に充てさせた。こうして彼女の館は瞬く間に地上から消えてしまい、今日ではその痕跡すら残っていない。彼女の人生と同様にさっぱりしたものである。

ブラントームはマルグリットが偉大な王妃、というよりも、偉大な女王になったかもしれないと彼女の資質や才覚を称え、カトリーヌ・ド・メディシスの言葉を引用している。「他国で王位が糸巻き棒の手［＝女性］に落ちるように、もしサリカ法の廃止によって、この王国がその正当な権利によって私の娘に帰するとしたら、たしかに私の娘は私が知っている多くの男や王たち以上にうまく統治ができるだろう」。カトリーヌの血を受け継いだマルグリットは兄王たち以上に政治的能力をもっていたはずだが、サリカ法という国法にその道を遮られた。それでもサン＝バルテルミー事件を経験し、アンリ四世という不世出の王と出会う過程で、彼女は大きく成長を遂げた。王との最初の出会いは不幸だったが、やがて王と離別し、王と微妙な距離を保ちつつ友人関係を構築したのはさすがに見事である。こうして、マルグリットは自分なりの政治的・文化的な役割に目覚め、フランスを近世国家へと一歩前進させることに貢献したのである。

第6章

Marie de Médicis

マリー・ド・メディシス

——リシュリューと対決した剛毅な王妃

アンリ四世の妻で、ルイ一三世の母であるマリー・ド・メディシスは、たしかにもっとも不幸な王妃の一人である。通説的なフランス史によれば、彼女はいつも非難され、悪しざまに言われている。

マリー〔イタリア語でマリア〕は一五七五年四月一三日、トスカーナ大公フランチェスコ・デ・メディチとヨハンナ・フォン・エスタライヒの末子としてフィレンツェで生まれた。彼女は素晴らしい名家の出身だった。父はイタリア半島でもっとも豊かな君主であり、母はもっと有名な先祖をもっていた。母の父は神聖ローマ皇帝フェルディナント一世だったし、母方の祖父はポーランド王だったのだから。

しかし、少女時代の彼女の境遇は悲惨で孤独なものだった。二人の姉と一人の兄は幼いときに亡くなり、不義密通という父の裏切りにあった母は世間的にも大きな辱しめを受けて、マリーがわずか三歳のときに亡くなった。一五八四年、家族のなかで頼りになるたった一人の姉エレオノーラはマントヴァ公のもとに嫁いでいった。そのあと一五八七年には、あまり彼女のことを構ってくれなかった父が死去し、トスカーナ大公の位は彼女の叔父フェルディナンド一世のものとなった。

もちろんマリーは、イタリアでもっとも豪勢な宮廷のなかで青春時代を過ごしたが、愛情のない孤独な生活だった。彼女は格別に優れた教育を受けた。彼女は熱心なカトリック信者で、芸術を友とし、彼女自身、画家、音楽家としての素養をもっていた。ギターやリュートを奏で、乗馬が得意だった。彼女の髪は見事なブロンドで、ドイツやポーランドの祖先譲りの大柄な体格だった。彼女の成熟した女性らしさと丈夫そうな体つきは、恵まれた受胎能力を予想させるものだった。このような個人的な資質とメディチ家の財産が、彼女をまたとない結婚相手としていたのである。

一、フランス王との結婚

一五九六年以降、トスカーナとフランスの有力者は彼女の結婚に目を向けるようになった。事実、三〇年来フランス王国を荒廃させてきた宗教戦争はもうすぐ終わりそうだったが、軍事的勝利と政治的な手腕によって勢力の拡大に成功したアンリ四世は嫡出子を欠いたままだった。もし王が病気や事故などで亡くなった場合、王国は再び内乱に戻ってしまうかもしれない。それゆえ、トスカーナの王女との結婚の実現は、〔王子の誕生によって〕王位の継承を保証し、王国に将来の平和を約束するものだった。

とはいえ、その可能性はまだまだ遠いものだった。というのも、とても乗り越えられそうにない二つの大きな障害を取り除く必要があったからだ。第一は、子宝に恵まれなかった王妃マルグリット・ド・ヴァロワとの結婚を解消すること、そして第二は、王自身が望んでいた美しい寵姫ガブリエル・デストレとの結婚を妨げて、世論によってスキャンダルと見なされているこの関係を清算することである〔第5章を参照〕。このような困難を解決したのは、交渉人たちの叡智と運命的な偶然だった。アンリとマルグリットの結婚は、教会法の巧みな理由づけによってローマの法廷で無効とされた。その一方、若きガブリエル・デストレは早産のために、突然、思いがけなく死んでしまった。こうして、トスカーナの王女との結婚計画への筋道が開かれたのである。

一五九九年、先に述べたような困難は解決されたので、カトリックに宗旨替えしたばかりのフランス王の立場に配慮しようとする教皇クレメンス八世の支持のもとに、結婚の交渉は急速に進んだ。政治的慎重さに基づいた議論が説得的であるにしても、マリーの結婚の承諾がフランス財政にもたらす経済的な利益は測りしれないものがあった。宗教戦争期の出費により、フランスの国庫はフィレンツェの銀行家に累積一〇〇万エキュ（＝三〇〇万リーヴル）以上もの借金を負っていたからだ。この結婚に際してトスカーナ大公が姪に与えた持参金の条項によれば、大雑把に計算して、もっとも重くのしかかっていたフランスの借金を帳消しにするばかりか、さらに現金三五万エキュを即金で付け足してくれるというものだった。

代理人による結婚式は一六〇〇年一〇月、フィレンツェで厳粛に執りおこなわれた。フランスの宮廷では従っておいた方がよい慣習や様式を新婦に伝授するため、ギーズ家一門の最長老格のヌムール公妃が先にやって来ていた。それは伝統的な慎重さのためで、よく知られているように、パリの貴婦人たちは、たとえ相手が王妃であろうと、外国の宮廷の滑稽な服装やしぐさにまったく寛容でなかったのである。マリーは地中海の港町リヴォルノからとても豪華に飾り立てたガレー船でフランスに向けて出航したが、この船は北アフリカに跋扈する海賊の攻撃から守るために戦艦としても艤装されていた。彼女の義母にあたるクリスチーヌ・ド・ロレーヌ〔ロレーヌ公シャルル三世の娘。一五八九年トスカーナ大公フェルディナンドのもとに嫁いだ〕がマルセイユまで彼女に付き添い、彼女自身、何千エキュかの持参金を手渡した。マルセイユの港では、大法官と政府高官・大貴族たちが彼女を熱狂的に出迎えた。しかし新郎のアンリ四世は不在だった。そのとき彼は軍の先頭に立って、ピエモンテ＝サヴォワ公に対する小さな戦いを成功裡に終えようとしていた。夫婦が初めて出会ったのはリヨンで、結婚式から一カ月ほどが過ぎた一二月九日の夕食会のときだった。情愛が強く、好色家でもある王は、その夜、ただちに結婚の完遂を望んだので、結婚の宗教的な儀式は一二月一七日まで後回しにされた。

二、妻にして母

二五歳にしてはやや太り気味の新しい王妃は、一六〇一年二月九日パリに入城した。宮廷の人々は彼女がすでに妊娠しているのを知っていた。彼女は世継ぎを生むために選ばれたのだった。九月二七日、彼女はその任務をフォンテーヌブロー宮ではたした。生まれたのは男子で、ルイと名づけられたのは、聖王ルイ九世や賢人王ルイ一二世といった著名な祖先からの長い血統を受け継いでいることを示すためだった。その後マリーは五人の子どもをもうけた。一人は幼年で亡くなったが、長男のルイは王〔ルイ一三世〕となる。一六〇二年に生まれたエリザベトはスペイン王妃となり、一六〇六年生まれのクリスチーヌはサヴォワ公に嫁ぎ、一六〇九年生まれの末子アンリエットはイギリス王妃となる。一六〇八年に生まれた次男のガストンはオルレアン公の位を授けられる（図6－1）。

図6-1　アンリ4世とマリー・ド・メディシス

たしかに王と王妃の九～一〇年間の結婚生活は実り多いものだったが、波乱に富んだものでもあった。財政長官のシュリーは、この夫婦間には、ルーヴル宮であれ、フォンテーヌブロー宮であれ、家庭のことで騒々しい喧嘩なしに一週間が過ぎることはなかったと語っている。王妃が不満だったのは、毎年のように起こる妊娠ではなく、王の利己主義的で残忍ともいえる厚顔無恥で、王は愛人たちを宮廷内にこれ見よがしに住まわせていたばかりか、庶出の子どもたちを嫡出子と一緒に育てることを受け入れるようマリーに命じていたのである。これは一種のお目出度い一夫多妻といえるだろうか。アンリ四世の方は、女性や子どもたちで一杯の宮廷に不満で、彼女を軽蔑していたのではなかった。

一六一〇年の春、相続人が欠如となったあるドイツの一つの小さな領邦への軍事的な示威行動を企画するにあたって、王はマリーの戴冠を強く望んだ。自分が戦陣で過ごす何カ月かのあいだ王権を強化しておくためである。五月一三日、マリーはサン＝ドニ聖堂で聖別された（図6－2）。翌日の午後、アンリ四世は四輪馬車に乗って、パリ市中を

図 6-2　マリーの戴冠（1610 年）

移動中に狂信的なラヴァイヤックによって刺殺された。このような政治的な出来事は予測がつかないもので、権力の空白を生み、王国を再び混乱と戦争へと逆戻りさせるのではないかと恐れられた。だが実際のところ、この悲劇的な日に証明されたのはフランス王国の国制の強さだった。王位継承の慣行に則って、九歳のルイはただちに王となった。マリーは「王の妻＝王妃」から「母后＝王妃」となった。彼女もすぐさま、その日のうちにパリ高等法院によって摂政と認められ、その宣言がなされた。記憶にないほどの昔に遡るとされる慣習に従って王の継承を定めた王国基本法は、すべての人々の合意のなかで適用されたのである。

こうして、外国生まれの王女で、それまで政治への関心や知識から遠ざけられ、孤独で、個人的な臣

下や友人や顧問官がいなかった女性が、その当時もっとも強大な王国を統治する羽目になった。マリーにまつわる暗黒伝説はあるにせよ、客観的に見れば、彼女は統治に成功したと認めねばならないだろう。なぜなら、彼女が一人で統治した七年間は、この世紀でもっとも繁栄した時期に数えられるのだから。

三、摂政にして母后

マリーは用心深く、亡き王の大臣や顧問官たちをそのまま留任させた。ただ一人、財政長官のシュリーは引退を望み、約一〇年間の職務で蓄えた莫大な財産とともに領地〔オルレアン東方のシュリー＝シュル＝ロワール〕に引き籠った。マリーは、シンプルで経験的な政治の基本方針に身を委ねたように思われる。彼女は統治のスタイルを変えようとは思わなかった。彼女は国の財政規模の拡大に歯止めをかけ、プロテスタントの既得権を尊重し、大貴族間の勢力均衡を心がけ、危険が見込まれる場合には、まず異議を唱え、出し惜しみをし、最後に定期金や官職の収入を与えて、さまざまな不満分子の支持を買い取ることに執着した。

図 6-3　盛装したマリー・ド・メディシス

マリーの中心的な方針は、一六〇七年に表明されたアンリ四世の偉大な計画に従うことだった。つまり、パリとマドリードにあるカトリックの二つの強大な王家のあいだに交差的な結婚を実行することである。平和というキリスト教の理想がこの見通しを推奨していた。それは、摂政期の権力基盤の脆さや、彼女の地中海〔を重視する〕感受性に対応したものでもあった。このような戦略は、明らかにローマ教皇の外交によって支持されたもので、おそらく西ヨーロッパの長期間の平和を保証することができた。この結婚戦略は一六一二年一月に公表された。しかし、それはプロテスタント側に〔カトリックの大連合という〕疑念を引き起こし、その当時のフランス人のスペイン人に対する昔ながらの敵対意識ともぶつかった。少なくとも世論はそれを不吉なイメージで見ていたのである。

そうした不安や反論を宥めるため、マリーは人々の意見を聴取するという伝統的な政治の方策に頼った。それが社会を構成する聖職者、貴族、第三身分の代表を集めた全国三部会である。もう二、三〇〇年も前からフランスの諸制度のなかに根づいていたこの荘重な装置に、誰も反対することはできなかった。事実、このような世論の代表という様式は現に機能していた。一五六〇年以降の約五〇年間に全国三部会は四度開催されている。この晴れがましいときを待ちながらも、一六一四年の夏、若き王は地方を巡幸し、九月の一三回目の誕生日のときに、〔ルーアンの親臨法廷で〕成人の宣言がなされた。マリーと大臣たちは、それぞれの身分ごとにおこなわれる選挙で、もっとも活発に動き回る大貴族の支持者を投票から排除するよう地方総督に促した。

二週間ののち、各地の代表はパリにやって来て、全国三部会はルーヴル宮の隣の建物で始まった。

代表たちは翌一六一五年三月まで議席に留まったが、解散する前に、三身分がそれぞれに決定した陳情書、つまり王国改革のための長大で細々とした提案を王に手渡した。そこで表明された世論は、行政官職はもはや売買ではなく、個人の功績や社会的な品位に見合って与えられること、三部会はあらゆる租税の徴収について同意が求められることなどだった。さらに、細かいが重要だった点をあげると、都市を破滅させ、農村を脅威に陥れる城塞の撤去も提唱された。その後の二〇～三〇年間に改革を求める提案の大部分は〔王令のなかで〕宣言され、そしてやがて忘れられていった。それでも、それらはある種の選択肢として政治的な記憶のなかに残り続けた。そのいくつかは、三部会ほどに重々しくはないが、より迅速に対処できる名士会議という諮問機関によって討議され、実施されてもいる。ただし、名士会議は地方で選出された代表ではなく、専門性のために、また、ある限定されたテーマを調査するために選ばれた司法官たちから構成された。最初の名士会議は一六一七年にルーアンで、もう一つは一六二六年冬にパリで開催された。なお、一言追加すると、一六一五年二月、三部会の締めくくりにあたって聖職者身分を代表したリシュリュー〔リュソン司教〕の爽やかな演説が評判を博し、マリーの耳に心地よく響いた。

いずれにしても、その後すぐに「スペインとの結婚」政策という偉大な計画への道が開かれた。マリーは〔上からの〕政治的な一撃に見事成功したのだ。一六一五年夏はもう一つの地方巡幸に利用され、そして秋には、若いエリザベトとスペイン王フェリペ四世との結婚式がブルゴスで、一一月二五日にはルイ一三世とスペイン王女アンヌ・ドートリッシュとの結婚がボルドーで挙行された。

しかし、マリーの統治は、「老いぼれ大臣《バルボン》」と陰口を叩かれるアンリ四世の年寄った大臣たちに辟易していた若い世代の人々の苛立ちと衝突した。とくに政府は、マリーの信頼が厚いトスカーナ人で、主席大臣を務めるコンチニの不人気に苦しんだ。マリーは、一六一一年にコンチニにアンクル侯の肩書きとその領地を与え、一六一三年には例外的ともいえる威信の高いフランス元帥のポストをも与えた。彼がマリーの信頼をあてにできたのは、彼の妻レオノラ・ガリガイが子ども時代からマリーの友人で、パリに来てからもずっとマリーの相談役だったからである。コンチニは「お調子者」「外国人の寄生虫」「悪賢い顧問官」などと異口同音に嫌われた。彼の頭のなかにはちょっとした個人資産の形成という程度の計画しかなかったけれど、大貴族やプロテスタントといった反対派の人々は、自分たちに不都合なすべての決定を彼のせいにした。

もっと重大で人目に触れなかった危険は、政治から遠ざけられていた若いルイ一三世の欲求不満だった。王はリュイーヌなど数人の近臣たちと密かに「王の一撃」を準備し、衛兵にコンチニを逮捕するように命じた。一六一七年四月二四日朝、彼はルーヴル宮の入口で待ち伏せていた衛兵隊長ヴィトリによって射殺された。すぐさま若い王はこれ以後自ら統治をおこなうとの意思を表明した。このような振る舞いは世論の好評を博した。パリ高等法院は、王の命令によるコンチニの殺害は判決の価値があるとの見解を表明した。パリの群衆は王のクーデタに喝采を送り、コンチニの遺体を墓から掘り出し、市中を引きずってバラバラにし、彼の財産を略奪した。可哀想なガリガイは逮捕され、パリ高等法院に召喚された。彼女にはマリーの心を魅惑したかどで魔女だと認めさせせようとした。結局、刑事裁判の結果、告発は魔女から大逆罪に変更され、七月八日、彼女は〔市庁舎前の〕グレーヴ広場で斬首された。

びっくり仰天し、心が動揺したマリーは、パリを離れ、ブロワ城に追放されることを認めざるを得なかった。彼女に付き従ったのは、楽師や喜劇俳優のほかは、前述した若く煌めくようなリシュリューという名の司教に率いられた数少ない近臣たちだった。マリーの寵愛を受けたリシュリューは、瞬く間に彼女の顧問官に昇格していた。もっとも、彼女はエペルノン公やロングヴィル公などアンリ四世に仕えた昔ながらの軍人貴族で、今では国務会議から排除されている支持者のネットワークをもっていた。彼らは彼女に権力の座に戻るよう激励した。

失意のうちにある大貴族たちに唆されて、彼女は一六一九年一月二二日、密かにブロワ城を脱出した。波乱万丈の彼女の一生のうちでも、このエピソードはドタバタ演劇の格好のテーマとなっている。真夜中、大きなマントに包まれた彼女は、綱の端に結えられて、部屋の窓から高い城壁の下に積み上げられていた藁束まで吊り下ろされた。彼女が冗談めかして言うところによれば、彼女を町の出口へと導くために、まるで貴婦人が粋な恋の冒険に出かけるかのように、一人の騎兵が彼女を馬の尻に乗せてエスコートした。彼女は四輪馬車に乗せられ、武装した騎兵の一団に護衛された。マリーは、アンリ四世の古くからの従者の一人であるエペルノン公が支配するいくつかの城や町を辿って、まずはフランス西南部のアングレームに籠城した。その後、彼女は西部のアンジェまで進出した。やがて王との和平交渉は、彼女の忠実な臣下で共犯者でもあるリシュリューを窓口に進められた。ただし、この逃避行によっても、彼女は息子〔ルイ一三世〕と本当に和解するには至らなかった。王は彼女を政治から遠ざけるのに拘っていたし、彼女の方は不平派の軍団をそのまま残して警戒を怠らなかった。

とうとうルイ一三世は、母の陰謀を打破するのに軍事力に頼る決断を下した。王の軍団がマリーを支持するわずかな部隊をロワール川の畔ポン＝ド＝セーの戦い（一六二〇年八月七日）で蹴散らした。この母子戦争というスキャンダル的な小競り合いのあと、マリーは降伏を余儀なくされたが、数カ月後、息子である王は彼女が国務会議に席を占めることに同意した。野放しにするよりも、宮廷に囲い込んだ方が監視しやすいからである。

四、栄光と芸術の愛好

パリに戻ったマリーはリュクサンブールを居所に定めた。そこは、かつて石切り場と荒蕪地になっていたパリの南の周辺部で、そこに新しい宮殿を築造中だったのである。建築は一六一七年にサロモン・ド・ブロッスに委ねられ、装飾は一六二一年にルーベンスに命じられた。このフランドルの巨匠は、マリーの人生の物語を描く二一枚からなる大画の発注を彼女から受けた。この計画の途方もない豪華さは、自分が主役であろうと望んだ「華麗なる歴史」（magnificence historique）に対応していた。これらの作品はリュクサンブール宮の西翼の大回廊に掲げられ、一六二六年二月、末娘のアンリエットとイギリス王太子チャールズ〔のちの一世〕との婚約式のときに一度だけ展示された。

これらルーベンスの巨大な絵画の輝くような色彩、そして、神話的な登場人物に溢れる華麗な筋書きに見学者は圧倒された。けれども、少なくともそのいくつかの情景には、実際にあったのではないかと思しき場面が浮き出ている。たとえば、フィレンツェにおける結婚式のミサの場面、ガレー船がマルセイユ港に到着する場面（図6−4）、一六一〇年五月一三日のサン＝ドニ聖堂での戴冠式の場面で、そこには、多少なりとも式典の現実を反映した立ち居振る舞い、衣裳、肖像が認められる。

ルーベンスという人物を選んだことで、彼女はたしかに彼の絵画的な天分を認めていたし、そうした態度によって、この巨匠の政治的な役割に対する共感をも大っぴらに表明していた。彼はしばしばスペイン領ネーデルラントの大公女イサベルの大使のように振る舞っていたのである。事実、ヨーロッパの平和という理想はマリーの信念だったし、キリスト教に基づく統治という概念と結びついた世論一般の確信事でもあった。

図6-4　マリーのマルセイユ上陸（ルーベンス作）

五、失寵

権力の座に復帰すると、マリーは、王と争っていた時期に自分にもっとも忠実に仕えてくれた人々に公的な活動の場を与えることに専念した。彼らのうちの二人は類稀な知性の持ち主だった。まずアルマン＝ジャン・デュ・プレシ・ド・リシュリューは一六一四年以降マリーが目をかけてきた聖職者で、コンチニ時代にほんのわずかな期間、外務卿を務めた。マリーは彼に枢機卿という権威あるポストを授けるためにずっと尽力した。ローマ教皇はフランスの聖職者に枢機卿のポストをそれほど認めなかったことを知っておく必要がある。枢機卿は普遍教会〔カトリック教会〕の君主となる登竜門だったからだ。次いで一六二四年四月、マリーはリシュリューが国務会議に入るのを後押しし、八月には主席大臣に昇格させた。もう一人の勇猛果敢な顧問官は法律家のミシェル・ド・マリヤックだった。一六二六年の夏、マリーは王からマリヤックに国璽尚書〔大法官の代わりを務める〕という顕職を委ねる許可を得た。国璽尚書は王国の法曹関係のなかでもっとも高い官職で、やや時代錯誤的ではあるが、今日の司法大臣と内務大臣を兼務したものに相当する。

経歴の面でマリーのおかげを蒙っているリシュリューが、いつの日か彼女のもとを離れるなど、マリーは想像さえしなかっただろう。ところが一六二九年頃から枢機卿＝主席大臣〔リシュリュー〕は、フランス王国によるヨーロッパ覇権という攻撃的な地政学を抱くようになっていた。そのような目論見は、マリーが望んだカトリック同盟とも、国璽尚書マリヤックが国の統治にもたらそうと願っていた王国改革とも相容れなかった。三部会などで提起された王国改革案をもとに、一六二九年に出された大王令は、起草者マリヤックの渾名に因んで「ミショー法典」と呼ばれている。

一六三〇年一一月一〇日、両者の意見の違いは、リュクサンブール宮殿でルイ一三世を目の前にして爆発した。その日、このマリーの宮殿で開かれた国務会議で、戦争の是非を巡って双方が激論を闘わせたのである。一種のハプニングである。王は困惑し、どちらとも決めかねて、悲劇的で茫漠とした何時間かのあいだ躊躇った。後世、この出来事は「裏切られた者たちの日《ジュルネ・デ・デュプ》」と呼ばれている。陰気で疑い深い性格、自分の権威への執着心、キリスト教徒としての生真面目な戸惑いなどが、ある選択から別の選択へと彼の心を動かした。彼は母マリーの激高口調にも、リシュリューのあまりに爽やかな弁舌口調にも苛立っていた。いっときリシュリューは自分が支配を任されている要塞の一つに逃げ込むしかないと考えたようだ。マリーの方は、王である息子の愛を取り戻したと考えたかもしれなかった。翌一一日、ルイ一三世は森のなかにある小さな城のヴェルサイユに行った。王はここで狩猟をするのを好んでいた。王はここにリシュリューを招き、全面的な支持を約束した。

　このドラマティックな選択は、長いあいだ、このあと数十年にわたって王国の均衡と平和を揺さぶり続けることになるだろう。直截的には、それは王に母や弟〔ガストン。彼もマリーの見解を支持していた〕との関係を断ち切らせ、彼らの支持者の弾圧を促した。マリーは改めて囚人として蟄居させられ、今度はコンピエーニュ城に幽閉された。

六、亡命の年月

憂鬱なコンピエーニュ城のなかでの警備兵の無頓着な交代ぶりは、わざわざ逃亡する機会を与えているような感じだった。この奇怪なほどの〔脱出の〕容易さは、おそらく王と母后との対立を後戻りできないようにしようとのリシュリューの謀略をうまく誤魔化すものだったように思われる。波乱に満ちたマリーの人生のなかで、その逃避行は、真夜中に変装して逃亡をはかるという、現実離れした突飛もない冒険の第二幕だった。暗闇のなかをコンピエーニュ城から立ち去っていくマリーの一行の黙して語らぬ出発のありさまは、使用人や通行人には、結婚するために森のなかの隠れ家に密やかに出かける若い娘の誘拐のように思えただろう。まずは一台の四輪馬車が彼女を近くのブレランクール城へ、そのあと宿駅から宿駅へと、ピカルディ地方の何人かの貴族の護衛のもとにスペイン領アルトワまで運ばれた彼女は、一六三一年七月一九日にアヴェーヌの近くで国境を越えた。

この逃亡劇は、パリでは〔マリー派への〕直接的で組織的な弾圧の端緒となった。彼女の領地と定期金はすべて没収された。彼女のイエの奉公人は、彼女の顧問官であれ、彼女の小役人であれ、末端の使用人であれ、すべて監視下におかれた。彼らの文書は差し押さえられ、多くの者が投獄されるか、大逆罪で死刑にすると脅迫された。フランスとの関係を断たれ、収入源をも失って、これ以後マリーはすべてをスペイン領ネーデルラントの大公女イサベルの世話にならねばならなかった。イサベルはマリーを暖かく出迎え、気前のよい額の年金を約束した。

マリーはブリュッセルやアントウェルペンに居を定め、彼女の周りに忠臣たちによる小宮廷を営んだ。この政治的な取り巻きは、パリの司法官である高等法院部長ジャック・ル・コワニューによって率いられていた。また、彼女はマルタ騎士団のメンバーで軍事専門家でもあったアシル・デタンプ・ド・

ヴァランセーや、聖堂参事会員で当時もっとも有能な風刺文作者であったマチュー・ド・モルグを当てにしていた。彼はリシュリューの周辺に侍る政治学者にたえず論戦を挑む能力をもっていた。かくして、ブリュッセルの隠れ家には正真正銘の対抗権力〔＝亡命政権〕がつくられ、政治的な文書のなかには、大臣による権力の簒奪からの解放や、戦争政策と結びついて増大する重税と対決する「混合王政」の理想的なプログラムが描かれた。さらに彼女は重要な外交的な支えも利用できた。ブリュッセル駐在のイギリス大使バルサザール・ガービアーはリシュリューの政策の断固たる敵対者で、マリーのために筆を執ったのである。彼女はまたルーベンスの個人的な支援も受けた。ルーベンスはヨーロッパの現統治者である君主たちから友人と認められ、すべての宮廷で話を聞いてもらっていたので、諸国の官庁や会議での世論づくりに圧倒的な影響力をもつことができた。

実際のところ、偉大なアンリ四世の寡婦で、悪賢い大臣に裏切られた正統な王妃の迫害は、ヨーロッパの君主国の至るところで憤懣を引き起こすスキャンダルだった。教皇ウルバヌス八世は、カトリック君主国に共通の父という資格からフランス王家の和解を提唱した。とくに三人の大きな君主国の王が彼女のために介入した。彼らはフランスの王女〔もちろんマリーの実の娘たち〕と結婚したスペイン王フェリペ四世、イギリスのチャールズ一世、サヴォワ公ヴィクトール＝アデメで、彼らの事実上の同盟は「婿たちの同盟」の形成といえた。彼らは君主の権威の防衛、西ヨーロッパの平和の追求、寵臣による権力の濫用への警戒という点で結束した。このような連絡網の中心であるマリーは「ヨーロッパの母」と見なされた。キリスト教によるヨーロッパの平和は、正統な君主の勢力均衡に基づくものでなくてはならない。だが実際のところは、フランスではルイ一三世が好戦的な目的を追求し、一六三五年五月のスペイン領ネーデルラントへの侵攻は「婿たちの同盟」とヨーロッパ大陸の平和の試みの挫折をはっきりと示した。

一方、リシュリューは自己の大義に向けられた危害を強く意識しており、地方におけるマリーやガストンの支持者の反乱よりも、彼女たち王族の不幸が自分にもたらす不名誉を恐れていた。たとえば一六三二年六月、ラングドック地方総督モンモランシー公がガストンの動きに呼応して反乱を起こしたが、リシュリューは容赦なく鎮圧し、助命嘆願の世論を無視して、無慈悲にも公をトゥルーズで斬首刑に処した。そんなことよりも自己の名誉に拘ったリシュリューは、亡命した王家の人々に名誉ある帰国を約束するために密使を遣わし、彼らの一挙手一投足を知るためにスパイを送り込んだ。また、彼らの支持者を王国中で狩り出すために憲兵隊を動員した。それゆえマリーはおそらく、もっとも身近な使用人たちよって監視され、欺かれているのを知っていた。そうした使用人は、リシュリューに買収されたり、脅されたりして、パリに彼女のもっとも瑣末な事柄まで報告していた。

それでも彼女は主権者としての主張を放棄することはなく、公式の旅行によってその主張に重みを加えようとした。一六三八年八月、彼女が威風堂々とオランダにやってきたのは、そのあとイギリス王妃となっている娘のもとで支援を訴える意図からだった。アムステルダムで挙行された彼女の歓迎式典の壮大さは、彼女の威信が依然として存続していることを証明した。実際、ブリュッセルとアムステルダムの統治者はそれぞれ、彼女に両国を対立させている果てしない戦争を調停してくれるよう期待した。オラニエ公の大歓迎ぶりを聞いて激怒したリシュリューは、オランダ人とのあいだに結ばれていた「挟撃同盟」〔＝攻撃対象国を挟み撃ちにするフランスの伝統的な遠交近攻政策〕の見直しを考えたといわれる。一一月、マリーは英仏海峡を渡ってイギリスのドーヴァーに上陸した。ロンドンでは娘アンリエットが彼女を熱烈に出迎え、セント＝ジェームズ城を彼女の住まいとした。

七、寂しい晩年

ロンドンに滞在することを選んだのは、リシュリューの訴追を逃れ、英仏海峡を越えてやって来た数多くのフランス人亡命者の存在とも関係していた。マリーはここで三年間を過ごしたが、イギリス国内の混乱のために大きな力を発揮できず、財政的な手段もなかった。イギリスの政治的な動乱〔ピューリタン革命の前兆〕のため、彼女は一六四一年九月にオランダ南部のゼーラントに戻らざるを得なかった。

その間、ヨーロッパの戦略的な状況は大きく変化していた。最初の五年間、フランス軍の命運は不安定だったが、一六四〇年を通じて華々しい成功に変わった。フランス軍の活動は、流浪するマリーからその国際的な信用の大部分を失わせた。自分の供回りの規模の縮小〔それでも二〇〇人ほどはいたらしい〕と、自分の政治的な計画の忘却を余儀なくされて、マリーはついにリシュリューの代理人から伝えられた密かな提案に従わざるを得なかった。彼女はすっかり絶望していたので、生まれ故郷トスカーナのフィレンツェで余生を過ごすようにとの提案を受け入れたのだった。その道中で、彼女は疲労のためケルンでの長逗留を余儀なくされた。そこは教会の領邦だったので、彼女は神聖ローマ帝国の保護のもとにおかれた。そのとき彼女は六九歳だった。彼女は一六四二年七月三日にケルンで死去した。死に臨んで、彼女は聴罪司祭に、自分の息子への愛情と彼の王としての権威への尊崇の念を打ち明けた。そして、聴罪司祭からリシュリューに許しを与えるかどうか質問されて「いいえ《ノン》」と答えた。今はもううんざりだったのだろう。

マリーの死のニュースは、七月二〇日にパリで公表された。ルイ一三世とリシュリューの命令で、彼女の遺産と負債の決済をはかるために特別の委任官が任命され、ケルンに派遣された。その手続きはかなりの長時間を要した。この役人が彼女の棺をフランスに運ばせ、フランス王家歴代の墓所であるサン＝ドニ聖堂まで導いたのは、六カ月ものちのことである。一六四三年三月八日、マリーはそこで丁重に葬られたが、さしたる厳粛な儀式はなかった。彼女の政敵のリシュリュー枢機卿は、一六四二年一二月四日に亡くなった。ちょっとした歴史のフィクションだが、王妃マリー・ド・メディシスは少し早く亡くなりすぎたといえよう。あの恐ろしい枢機卿が死んだあとまで生きていさえすれば、おそらく彼女のフランスへの帰還はありえたし、歓迎もされたであろう。

通説的な歴史はほぼ一致して、マリー・ド・メディシスの死後の「評判」（mémoire）を執拗に攻撃してきた。彼女の場合は、歴史家たちの順応主義的態度と、暗黒伝説の力がもっともよく鳴り響く格好の事例となっている。唯一、二〇〇九年に出版されたジャン＝フランソワ・デュボストによるマリーの伝記だけは、彼女に対して絶えず蒸し返される中傷や誤謬を学問的な見地から正した。

デュボストはマリーが悪しざまに言われる偏見の動機を分析した。一つの国の歴史を記述するにあたって常套的な考え方は、その国の覇権を画する諸段階〔＝それぞれの時期の政権交替〕を称えることである。国家中心的な、あるいはフランス中心的な著作家たちの目から見て、マリーの大きな過ちはリシュリューの好戦的な戦略に反対し、それよりもカトリック諸王国間の平和の可能性を望んだことである。リシュリューによって発せられた党派的な議論を繰り返して、大半の歴史家たちはスペインの征服的な脅威の現実味を信じ込んでいる。けれども、今日、スペインの文書館で当時のマドリードの国務会議の議事を確かめると、そうした危険はまったくの誇張で、幻影だったように思われる。歴史の著作家たちは、リシュリューが〔描いた〕解釈の枠組みのなかで、大陸の戦争を仕方がなかったと弁護し、統治における彼の個人的な独裁体制を正統化し、あわせて、国家中心的で財政的な権力の異常なまでの増大を正当化しようとしている。

要するに、悪意に満ちた後世の人々にとって、マリーの誤りはリシュリューの試みに反対したことだった。リシュリューの著作とされる『回想録』のなかでは、不幸な王妃という戯画化されたイメージが強調されたが、その後、そのイメージがずっと繰り返されたのである。すべての国家の偉人と同じように、リシュリューは自己の大義を未来の人々に向けて説明するのに余念がなかった。今日でもなお、マリー・ド・メディシスはそのための被害者の代表である。

第7章

Anne d'Autriche

アンヌ・ドートリッシュ
──ルイ一四世の母として生きた王妃

王の娘、王の妻、そして王の母であるこの美しい女性アンヌ・ドートリッシュは、活発で、情熱的で、その世紀に名を刻んだ。彼女の人生はフランスの歴史でもっとも長く、もっとも有名な二つの治世と結びついていたが、歴史のなかでの彼女の位置は、王の影に隠れてしまう王妃の結婚や出産といった役割に限定されるものではない。

運命の巡り合わせによって、夫の早すぎる死が彼女に権力への扉を開き、ほとんど一〇年間にわたって、彼女は摂政として自ら統治した。それゆえ、さまざまな出来事を方向づけるにあたって、彼女が果たした役割は決定的だった。王権の諸制度の進展や、息子のルイ一四世によるフランス君主政のいわゆる「絶対主義」的な性格が確立したのは、部分的に彼女の功績といってよい。

一、アンヌの結婚と夫婦生活

アンヌの誕生から結婚まで

王女アンヌ〔スペイン語ではアナ〕はスペイン王フェリペ三世と王妃マルガレーテ・フォン・エスタライヒの娘として、一六〇一年九月二二日にスペインのバリャドリードで生まれた。彼女の祖先はスペイン、神聖ローマ帝国、そしてフランスと、ヨーロッパで最大の君主国の王冠と結びついていた。事実、アンヌの父はエリザベト・ド・フランス〔アンリ二世の娘〕の息子だったので、彼女は大叔父にフランス王アンリ三世、曾祖父にアンリ二世をもっていたことになる。このような国際的な血筋にもかかわらず、彼女の教育はすべてスペイン風におこなわれた。彼女の子ども時代が幸せだったのは、彼女の両親が子どもたちに優しく接したからだといわれる。それは、スペインの宮廷のしきたりや貴族の習慣のなかでは風変わりなものだった。母のマルガレーテはイエズス会の精神性に深く帰依していたので、子どもたちの教育に熱心だったが、一六一〇年に若くして亡くなった。諸外国の大使の証言によれば、王女アンヌは少女時代からとても知的で魅力的だった。王家は季節ごとにカスティリア地方の王城や、バリャドリード、エル・エスコリアル〔マドリードの西方にフェリペ二世がつくった王宮兼修道院〕、アランフェスに滞在した。

当時の君主政治の方式は、お互いに結婚相手の交換を推奨していた。それは、隣り合って競合し、領土問題の戦略では対立するが、政治的な名誉の概念では同盟する、二つの大きなカトリックの王朝間では避けられなかった。そのため、非常に早い段階で、一六〇一年生まれのフランス王太子ルイ（のちのルイ一三世）とスペイン王女アンヌは結婚が約束される一方、もう一つのシンメトリックな結婚がスペイン王子とフランス王女を結びつける手筈になっていた。この二重の結婚を考え出したのがアンリ四世だった。王の死後、ルイ一三世の母で摂政となったマリー・ド・メディシスは、やがてこの計画を再び取り上げた。それによって彼女は西ヨーロッパに長い平和が約束されると期待した。この政治的な決定は一六一二年に公表された。しかし、さしあたってフランス側では、〔大貴族やプロテスタントの〕反対勢力を打ち負かし、フランスの国民のなかに根強いスペイン人への嫌悪感を縮減するよう試みる必要があった。

結局、二つの結婚の段取りは一六一五年夏に準備がなされた。八月にマドリードのプラド宮でアンヌは結婚契約書の署名式に出席し、フランスの使節団の挨拶を受けた。代理人による結婚式は一〇月一八日にブルゴス大聖堂でおこなわれた。一一月九日、フランスとスペインを隔てるビダソア川に浮かぶ小島のフザン島においてアンヌはルイ一三世の妹エリザベトと交換された。泣きくれたアンヌは父に別れの言葉を告げ、護衛隊を率いるギーズ公に委ねられて、その日の夕方サン＝ジャン＝ド＝リュズに導かれた。そのあと、彼女はゆっくりとした足取りでボルドーまで護送されたが、そこには彼女を迎えるため宮廷が出張してきていた。一一月二五日、二人の結婚式はボルドーのサン＝タンドレ大聖堂で挙行された（図7－1）。

図7-1　ルイ13世とアンヌ・ドートリッシュの結婚

相性のよくない夫婦

お互いに一四歳という若い年齢にもかかわらず、結婚式の当夜、二人はベッドを共にするよう強いられた。そして公式には、この結婚が完遂されたことが確認された。この結婚は政治的な賭けなので、二つの国の良好な関係を築くためにも、フランスの世論によき統治のイメージを与えるためにも、確固としたものである必要があった。ただ実際には、この二人が性的な関係を伴って同居するまでには、さらに四年間が経過したようである。この夫婦生活の詳細が毎日のようにわかるのは、王の侍医エロアールによって細大漏らさず記された日誌のおかげである。二人の性的な関係が良かったのは一六一九～二三年間と、はっきり特定できる。

図7-2　狩猟するアンヌ・ドートリッシュ

流産が二度続いたことで、この結婚はやがて不毛に終わるのではないかとの恐れがでてきた。世継ぎが生まれなければ、世襲王朝のなかでの王家の結婚の制度的な目的は失われてしまう。健康にまつわる出来事が夫婦間の性格的な対立をも悪化させた。不安症で疑い深い王は、妊娠の失敗を妻の軽率さのせいにしようとした〔アンヌは妊娠中に不用意にも階段を踏み外したことがあった〕。内気でむっつりした王は、情緒的で率直な王妃の陽気さに苛立っていた。こうした深刻な意見の不一致のあらゆる要素が宮廷や町中の人々の噂のたねとなった。王が男性の従者たちと一緒に狩猟や戦陣で時間を過ごすのを好んでいることを皆知っていた。王妃の方は、しばしばサン＝ジェルマン＝アン＝レ城に引き籠って、自分を慰めてくれる若い女性たちと一緒に小宮廷をつくったが、王は彼女たちを恐れていて、会うのを避けていた。アンヌは個人的にとても信心深かったので、修道院をよく訪れた。彼女はとくにヴァル＝ド＝グラスと呼ばれるパリ南郊のサン＝ジャック城外地区にあるベネディクト会の女子修道院に滞在した。

ところで一六二五年、宮廷の祝祭行事がルーヴル宮を活気づけた。それは、ルイ一三世の一番下の妹アンリエットとイギリス王太子チャールズ（のちのチャールズ一世）の結婚の祝宴だった。イギリスから特別に派遣されたバッキンガム公（フランス人はブカンカンと呼んでいた）のジョージ・ヴィリアーズは名うての誘惑者だった。彼はあまり慎み深くない王妃をものにできると思った。また、王妃の方も、冗談のつもりで彼に好きなようにさせていた。次の週、王妃は義妹アンリエットがイギリス向けの船に乗るまでエスコートしたが、嵐のために乗船は遅れ、アミアンで司教館に泊まることになった。ある朝、この館の庭園の散策にあたって、彼女は美しいイギリス貴族〔バッキンガム公〕の随伴を承諾した。けれども彼の言い寄りがあまりに露骨で、言うそばから行動に出ようとするので、彼女は自分の侍女たちに助けを求めざるをえなかった。このきわどい、蠱惑的で、滑稽な椿事の顛末を知らされたルイ一三世は極端な疑いを抱き、妻に対して荒れ狂う不満を隠さなかった。暗い性格の王は、生涯を通じて不幸になる術を心得ていた。年代記作者のタルマン・デ・レオーによれば、「王が愛したのは嫉妬心だけだった」。

この艶っぽいエピソードが、アレクサンドル・デュマにちゃんばら活劇のなかでもっとも有名な筋書きを提供した。たしかに『三銃士』のドラマのなかでは、「王妃の端金」の冒険譚がまさしくこのときに設定されている。そこでは、アンヌはバッキンガム公に愛の証として宝石で飾り付けたカラーのピン留めを与え、銃士ダルタニャンが王妃の名誉を救うためにそれを取り戻すことになっている。その場合、アレクサンドル・デュマは、その当時ロンドンの宮廷で流布していた悪意に満ちた作り話をもとに描いたようだ。ロンドンではバッキンガム公の放蕩癖は噂の的になっていた。

二、思いがけない再会

追いつめられるアンヌ

一六二五年から一六三七年まで、国王夫妻は別々に暮らした。悲嘆にくれたアンヌはパリの慈善活動に身を捧げた。彼女は夫の愛が戻ってくるように祈った。そのため、彼女はフランス各地にある聖母マリアを称えた三〇ほどの聖所に自ら巡礼に赴き、あるいは人を介して祈りを捧げた。彼女はとくに宰相リシュリューの権勢を恐れていた。王位の継承者を求めるには彼女の離婚が必要である、との噂が駆け巡っていた。事実、一六三七年夏のあいだ、枢機卿＝主席大臣〔リシュリュー〕はその方向に乗り出した。王妃がスペインの兄王フェリペ四世と秘密の手紙をやり取りしたことで、リシュリューは彼女に罪があると責め立てた。実際にはそれらの手紙は取るに足りない、まったくの兄弟愛によるものにすぎなかったのだが。自分の政治的な妄想観念を曲げようとしないリシュリューは、彼女の身辺を調査させ、自ら彼女に尋問し、何か犯罪者でもあるかのごとく彼女の身体検査までおこない、彼女の館の家宅捜査を実施し、彼女に監視付きでシャンティイ城での居住を強いた。彼女の使用人たちは官憲の追求に苦しめられ、死刑にすると脅かされた。このような政治的な弾圧に対して、当時の世論は孤独で美しく寛大な王妃への同情を示した。

ここでは、国家理性に対するフランス人の関心が重要であるかのように、今日の歴史家たちもなおリシュリューの議論に肩入れしていることに注目しておこう。歴史家たちは素朴な公徳心でもってそうした議論を繰り返し、リシュリューの政治的に下劣な行為を真に受けている。実際にはどんな危険な手紙も発見されなかった。今日、スペインの文書館での調査によると、王妃は妻としての自分の混乱した気持ちを親族に知らせ、自分のために祈ってくれるように願い、一六二二年に列聖され、家の守護聖人とされるスペインの農民出身の聖イシドールの聖遺物を送ってくれるよう頼んでいたことが判明している。

王太子ルイの誕生

アンヌはパリの多くの修道院で祈った。ここでは、彼女の祈願の実現と、王太子、のちのルイ一四世の誕生にまつわる絵空事のような事情を語っておく必要がある。そうした事情を王妃も当時の人々も実際に体験し、それを奇蹟とみなしたように私たちも受け止めるのが望ましいだろう。正確な日付の一六三七年一二月五日、のちになってパリの諸修道院で特別な祈禱が終わったときとされるが、国王夫妻の思いもよらない和合が実現したのである。雨がとても強いその日の夜、王はイル＝ド＝フランス〔パリを取り巻く地方〕の小さな城々でおこなわれる二つの狩猟試合のあいだに、パリの東にあるセナールの森から西にあるヴェルサイユの森まで移動しようと思った。ところが驟雨のため、王はパリに留まり、ルーヴル宮に宿泊場所を求めざるをえなかったが、生憎、王を迎える寝床の準備ができてなかった。そのとき、王の衛兵隊長の一人フランソワ・ド・ギトーが王を説得して、王妃のアパル

図7-3　王冠を聖母に捧げるルイ14世とアンヌ・ドートリッシュ

トマンに宿泊できるよう要請することに成功した。ギトーは個人的に王妃に仕えていた。こうした演出が、あるいは国王夫妻を接近させようとする枢機卿リシュリューの策略ではなかったのかとの疑惑も残る。

　いずれにせよ、一六三八年一月末、王の侍医は王妃が懐妊したと告げさせた。不毛だった二二年間の結婚生活のあとなので、このニュースは驚きで、ほとんど信じられなかった。王国中で祝祭行事と祈禱がおこなわれた。

一六三八年九月五日、妊娠のときから数えて正確な日付に王妃は出産した。子どもは男の子で、王太子で、ルイ・ディユードネ〔神から与えられたルイ〕と呼ばれた。王妃は、未来の王の出産が、一つはフィアクル神父というパリの修道僧による特別の九日間の祈りと、より厳粛なものとしては、ロレートの聖母のおかげであることを知っていたと述べた。ロレートの聖所はイタリアのアドリア海に面したアンコーナ管区にあって、伝承によれば、かつて聖母がナザレに住んでいた家の壁を所持している。国王夫妻はそこに特別な奉納物、すなわち、黄金の赤ん坊を抱く銀製の天使像を捧げることを決定した。この作品はパリのもっとも優れた彫刻師だったジャック・サラザンによって彫られ、ローマへ、そして一六四三年一月にロレートへと運ばれた。ここでもまた注目しておくべきは、賑々しく人目に立った王妃アンヌの特別な信心が、その後、歴史家の多くから忘れられていることである。

ヨーロッパでもっとも強大な国を統治するよう求められ、明らかに奇蹟的だった王太子の誕生は、当時の人々の目には、神がフランスの運命を見守っており、王がおこなう政治は神の意図と一体であり、フランス軍の勝利はフランス王国の神聖な使命の反映であることを意味していた。この同じ年に、ルイ一三世は自分の王冠を聖母マリアに捧げた。長いあいだ待ち望まれた成功が、ついに戦場でもたらされた。国境地域での勝利のニュース〔アラスとルシヨンの占領〕と、王座の幸運な委譲の保証がその果実とみなされた。その当時、フランス王の臣民の大半が信じたのはそのことである。

三、母后にして摂政

一六四〇年には次男のアンジュー公フィリップが生まれた。だからといって、ルイ一三世が妻に対する刺々しさや疑念を捨てたわけではなかった。一六四三年五月一四日に亡くなる前に、王は王妃の摂政の地位が制限され、抑制されるように遺言状を記した。だがパリ高等法院が〔親臨法廷の開催によって〕この遺言状を破棄し、彼女を王国の全権をもつ摂政と認めた。四歳の息子の名において最高権力

図7-4　アンヌ・ドートリッシュと子どもたち

者となった彼女は、権威を断固として拠り所とした。本当のところを言えば、彼女はその時期の政治システムについての見識も予見もなかったように見受けられる。それは無知というよりも、慎重さと無関心からだった。彼女の唯一の方針は、子どもたちへの愛情と彼らの権利の防衛であった。

　母后＝摂政となったアンヌは、統治の選択をルイ一三世とリシュリューが彼女のために遺してくれた顧問官である枢機卿マザランに委ねた。この聖職者はローマ教皇領の生まれで、教皇庁の官吏から経歴を始め、かれこれ一〇年間はフランスに奉仕する決心をしていた。新しい忠誠関係のおかげで、マザランはリシュリューの戦略的な企てと結びつき、その報償として、ローマでのフランス王側の斡旋によって枢機卿という特別なポストに昇進することができた。愛想がよく、芸術の愛好家で、女たらしで、臆面のないマザランは、粘りっこく、ずる賢く、狡猾で、欲張りな交渉人だった。彼は自分の師匠であるリシュリューの好戦的な政策と、その当然の帰結である近視眼的で乱暴な国の運営のやり方を平然と継承することになるだろう。したがって、幼年の王の統治の開始期には平和の到来と財政の苛斂誅求の終わりが期待されていたのに、それとは逆行して、一六四三年は過酷な徴税と、民衆や貴族の反抗への弾圧の極みとなった。一六三〇年代から採用された専制主義的な手法への抵抗は、やがてフロンドの乱という政治的な大きな危機に至った。国を分裂させ、地方の荒廃をもたらしたこの長い試練〔内乱〕は、ルイ一三世とリシュリューの政治を選択したことの直接的な結果だった。この二つを結びつける説明は、伝統的な通説ではそれほど認められていない。〔歴史家の〕政治的な順応主義はリシュリューとマザランの黄金伝説をずっと保持することを望んでおり、その時期のフランスにはっきりと姿を表した中央集権的なモデルを必然的なもの、ないし不可避なものとみなしている。

四、フロンドの乱の始まり

フロンドの乱の勃発

一六四八年の春、情勢の全面的な悪化は、ついにパリ高等法院やその他の最高諸法院の文書による公式表明へとつながった。全国民の一致した世論に応えて、こうした高位の司法官たちの布告は、母后の寵臣が歯止めなく権力を握ることを批判した。その布告によれば、わずか一〇歳の王の正統な権威を濫用して、〔マザラン政府は〕政治的な自由権をあざ笑い、官職保有者からは職務の権限を、貴族からは伝統的な威信を、農民からは仕事で得られた果実を取り上げた。七月、前代未聞といえる司法官たちの全体集会、国民全体に共通する意見の表明、地方における民衆騒擾を前にして、大臣たちは無力を認めざるをえなかった。国務会議はついに長々しい国王宣言を発表した。そこでは権力側は屈服したように思われる。もったいぶった文書は、これまで王国中で強大だった地方長官を廃止し、軍隊の手による人頭税の徴収を停止し、徴税請負で利益を得ていた財務官《フィナンシエ》に認められた特権を糾弾した。印刷され、全国に配布されたこの公式の文書は、国民一般にとっては取り消しのできない約束の性格をもっていた。だがマザランにとっては、それは一時的な便法にすぎなかった。アンヌはこうした一連の出来事を自分の君主大権に対する侵害であり、民衆の一過性の情念を瑣末な怒りとしか見ていなかった。

数週間ののち、マザランと母后はもう元に逆戻りさせて、パリ高等法院の決定を破棄することが可能だと判断し、八月二六日、もっとも批判的な高等法院の顧問格の一人である老部長ブルーセルを逮捕した。実際には、あまり熟慮していなかった最初の〔政府側の〕反動はパリのなかで激しい騒擾を引き起こした。パリ市中にバリケードが築かれ、ルーヴル宮と、母后と幼王が住んでいたパレ＝ロワイヤルはすぐさま包囲された要塞と化した。ポン・ヌフで身の危険に晒された大法官セギエは、辛うじて群衆のリンチを免れた。宮殿の前に遮掩部隊を集中配置し、善良なブルーセルを翌日釈放して、権力側が全面降伏することだけが秩序の回復を可能にした。子どもたちのことを心配し、王冠の尊厳が脅かされていると判断した母后＝摂政〔アンヌ〕は、この予期せぬ出来事を恐ろしさと呆然自失の体で受け止め、外見上だけ世論に屈した風のマザランの寛容さに対してさえ不満だった。

パリから逃げ出したアンヌとマザラン

実際のところ、マザランは「王の一撃」の計画を抱いていて、パリの人々を騙し、彼らの政治的決定を破棄しようとした。問題となったのは、パリを包囲し、パリの市民に戦いを始めるにあたり、冬営のためパリの周辺に宿泊している軍隊を利用することだった。一六四九年一月五日の夜、マザランは密かに母后と王子たちを軍隊の護衛のもとにテュイルリー宮からサン＝ジェルマン＝アン＝レ城に脱出させた。この秘密はよく守られた。一月五日の夕方、まるで何ごともないかのように母后は子どもたちと公現祭《エピファニー》を祝い、豆の入った菓子《ガレット》を彼らと分かち、豆を彼女自身が食した。そのあと、皆は寝床についた。宮廷人はパリの自宅に戻り、スイス衛兵がいつもの通りパレ＝ロワイヤルの諸門を閉ざした。午前二時、母后は幼王の養育係ヴィルロワ元帥を遣わして子どもたちを起こした。一台の四輪馬車が庭園の玄関で彼らを待っていて、凍りつくような夜の闇のなかをサン＝ジェルマン＝アン＝レ城まで導いた。

秘密厳守のため、サン＝ジェルマンではどんな部屋も準備されてなかった。母后と子どもたちは野営用のベッドに潜り込み、従者たちは藁のなかで眠らねばならなかった。何もない大きな城のなかはとても寒く、暖をとる火も、食べ物も、着替えの衣服もなかった。ルイ一四世は生涯を通じてこの幼少期の怯えを思い出している。いくつかの証言によれば、この夜の逃亡劇のあいだ、母后は自分の喜びを賑々しく声高に響きわたらせていた。反対派の人々に一杯喰わせたと思ったこの離れ業に、彼女は陶酔していたのだ。こうして、パリの人々と関係を断ち切り、パリにはっきりと宣戦布告し、パリの包囲を決定することによって、政府は長くて破滅的な内乱の年月へと突入したのである。事実、最初のパリ包囲戦だけで三カ月に及び、パリの人々は冬の寒さと食糧不足に耐えねばならなかった。

フロンドの乱と呼ばれるこの危機を通じて、摂政アンヌはマザランの政治的選択と、彼の政府内での地位への支持をやめなかったように思われる。世論によって簒奪者とかペテン師と批判されたこの大臣への強烈な嫌悪感も、毎年イタリアやカタルーニャ方面で蒙った軍事的敗北も、彼女を落胆させなかった。彼女は幼王、宮廷、大臣たちとともに王国中を巡歴し、忠誠関係のネットワークを織りあげ、軍隊の支持を取り付け、固い決意であったのか、惰性だったのかはともかく、政治の方式のどのような変化にも反対した。

五、フロンドの危機のなかでの王妃の個人的役割

絶対王政か混合王政か

一六五一年二月から一六五二年一月にかけて、マザランは公職から退き、ドイツのケルン大司教領内に退去して亡命生活を装った。この時期、権力は王国総代理官の肩書きをもつ王の叔父オルレアン公ガストンの手に帰した。アンヌはずっとガストンに疑いの目を向けていた。彼が息子ルイの権利〔王位〕の潜在的な競争者だったし、王国の諸制度の改革の支持者だったからである。アンヌの目から見ると、地方三部会や全国三部会に役割を認める「混合王政」という考え方は、息子の王から全能の権

力を剥奪することにつながる。実際、ガストンはすでに二、三世代前から経験を積んでいた身分制議会という国制的なモデルを支持していた。国の政治的な代表は、諸身分の定期的な集会によって保証されるのではないだろうか。それはヨーロッパのほかの王国も同じで、とくにスペインや北欧の諸王国では身分制議会が国政に影響を与えることができた。

一六五一年六月、全国三部会の開催が正式に布告された。久しぶりに戻って来た数カ月の平和の時期を利用して、代表の選挙が各地でおこなわれた。代表たちの集会は一六五一年九月トゥールに設定された。マザランは、三部会が開かれると自分の個人的な権力がお仕舞になり、寵臣＝大臣という仕組みの否定につながるのを百も承知していた。そこで母后は常に彼の意見を取り入れ、議会制度の〔発展の〕正統な流れを妨害するために術策や虚言を弄した。彼女は九月の三部会の開催日程を受け入れるふりをした。あたかも政治的な転換が決定的であるかのように、彼女は九月五日にマザランの永久追放を宣言することまで装った。実際のところは、この日に一三歳になったルイ一四世の成人を宣言する重要な儀典〔成人のための親臨法廷〕をアンヌは利用し、三部会の開催の延期をはかり、王国改革の計画を忘れさせようとした。そして三部会は無期順延となった。

この間、アンヌは追放されたマザランと絶えず密かに連絡を取っており、マザランは時間をかせぐよう彼女に進言していた。母后アンヌは、権威主義的な中央集権化以外にどんな統治のモデルももたず、スペインに対する断固たる戦争以外にどんな大陸戦略ももたなかったように思われる。彼女の引き伸ばし作戦は効力を発揮し、実際、一六五二年一月にマザランは大勢の傭兵隊を率いてフランスに

図 7-5　ルイ 14 世とアンヌ・ドートリッシュに謁見するフロンド派

舞い戻ってきた。

フロンドの乱の終焉

それ以後、軍事の力関係、軍隊の通行で大打撃を被った地方の無力感、王権への忠誠関係といった感情が、フロンドの乱の流れを決めた。戦闘では、一六五二年七月、フロンド派の領袖コンデ親王軍と王側のテュレンヌ軍が激突したパリのサン＝タントワーヌ門外の戦いが有名である。一時期、フロンド派はパリを支配さえした。フロンド派の抵抗は、一六五三年夏にコンティ親王が籠城するボルドーの開城まで続いたのである。けれども、それ以前から、武運の巡り合わせが宮廷側に味方していたのは明らかだった。母后はフロンド派に勝利を収めた。既成事実を歴史的に適用することと、その当時の政治に課された問題への無理解が、彼女にとって信用できるものだった。もっと正確に言えば、彼女はそうとは知らずに一六四八年の大きな希望を台無しにし、フランス史のなかに「参加型の君主政」という可能性を抹消してしまった。

アンヌの動機は、彼女の感覚的で情動的な性格に由来するものだった。つまり、自分の息子への愛情と、マザラン個人への全面的な信頼である。それに続く何十年かに起こった出来事の知識を合わせてみると、政治の選択の上で、母后＝摂政が一六四八年と一六五一年に権威主義的で専制主義的な政治の前提をつくり、それをルイ一四世が強行したといえるだろう。

六、王妃の情念

アンヌとマザランの関係

何年にもわたってアンヌ・ドートリッシュとマザランが取り結んだ親密な関係は当時の人々の好奇心をそそり、あるいは憤慨させて、後世の人々に解くべき謎を提供した。マザランに反対したパンフレット、すなわち「マザリナード」の洪水のなかで、そのいくつかは一線を越えて、肉体関係が二人の権力の信奉者を結びつけていたと主張した。パリの通りでは、「彼は女摂政をものにし、彼女の金を奪った」と歌われた。たしかに、彼らの成熟した年齢と、それぞれに見栄えのする美しい装いからは、そうした状況があり得ないわけではないと想像させた。しかし、宮廷生活の状況や、いつも大勢の人が押し合いへし合いして見ているという条件を考慮すると、そうした仮説は成り立たないとわかる。そんな関係が無遠慮な使用人や口さがない宮廷人の耳目に入らないはずがないだろう。どんな証言であっても、どんな告発であっても、王妃の側のちょっとした逸脱行為という作り話を支持しないのである。

それどころか、ある日、アンヌが一人の侍女に「要するに、枢機卿殿は女性への関心がないのです」と述べたことが知られている。そうは言っても、マザランがドイツに亡命先を求めねばならならず、全国の高等法院から訴追された最悪のときでさえ、なぜアンヌが一貫して彼を支持したかという問題は残っている。彼女はいつも彼と交信し、彼の意見を待ち望み、反対を押し切ってでも彼の意見を取り入れた。彼らの数えきれない手紙は、相互間の感情を表しており、単なる敬意や友情を越えた、真の恋愛感情を示している。注意深い古文書通の人は、手紙と手紙をやり取りする署名の箇所に、閉ざされた大文字のS〔＝Sの上下二つの丸い部分の出口を閉ざす〕、つまり「フェルメス」と呼ばれる不思議なしるしを見つけることができる。署名の縁や側に置かれたこの大文字は、当時のスペインの書簡文の約束事では、手紙を書いた人の愛情や忠誠心を意味していた。象徴によるこの秘密の言語は、王妃と大臣の個人的で、誠実で、感情的な関係が偽りでないという性格を表していた。それが、統治のほとんど一八年のあいだ裏切られることのない彼らの深い信愛関係を表していた。

同様にそれは、ルイ一四世の性格のいくつかをも説明する。若い王太子は自分の母とマザランのこのような親密な関係に気がつかないはずがなかった。代父、助言者、主席大臣であるマザランに対して、彼はアンビヴァレントな印象を抱いていた。たしかにルイはマザランの指示や命令に従い、彼を尊敬してもいたが、多少は無意識的であったにせよ、彼を前にして苛立たしさ、のちには焦燥感を覚えていた。マザランが亡くなると、ルイは彼の記憶を断ち切り、もはや彼について一言も述べなかった。こうした態度、つまり母への嫉妬と、自分の弱さに嫉妬する息子の態度は、心理学的な分析の古典的なテーマだが、それが、一六六一年三月のマザランの死を自分の解放と感じ取り、亡くなった大臣の思い出をすぐさま消し去り、あまり思いやりを施すこともなく母を政治の表舞台から引き離したルイ一四世の行動様式を説明している。

ルイ一四世の結婚問題

生涯を通じて、アンヌは慈善活動と深い信心活動をおこなった。彼女のそうした感情が消えることはなかった。彼女はパリのヴァル＝ド＝グラス修道院の新たな建設に粘り強く関わった。一六四五年に始まったこの建物の建設には、フランソワ・マンサールやジャック・ル・メルシエのような偉大な建築家が専念した。彼女がもっとも心血を注いだのは子どもたちの教育だった。彼らは彼女の愛情と宗教的に篤実な誓約に取り巻かれて子ども時代を過ごした。やがて年月が経つと、長男ルイの結婚問題が浮上してきた。もちろん、花嫁となる王女の選択は政治的な賭けであったが、母の感情とキリスト教信徒の義務の問題ともなった。当初、アンヌは若者の軽はずみな恋愛騒ぎに厳しく対処した。彼女はルイとマリー・マンシーニとの他愛ない恋愛結婚の企てを葬り去った。マンシーニはマザランの姪の一人で、魅力的で、機智に富んだ、褐色の髪の持ち主だった。アンヌは自分の息子に辛い思いをさせたことで当惑したが、彼の気まぐれには断固として反対した。彼女は若くて生意気なマリーには冷たくあしらい、若い王には、もし一時の気まぐれで浮気にのめり込むようなら、政治的なスキャンダルにすると脅した。

その後、一六五九年一一月のピレネー条約でスペイン軍に対するフランス軍の勝利が確定すると、アンヌは二つの偉大な王家の結びつきの更新、すなわち、ルイ一四世とスペイン王フェリペ四世の娘のマリー＝テレーズとの結婚を心に抱いた。この若い王女はアンヌの姪だった。フザン島で引き渡され、一六六〇年六月にサン＝ジャン＝ド＝リュズで結婚式をあげたマリー＝テレーズは、やはり彼女の家族のもとを永久に去って、二度と故国に戻ることはなかった。アンヌは一六一五年、マリー＝テレーズは一六六〇年と、二人とも王家の娘として生まれ、輝かしいけれども憂鬱でもある運命の道を辿った〔第8章参照〕。アンヌは花嫁を優しく迎え、彼女に情愛を示し、若い王の不義に対して彼女を頑なに守った。やがてマリー＝テレーズの妊娠が、アンヌにロレートの聖母への特別な信心を更新する機会を与えた。アンヌはこの聖母を自分の家の特別な守護聖女と見なしていた。かつてその祈禱によってルイ一四世の誕生を保証してくれたフィアクル神父に、アンヌはロレートまで巡礼に行って、もう一人の王太子をこの世に送り出してくれた聖母に感謝して新しい奉納物を捧げるよう依頼した。

晩年のアンヌ・ドートリッシュ

政治的な慣習に従順だったアンヌは、一六六一年の夏、息子である王の面前に出ることをすべて辞退し、国務会議に出席しないことを受け入れた。マザランと自分の政権下に財政長官を務めたフーケの裁判のとき〔一六六一年九月、フーケは国庫金の横領のかどで逮捕された〕、アンヌはルイ一四世の厳しい制裁を思い止まらせようとしたが無駄だった。さらに、彼女は王の無分別な恋愛騒ぎの件で王を戒めようとしたが、あまり成功しなかった。王は彼女の忠告を恭しく聞いていたが、ぷすっとふくれっ面をするだけだった。彼女は自分の時代がもう終わり、息子の勝利がそのご褒美であることを知っていた。

彼女はキリスト教信者としての諦念のなかに、そして、一六六四年一二月に診断された胸部の癌治療の長くて苦しい試練〔闘病生活〕のあいだの道徳的で肉体的な剛毅さのなかに、残された力を見出さねばならなかった。一六六六年一月二〇日、彼女の臨終の苦しみと死にずっと付き添ったルイ一四世は、気も動転し、悲しみ病に取りつかれ、いつもの荘重な態度とは裏腹に、流れ落ちる涙と、看病疲れによる疲労困憊を隠すことができなかった。彼は自分の性格の形成面だけでなく、自分の統治の準備面や、自分の権力の基盤形成面で、母から多くの恩恵を受けていることを知っていた。このあと長きにわたって、彼は母の記憶を思い起こす習慣を続けた。

愛らしく、陽気で、慈悲深く、自尊心が強く、怒りっぽいこの女性は、あまり書物から得られたものではないが実践的な知性に恵まれて、一七世紀のフランスの政治的変化のなかで重要な役割を果たした。たしかにフランス王妃全体のなかで、彼女は歴史にもっとも強い印を刻みつけた王妃の一人である。

第8章

Marie-Thérèse d'Autriche

マリー＝テレーズ・ドートリッシュ
——ルイ一四世とフランスを愛した王妃

太陽王ルイ一四世の生涯を彩る女性は数多い。若き王との大恋愛の末、国家的理由により身を引いた悲恋のマリー・マンシーニ。新婚間もないルイ一四世と恋に落ち、やがて謎の死を遂げた義妹アンリエット・ダングルテール。公式寵姫として宮廷に暮らし、王とのあいだに庶出の王子をもうけたラ・ヴァリエール嬢とモンテスパン侯夫人。そして、王妃の死後、密かにルイ一四世と結婚し、王の死まで添い遂げたマントノン夫人。王をめぐる恋人や愛人たちには逸話も多く、小説やミュージカルの主役として取り上げられることさえある。ところが、正妻であるはずのマリー＝テレーズは影が薄く、いつも脇役に甘んじている。あの饒舌なヴォルテールでさえ「歴史家たちは、この王妃について何か言おうと苦心した」と語り、自身も「王妃は、フランス語が殆んどできず、人の良いのが唯一の取柄」と述べるのが精いっぱい、彼女については言葉数が少ない。

肖像画（章見出し参照）を見れば、豊かなブロンドの髪に縁どられたふくよかな輪郭、おっとりした瞳、そしてハプスブルク家の特徴である赤くふっくらとした下唇が印象的な、なかなか愛嬌のある顔立ちだが、同時代に生きたモットヴィル夫人によれば歯はほとんどが虫歯だったそうで――きっとチョコレートの飲みすぎだろう――、お世辞にも美人とは言えなかったようである。現在でも、王妃のイメージはあまりパッとしない。近世史の大家イヴ＝マリー・ベルセも、やや辛口の肖像を描いている。「由緒正しい王妃マリー＝テレーズは、穏やかで、慈悲深い女性だったが、やや不器量で、あまり利発というわけではなかった」といった具合である。

おそらく、マリー＝テレーズの人となりは、その通りなのだろう。とても物語の主役になれる柄ではない。しかし、これはあくまで個人としての話。「王妃」としてのマリー＝テレーズに着目すると、まったく別の相貌をあらわすことになる。実際、ルイ一四世は何人もの愛人を抱えながらも、マリー＝テレーズの王妃としての地位を決して蔑ろにすることはなかった。それどころか、王は戦場に出て国を空けるに際し、マリー＝テレーズを摂政に指名してさえいるのである。これは、如何に王に愛されていようと愛人には決して果たすことのできない重要な政治的役割を、マリー＝テレーズが担っていたことを意味している。そこで本章では、マリー＝テレーズの生涯を辿りながら、君主政国家における王妃の地位やその役割について改めて考えることにしたい。

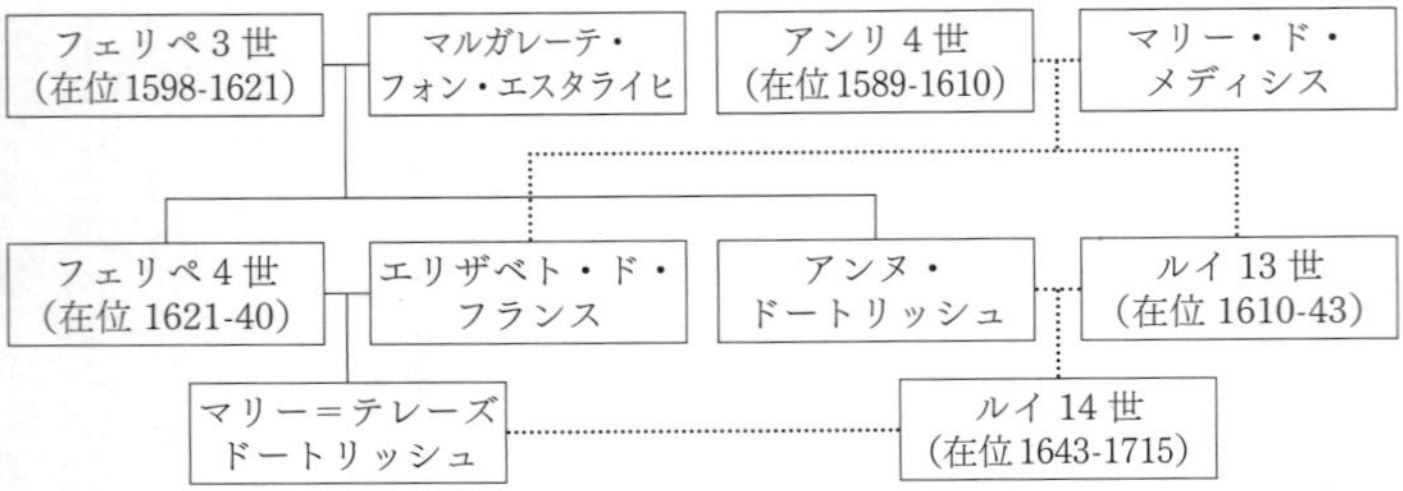

ブルボン家およびスペイン・ハプスブルク家の系図

一、スペイン王女時代

生い立ち

マリー＝テレーズ・ドートリッシュ（スペイン語ではマリア＝テレサ・デ・アウストリア）は、一六三八年九月一〇日、マドリード郊外のエル・エスコリアル宮殿に生まれた。のちに夫となるルイ一四世の誕生から五日後のことであった。父はスペイン＝ハプスブルク家の君主フェリペ四世、母はフランス王ルイ一三世の妹エリザベト・ド・フランス（スペイン語ではイサベル・デ・ボルボン）である。ルイ一三世の妻でルイ一四世の母となるアンヌ・ドートリッシュは、フェリペ四世の姉であるから、未来の夫婦は父方、母方、双方の血縁を通じて従兄妹《いとこ》の関係ということになる（系図参照）。

マリー＝テレーズは、スペイン王女《インファンタ》として複雑かつ厳密な宮廷システムのなかで大切に育てられた。宮廷生活はすべてが規則によって統制され、いかなる偶然も入り込むことは許されなかった。女官に限らず、王女に仕える者たちはどんな下っ端の召使いでもその役割が事細かく決め

図 8-1　スペイン王女時代のマリー＝テレーズ

られ、余計なおしゃべりなどもってのほか、笑うときさえ許しが必要だったくらいだから、彼女を取り巻く環境はいやがうえにも厳かにならざるを得なかった。また、この時代のスペインは対抗宗教改革の只中にあり、マリー＝テレーズには、アビラの聖テレサやフランソワ・ド・サル（フランシスコ・サレジオ）の影響を受けた、カトリックの厳格な宗教教育が施された。さらに王女の周りには信心の篤さを基準に選ばれた老女たちが大勢侍り、彼女の一挙手一投足を朝から晩まで見張るのだった。

とはいえ、マリー＝テレーズが、重苦しいだけの幼少期を過ごしたかといえば、決してそんなことはない。たしかに、一六四四年一〇月に母エリザベトを亡くしたことは、まだ幼い王女にとって消えることのない悲しみをもたらしただろう。しかし、マリー＝テレーズには、名門貴族の娘のなかから選ばれた、気の合う友だちがいた。また、彼女を楽しませるために、取り巻きには道化や小人も加えられた（なお、道化や小人の存在には教育的かつ道徳的意義もあったとされる。つまり、王女に神の寵愛の不平等な配分に気づかせ、恵まれない者を保護する義務を教えたというのだ）。そして何より、父フェリペ四世がマリー＝テレーズに惜しみない愛情を注いだ。王が散歩に行くときには、いつも王女がその傍らにいた。馬を巧みに乗りこなし、銃の扱いも習熟していたというから、お転婆とはいわないまでも、単なる深窓の令嬢だったわけではなさそうである。

戦争に引き裂かれる縁談

フェリペ四世時代のスペインは、黄金時代の輝きはとうに失われていたとはいえ、依然ヨーロッパ随一の大国であり、マリー＝テレーズはヨーロッパでもっとも輝かしい王女だった。さらにスペイン王家の不幸が、皮肉にもマリー＝テレーズの輝きを増大させることになった。王妃エリザベトの死かわずか二年後の一六四六年、マリー＝テレーズの九歳上の兄で王位継承者であったバルタサール・カルロスが亡くなったのである。他の兄姉たちはみな夭折していたため、マリー＝テレーズは唯一の王位継承者となった。それゆえ、マリー＝テレーズの結婚は、場合によってはヨーロッパの勢力地図を大きく塗り替えることになり、どうしても国際的な関心事とならざるを得ない。

結婚相手として最有力候補はフランスの王太子ルイ、未来の太陽王ルイ一四世だった。名門ハプスブルク家に比肩できる家格と権勢を考慮すれば、スペインにとってルイは申し分のない花婿だった。マリー＝テレーズの母エリザベトと、伯母でフランス王妃のアンヌ・ドートリッシュも二人の結婚を望み、二人のあいだでは書簡が交わされてもいた。しかし、結婚の実現には大きな障害があった。それはスペインとフランスが交戦状態にあったことである。

神聖ローマ帝国の宗派対立から始まった三十年戦争（一六一八～四八年）は、周辺諸国を巻き込んで国際的な宗教戦争へと発展していった。とくにカトリック国のスペインは、同じハプスブルク家の皇帝の側に立ち、逸早く参戦した。一方、フランスは同じくカトリック国でありながら、ハプスブルク家の勢力拡大を嫌い、密かにプロテスタント諸国を支援していたが、スウェーデン王グスタフ＝アドルフの戦死以降プロテスタント軍の劣勢が続くなかで、一六三五年、ついに直接介入を決意し、スペインに宣戦する。こうして三十年戦争は、宗教戦争としての性格を失い、ヨーロッパでの覇権をめぐるハプスブルク家対ブルボン家の王朝対立へと変質していった。つまり、マリー＝テレーズとルイ一四世が生まれたとき、すでに二人の王国は宿敵同士だったわけである。

回り始める運命の歯車

一六四八年一〇月、ウェストファリア条約が締結され、三十年戦争が終わった。ところが、スペインとフランスの戦争はまだ続いていた。そのうえフランスでは、長引く戦争とそれに伴う増税から宰相マザランへの不満が爆発し、フロンドの乱が起こった（一六四八〜五三年）。このフランスの内戦は、スペインにとっては、有利な形での和平を引き出す好機と映った。その結果、和平交渉は進まず、王女マリー＝テレーズと王太子ルイの結婚話もうやむやな状態が続くことになった。

こうした状況に変化をもたらしたのは、フェリペ四世の再婚だった。王妃エリザベトの死から五年後の一六四九年、フェリペは新たな王妃を迎えることを決めた。新たな王妃となったのは、本来なら息子バルタサール・カルロスと結婚するはずだったマリアナ・デ・アウストリアである。父はフェリペ四世の従兄弟で神聖ローマ皇帝のフェルディナント三世、母はフェリペ四世の妹マリア・アナ、つまり新郎と新婦は伯父と姪の関係にあったことになる。マリー＝テレーズにとっては、たった四歳上の継母だった。

伯父姪の結婚から二年後の一六五一年、第一子となるマルガリータが生まれる。のちに神聖ローマ皇帝レオポルト一世の皇后となる人物だが、ベラスケスの代表作「侍女たち《ラス・メニーナス》」（一六五六年）に描かれた王女と言った方がわかりやすいかもしれない。さらに一六五七年には待望の男子が誕生する。フェリペ・プロスペロと名づけられたこの王子の誕生により、マリー＝テレーズの王位継承は一気に遠のいた。食事中に王子誕生を知らされたマリー＝テレーズは、ショックのあまり危うく卵を喉に詰まらせそうになったという。マリー＝テレーズがどれほど王位継承を望んでいたかははっきりしたことはわからないが、この王子誕生後、スペイン王が王女の結婚問題に本腰を入れ始めたことは間違いない。マリー＝テレーズ、一九歳のことである。

二、マリー＝テレーズの結婚

リヨンの茶番劇

実はルイ一四世には、マリー＝テレーズ以外にも、もう一人の花嫁候補がいた。サヴォワ公シャルル＝エマニュエルの妹、マルグリット・ド・サヴォワである。サヴォワ公兄妹の母で、故サヴォワ公ヴィクトール＝アメデ一世の妻クリスチーヌは、フランス王ルイ一三世およびスペイン王妃エリザベトの妹だった。つまりルイ一四世は、マルグリットとマリー＝テレーズ、二人の従妹のあいだで揺れていたわけだ。

先手を打ったのはフランスだった。一六五八年一〇月末、ルイ一四世、母后アンヌ・ドートリッシュ、そして宰相マザランらフランス宮廷一行が、マルグリット・ド・サヴォワと見合いをするためリヨンに向かったのである。フランス宮廷がリヨンに入ったのは一一月二三日のことだった。ところが、リヨンにはスペイン王の使者アントニオ・ピメンテルが先回りしていた。

広く信じられているところでは、マルグリットとの縁談自体がマザランの仕組んだ策略だったとされる。本命は初めからスペイン王女であって、マルグリット・ド・サヴォワはスペインを慌てさせるためのだしに使われただけというのだ。実際、リヨンに到着したフランス宮廷は、マルグリット・ド・サヴォワとの縁談はなかったことにして、改めてスペインと結婚の交渉を始めたのだった。それゆえ、この出来事は「リヨンの茶番劇《コメディ》」とも呼ばれている。ただし、フランスとサヴォワの結婚交渉を知ったスペイン王が急遽ピメンテルの派遣を決定したとされるのは間違いで、ピメンテル派遣の目的はあくまで和平交渉であって、ピメンテルがフランス宮廷のリヨン旅行を知ったのも、彼がすでにフランス入りしたあとだったことがわかっている。いずれにせよ、モットヴィル夫人の言葉を借りれば、「マルグリット公女よりも、スペイン王女のこの上ない御威光と和平とが選ばれた」のである。結局この茶番劇は、マルグリットの母クリスチーヌに五〇万リーヴルが支払われて幕引きとなった。可哀想なのは袖にされたマルグリットであるが、その後一六六〇年にパルマ公ラヌッチョ二世に嫁いでいる。

国家の利益

一六五九年一月、フランスとの交渉成功の知らせがスペインの宮廷に届いた。だが、気がかりな問題もあった。肝心のルイ一四世が、この結婚を望んではいなかったのである。彼には真剣に愛を捧げる女性がいた。宰相マザランの姪、マリー・マンシーニである。二人が相思相愛の間柄であることは、フランスの宮廷では周知の事柄であった。マザランもルイ本人から、マリー・マンシーニとの結婚の意思を打ち明けられていた。そのときマザランは、フランス王の外戚となる夢を思い描いたかもしれない。しかし、マザランから話を聞いた母后アンヌの答えは、そんな夢を打ち砕くものだった。「枢機卿殿、王にそんな破廉恥なことができるとは思いません。もし王が彼女に思いを寄せているというのなら、あなたに警告します、全フランスがあなたと王に対し反乱を起こすでしょう。わたくし自らが反乱者たちの先頭に立ち、息子〔ルイの弟、フィリップ〕をそこに巻き込むでしょう」。マザランは自分が何を最優先に考えるべきかをわきまえていた。こうして国家の利益を前にルイ一四世の恋は打ち砕かれ、一六五九年六月二二日、哀れマリー・マンシーニは伯父の命により大西洋岸の町ブルアージュに追放された。ラシーヌの悲劇『ベレニス』第四幕第五場で主人公が口にする次の台詞は、ルイとの別れに際してマリー・マンシーニが語った言葉に着想を得たものとされている。「皇帝のお身にありながら、そのように御涙を!」ならば、これに対するティチュス(ローマ皇帝)の台詞はルイ一四世の気持ちを表しているのだろうか。「そうです、あなたの言うとおりだ、わたしは涙を流し、嘆き、/戦《おのの》いている。だがしかし、わたしが帝国を引き受けたときに、/ローマはわたしに誓わせたのだ、ローマの権利を守るべしと」（渡辺守章訳）。真相はさておき、これらの名台詞によって、二人のロマンスは長らく人々の心に刻まれることになった。

その後、マザランとルイス・デ・アロのあいだで協議が重ねられ、一六五九年一一月七日、ピレネー条約が締結された。こうしてフランス・スペイン両国の長い戦争に終止符が打たれ、和平の証としてフランス王ルイ一四世とスペイン王女マリー＝テレーズの結婚が正式に取り決められた。このとき交わされた結婚の条件は以下の通りである。マリー＝テレーズとその子どもはスペイン王位を放棄すること、スペインは三期に分けて金貨で五〇万エキュの持参金を支払うこと、そして王位の放棄は持参金の支払いが済んだ場合に発効するものとすること。よく指摘されることだが、このときマザランはスペインが支払い義務を果たせないことを見越していたといわれる。やがてルイ一四世は、この「王妃の権利」を声高に要求することになるだろう。外交の名手マザランの手腕が遺憾なく発揮されたわけである。

二度の結婚式

「侍女たち」の画家ディエゴ・ベラスケスは、フェリペ四世お抱えの宮廷画家であるだけでなく、宮廷の祝典を取り仕切る王宮配室長の要職にもあった。このたびのマリー＝テレーズの婚儀も、彼の差配の下で執り行われることになった。婚礼が一通り終わった直後、彼は病に倒れ、そのまま亡くなることになる（一六六〇年八月六日）。スペインにとってもこの結婚には重大な国家の利益がかかってい

図 8-2　ルイ 14 世とマリー＝テレーズの結婚

たわけで、ベラスケスはその重圧を全身で受け止め、命を縮めたのかもしれない。

そのベラスケスが婚礼の準備のためフランス国境に向かったのは、一六六〇年四月七日のことだった。その一週間後、四月一五日には、フェリペ四世と王女マリー＝テレーズの一行もマドリードを発つ。行列の長さは八リュー（約三二キロメートル）にも及んだというから、その壮麗さたるや想像に余りある。一方、ルイ一四世も五月八日にスペインとの国境の町サン＝ジャン＝ド＝リュズに入り、結婚式を待った。

結婚式については、たびたび名の挙がるモットヴィル夫人の『回想録』に詳しい。婚儀はまずスペイン側の町オンダリビア（フランス名フォンタラビ）で六月三日におこなわれた。だが、この式にはルイ一四世は列席せず、フェリペ四世の寵臣ルイス・デ・アロが新郎の代役を務めた。マリー＝テレーズが初めてルイ一四世を目にしたのは、翌六月四日のことだった。この日、マリー＝テレーズは、父フェリペ四世に伴われて、スペインとフランスの国境をなすビダソア川の中州フザン島（スペイン名ファイサネス島）に渡り、そこで義母となる伯母アンヌ・ドートリッシュに紹介された。フェリペにとっても、四五年ぶりの姉との再会であった。ただ、このときも本来は、ルイ一四世は列席しないはずだった。実際、アンヌの傍らにはルイの弟フィリップの姿しかなかった。

ところが、ここで椿事が起こる。側に控えていたマザランがアンヌとフェリペに近づき、誰かが中に入りたがっていると言った。フェリペが許可すると、半分開けられた扉の隙間からルイ一四世の姿が目に入った。扉が閉じたあと、フェリペは姉に「美しい婿殿だ」と微笑んだ。アンヌがマリー＝テレーズに「あの見知らぬ男性」をどう思うか尋ねると、フェリペがさえぎった。「まだ言うべきときではありません」。「では、いつならよろしいかしら」。「彼女があの扉を出たときに」。すると王弟フィリップがマリー＝テレーズに「王妃様、あの扉をどう思われますか」と悪戯っぽく尋ねた。それに対しマリー＝テレーズは「あの扉はとても美しく素晴らしいですわ」と笑顔で即答した。

この初対面から三日後の六月七日、マリー＝テレーズはついにフランスの地を踏んだ。最初の夜は二度目の結婚式がおこなわれる、サン＝ジャン＝ド＝リュズで過ごした。マリー＝テレーズはフランス王の妻となったことを心から嬉しく思う反面、最愛の父から離れ、慣れない土地へと嫁いで来たことに大きな不安と寂しさを感じ、その晩は「お父様」と泣いて過ごすのだった。結婚式はその翌々日、六月九日にサン＝ジャン＝バティスト教会で挙行された。オンダリビアですでに結婚は成立していたが、荘厳な雰囲気のなか、マリー＝テレーズは改めて「フランスおよびナヴァールの王妃」となることを神の前で宣言された。式のあと、フランス王家の一員となったマリー＝テレーズは、新しい家族とともに夕食をとったが、間もなくルイ一四世が床に就きたいと言って寝室に向かった。するとマリー＝テレーズは目に涙を浮かべて義母に向かいスペイン語で「エス・ムイ・テンプラーノ（まだ早すぎますわ）」と言うのだった。しかし、王がすでに着替えたことが伝えられると、マリー＝テレーズもついに決心し、身支度に取り掛かる。さらに王からの催促がもたらされると、彼女は侍女に向かってこう口にしたという。「プレスト、プレスト、ケル・レイ・メスペーラ（早く、早く、王がお待ちです）」。こうしてマリー＝テレーズはついに名実ともにフランス王妃となった。

三、苦悩する王妃

試練の始まり

マリー＝テレーズをはにかみ屋のお姫様のイメージで捉えてはいけない。のちに（二人目の）王弟妃エリザベト＝シャルロット・ド・バヴィエールは、こんな大胆な証言を残している。「王が彼女と夜を共にすると彼女はとても満足するのでした。なぜなら、良きスペイン女性として、彼女はこの務めを嫌がらなかったからです」。実際、王妃マリー＝テレーズはルイ一四世とのあいだに三男三女、六人の子どもをもうけている。順に生没年を挙げると以下のようになる。長男ルイ（一六六一年一一月～一七一一年四月）、長女アンヌ＝エリザベト（一六六二年一一月～同年一二月）、次女マリー＝アンヌ

（一六六四年一一月〜同年一二月）、三女マリー＝テレーズ（一六六七年一月〜七二年三月）、次男フィリップ（一六六八年八月〜七一年七月）、三男ルイ＝フランソワ（一六七二年六月〜同年一一月）。しかし、成人に達し、子孫を残せたのは長男ルイだけで、しかもそのルイも父王ルイ一四世より長くは生きられなかった。幼い子どもを立て続けに失い、マリー＝テレーズは母として深い悲しみを味わったに違いない。たとえば、次男フィリップを失った際、彼女は次のように語ったという。「ええ、諦めました、でも後生です、思う存分泣かせてください」（ルイ一四世の侍従デュボワの証言）。だが、苦悩はそれだけではなかった。さらにマリー＝テレーズを悲しませたのが、王の愛人たちの存在である。

図 8-3　マリー＝テレーズと王太子ルイ

結婚翌年の一六六一年はフランス宮廷にとって何かと話題の多い年であった。まず三月九日、これまで文字通り粉骨砕身フランス王家に仕えてきた宰相マザランが亡くなった。その翌日、ルイ一四世は大貴族と大臣たちを集めて、以後宰相をおかずに自ら統治することを伝える。いわゆる親政宣言である。同月末日には、弟フィリップとイギリス王チャールズ二世の妹アンリエット・ダングルテールが結婚する。さらに九月五日、財政長官ニコラ・フーケが王命により公金横領の罪で逮捕される。この事件は、親政開始後もマザランの後継者として権勢を誇るフーケを疎ましく思うルイ一四世と、フーケの放漫財政を改めて財政の健全化を図りたい財務官僚ジャン＝バティスト・コルベールが仕組んだ一種のクーデタ、いわゆる「王の一撃」であった。こうした慌ただしい時期に、王妃マリー＝テレーズは第一子を妊娠する。王妃の妊娠は本来であればおめでたい出来事だが、マリー＝テレーズ本人にとってはつらい日々の始まりでもあった。妊娠中はこれまでのように外出したり遊興にふけったりできない。それに加えて、もともとフランス語がそれほど得意でなかったため、エスプリを競うようなフランス宮廷の会話にはついていけず、次第に孤立していくようになる。ルイ一四世もまた、そのような妻と過ごすことに退屈を覚えるようになった。そんな状況のなか、ルイ一四世の関心を引いたのが、誰あろう新婚の義妹アンリエットだった。

一六六一年の夏に宮廷がフォンテーヌブローで過ごしているとき、二人の仲は宮廷中の話題となった。実際、恋人のように寄り添いながら語らう二人の姿がたびたび目撃された。二人の関係が本当のところどのくらい深いものだったのかはわからない。しかし、義理の兄妹の恋愛は明らかに醜聞である。これ以上スキャンダルが大きくなることを危惧した母后アンヌ・ドートリッシュは、アンリエットに行動を慎むよう忠告した。当然、マリー＝テレーズはアンリエットを嫌うようになる。そこでアンリエットは一計を案じた。人々の視線を二人からそらすために、ルイが恋しているのは彼女の侍女であると思わせようとしたのである。その恋の身代わり役に選ばれたのが、ルイーズ・ド・ラ・ヴァリエールであった。

醜聞

策士策に溺れる。アンリエットの計画には思わぬ落とし穴があった。ルイ一四世が見せかけであるはずのラ・ヴァリエール嬢に本気で恋してしまったのである。一方のラ・ヴァリエールもルイ一四世を愛した。それも利益を求めてのことではなく、ただひたすらルイその人を愛した。その点は、マリー＝テレーズとよく似ていると言えるかもしれない。ショワジー神父によれば、ラ・ヴァリエールは「彼が王様でなければよかったのに」と語ったとされる。二人の噂が宮廷に広まるのは時間の問題だった。度重なる醜聞に母后アンヌは困惑した。さらに彼女の周りに集う「篤信派《デヴォ》」と呼ばれる信心深い貴族たちも王の振る舞いに眉を顰めた。

明けて一六六二年、四旬節の説教がルーヴル宮でおこなわれた。このとき演壇に立ったのが、ジャック＝ベニーニュ・ボシュエである。ボシュエと言えば王権神授説の大家として知られるが、当時はまだ駆け出しの三五歳、篤信派に近しい若き説教師だった。二月二日、その第一説教「聖母マリアお浄めの祝日の説教」で、ボシュエはさっそく肉体的快楽を断罪する。表向きは宮廷人全員に向けた説教であるが、実はルイ一四世とラ・ヴァリエールの関係を非難したものとも言われている。いずれにせよ、この頃には二人の関係は半ば公然のものとなっていたことは間違いない。ただ、王妃にだけは、知られないよう配慮がなされたため、マリー＝テレーズは未だアンリエットに疑いの目を向け続けていた。

ところが、同じ年の一一月、マリー＝テレーズが第二子となる長女アンヌ＝エリザベトを出産した直後のことだった。彼女がまだ産褥にいたとき、扉の近くをラ・ヴァリエールが通りかかった。モットヴィル夫人によれば、そのとき王妃はこうつぶやいたという。「ダイヤモンドの耳飾りをしたあの娘は、王の愛する娘ですね」。ついに王妃も王の新しい恋人の存在を知ることになったのである。

王妃の苦悩を知ってか知らずか、ラ・ヴァリエールに対する王の愛情は深まっていく。一六六四年の春にヴェルサイユで開かれた大掛かりな祝典「魔法の島の悦楽」が、ラ・ヴァリエールを喜ばせるために開かれたものであることはよく知られている。それでも王妃であるマリー＝テレーズは公の場ではじっと屈辱に耐え、威厳を保った。我慢しきれないときには、ルーヴル宮殿に近いブロワ通りのカルメル会修道院に逃れ、思う存分涙を流すのだった。一六六四年九月には、どうしても堪えきれなくなり、ルイ一四世に直接苦悩を訴えた。するとルイは、三〇歳になったら良い夫になる、と開き直りともとれる返答をしたという。

遺産帰属戦争

一六六五年九月、マリー＝テレーズにさらなる悲しみが襲う。最愛の父フェリペ四世が亡くなったのだった。さらに追い打ちをかけるように、翌一六六六年一月には、宮廷で一番頼りにしていた義母アンヌ・ドートリッシュが亡くなる。マリー＝テレーズは、人生でもっとも辛い時期を生きていたに違いない。ところが、ルイ一四世は違った。これまで母后に気兼ねして大っぴらにはしてこなかったラ・ヴァリエールとの関係も、今後は誰憚ることなく見せびらかすようになる。そしてマリー＝テレーズをもっとも悲しませた義父フェリペの死も、ルイにとっては好機到来を告げる合図だった。

フェリペ四世の後を継いだのは、マリー＝テレーズがフランスに嫁いでから生まれた異母弟のカルロス二世である。即位したときにはまだ三歳の幼児で、なおかつ病弱だったため、スペイン王家は断絶の危機にあった。フェリペ四世も王朝断絶を予期し、もしカルロスが亡くなった場合、スペイン王位はカルロスの姉マルガリータの夫である神聖ローマ皇帝レオポルト一世に譲る旨、遺言にしたため

図8-4　マリー＝テレーズ（右）とアンヌ・ドートリッシュ

ていた。そんな状況のなか、一六六七年に『王妃の諸権利論』と題された文書が、フランスおよびその周辺諸国で出回る。匿名出版ではあるが、フランス王権が作成に関与していたことは明らかである。その内容は、フランス王妃となったマリー＝テレーズをスペイン王位継承者から外したフェリペ四世の遺言の無効を訴えるものだった。その根拠の一つが持参金の未払いである。マリー＝テレーズの結婚に際して、五〇万エキュの持参金と引き換えに王位の放棄が約束されたことを思い起こしておきたい。

さらにフランスにはもう一つ切り札があった。それが「遺産帰属権」(droit de dévolution) である。これはスペイン領フランドルの慣習法の一つで、父親の財産の相続

図 8-5　ドゥエに入城するルイ 14 世とマリー＝テレーズ（1667 年）

に際しては、最初の妻の子どもが優先権を持つことを定めたものである。つまり、現スペイン王カルロス二世がフェリペ四世の再婚相手マリアナが生んだ子であるのに対し、マリー＝テレーズは最初の妻エリザベトの子であり、ゆえに少なくともネーデルラントに関してはマリー＝テレーズに相続権があるという理屈である。本来この「遺産帰属権」は私的領域に関わる法であったが、フランス王権は意図的に公的領域に拡大適用しようと試みたのであった。こうして一六六七年五月「遺産帰属戦争」（la guerre de dévolution）が始まる（〜一六六八年五月）。

当のマリー＝テレーズは、嫁ぎ先と故国とが再び敵国同士となったことに何を思っただろう。ある証言によれば、例のブロワ通りのカルメル会修道院で、次のように語ったという。「結婚のとき、お父様であるスペイン王が私に言われたことを忘れはしません。《もし二つの王国のあいだで戦争が起こったら、お前はスペイン王女だったことを忘れなければならないよ。そして、フランス王妃であることだけを思い出しなさい》」。実際、スペイン領ネーデルラント諸都市の占領は、王妃の名の下におこなわれた。王妃自ら前線で閲兵式をおこない、占領した都市では主権者として振る舞った。ルイ一四世もその点をしっかりと理解し、捕虜とした将校には彼女に忠誠を誓わせ、入市式に際しては彼女に主役を譲った。こうしてマリー＝テレーズは苦しい時期を過ごしながらも、「フランス王妃」としての自覚と威厳を身につけていったのである。

四、王妃の威厳

王の敬意

フランドル諸都市を征服しているとき、ルイ一四世はまた別の目標を攻略しようとしていた。王妃の侍女としてフランドル遠征に同行していた、モンテスパン侯夫人である。遺産帰属戦争直前の一六六七年四月には王がラ・ヴァリエールの娘を認知し、母親にもヴォジュール公の地位を与えるなどしており、人々の視線は未だラ・ヴァリエールに注がれていた。モンテスパン夫人は名門ロシュシュアール家出身で、その美貌と才気あふれる人柄で王を虜にしたが、それよりも先に王妃が彼女をたいへん気に入っていた。ある日、王とモンテスパン夫人の関係を密告する匿名の手紙が、王妃のもとに届けられた。このとき王妃は、自分の侍女が侮辱されたと思って激怒し、その手紙を夫に手渡したという。しかし、新たな愛人の存在は間もなく宮廷中に知れわたった。お気に入りの侍女の裏切りを知ったとき、マリー＝テレーズの衝撃はいかばかりであったろう。泣いただろうか。怒っただろうか。だが、どんなに腹立たしくとも、マリー＝テレーズは嫌でも夫の愛人と顔を合わせなければならなかった。なぜなら、王妃付きの侍女であっても、その人事は王の裁量に委ねられており、王妃の意思ではどうにもならなかったからである。

しかし、王妃もただ唯々諾々と王の言いなりになっていたわけではない。また、王も愛欲を越えたところで、たしかに妻を愛していたし、尊敬の念さえ抱いていた。それを伝えるこんなエピソードがある。

一六七〇年は宮廷に激震が走った年である。まず六月二九日、かつて王との恋仲が噂された王弟妃アンリエットが突然亡くなった。不仲の夫による毒殺も囁かれたが、間もなく新たな事件に人々の関心は移った。王の従妹で四〇を過ぎてもなお独身だったグランド・マドモワゼルこと、モンパンシエ女公が突如結婚の意思を明らかにしたのだった。そのお相手は、ルイ一四世の寵臣ローザン公である。どうやらグランド・マドモワゼルが一方的に惚れ込んでしまったらしいが、王国有数の財産を有する王族と一介の貴族との結婚話に、宮廷中が騒然となった。サン＝モーリス侯の証言によれば、グランド・マドモワゼル本人から結婚の意向を伝えられたマリー＝テレーズは、相手が王族でないことを知り、「軽蔑を顔に表して」断固反対の意思を伝えた。グランド・マドモワゼルは、王の同意も得ていると言ったが、王妃は決して譲らなかった。結果としてそれがよかったらしい。サン＝モーリス侯は次のように説明する。「近頃は王が王妃を敬い、大切にしておられることに、人々は気づいている。

それはマドモワゼルの結婚のときに、ご夫妻がもめたことがきっかけだったと言われている。王は王妃と王弟殿下にご立腹だった。この問題が起こったとき、あまりにも感情を表に出しすぎたというのである。……王妃は陛下に反論なされた。この問題について、自分の振る舞いを王が非難したことに驚いている、王国中が称賛したように王も称賛してくれると思っていた、自分がしたことはすべて王の栄光と王個人の名声のためなのだ、と……。王妃は分別と愛情と勇気をもって話されたので、王は彼女を称賛し愛情を抱いたのだと、人々は信じている」。

「摂政」マリー゠テレーズ

ルイ一四世の王妃マリー゠テレーズに対する信頼の気持ちは、オランダ戦争（一六七二〜七八年）に際してはっきりと示されることになる。一六七二年四月六日、オランダに宣戦したルイ一四世は、自ら軍を率いて戦場に向かうが、この国王の不在という事態に対処するため、四月二三日、開封勅書を発し、留守中は王妃に権限を委譲する旨、宣言したのだった。この勅書は五月三日にパリ高等法院により登記され、正式に法的効力をもつものとなる。この公開勅書を研究したベルナール・バルビッシュによれば、開封勅書のなかでは「摂政」という言葉は用いられていない。御用新聞『ガゼット・ド・フランス』も「御不在中に王国の指揮をとるために王が王妃に委ねた権力」という表現にとどまっている。しかし、当時フランス宮廷に滞在中の外交官たちは、王妃が摂政に任命されたものと認識していたという。

では実際に、マリー＝テレーズはどのような権限を与えられたのだろうか。第一に、王妃は王に代わって顧問会議を主宰した。王は顧問会議がきちんと機能するよう、国璽尚書ダリグル、陸軍卿ル・テリエ、財務総監コルベール、そしてプロテスタント対策担当大臣ラ・ヴリリエールに王妃を補佐させたが、王が戦場から送る書簡はすべて王妃に届けられ、王妃から彼ら大臣に伝えられた。第二に、財政顧問会議が開催されたときには、王妃の名で命令が出された。つまり、国家財政に関して、王妃が最高命令権者として振る舞ったのである。そしてもう一つの大事な役割が外交で、教皇特使をはじめとする外交使節の謁見を相次いで受けた。八月一日にルイ一四世は帰国するが、その後も、一六七五年、七六年、七七年に王が王国を空けるたびに、同じような権限の委譲がおこなわれたのだった。バルビッシュは摂政の権力についてこう述べる。「王妃に委ねられた権力はとるに足らないものでは決してなかった。支出を命じ、顧問会議を主宰し、大使の信任状を受け取ることは、主権および王の威厳に参与することである。……彼女は国家の存続を保証したのである」。なお、マリー＝テレーズ以降、摂政として王の代理を務めた王妃はいない。

その一方で、オランダ戦争期にはつらい出来事もあった。開戦間もない一六七二年七月、オランダで政変が起こると、権力を掌握したオラニエ公ウィレム（のちの英王ウィリアム三世）がスペインと同盟を結んだ。その結果、フランスは再びスペインと戦火を交えることとなった。これに伴い、ルイ一四世は内通を恐れ、一六七三年、王妃に仕えるスペイン人侍女に帰国を命じたのである。フランスに嫁いで以来、ずっと王妃のそばに寄り添うように仕えていたドニャ・マリア・モリナもこのとき帰国させられた。悲嘆にくれたマリー＝テレーズは、このときばかりは体面を気にしてはいられなかった。モンテスパン夫人に王へのとりなしを頼んだのである。それで何とかフェリペ四世の庶子、つまりは異母姉妹のフェリパ・マリア・テレサ・アバルカだけは、追い帰されずに済んだのだった。

束の間の平和

オランダ戦争前後の時期は、モンテスパン侯夫人が宮廷に君臨した時代でもある。一六七三年一二月、王とのあいだにもうけた二男一女が正式に認知された（その後、オランダ戦争が終結する一六七八年までに、さらに一男二女を産む）。さらに一六七九年には、王妃のイエの女官長に就任する。しかし、モンテスパン夫人のこの権勢は、決して盤石なものとはいえなかった。モンテスパン夫人が生んだ子どもは王により正式に認められたが、その母親については彼女が既婚者だったために明らかにされなかった。表向き、あくまで彼女は王妃の女官長にすぎなかった。そして何より彼女を不安にしたのは、相次ぐライヴァルの出現である。四〇を迎えてなお、ルイ一四世の女性へ関心は薄れなかった。とくに一六七九年からは、二人目の王弟妃の侍女を務める一八歳のフォンタンジュ嬢に夢中になった。

一六八一年六月、そのフォンタンジュ嬢が突如亡くなる。前年に王の子どもを早産した際の出血が原因とされるが、宮廷ではモンテスパン夫人による毒殺が噂された。当時は宮廷中を震撼させた「毒薬事件」の真っ只中で、前年二月に毒薬を製造販売したとして処刑されたラ・ヴォワザンの娘が、あろうことか母親の顧客にはモンテスパン夫人がいたと暴露していたのだ。さすがにルイ一四世は毒殺容疑までは信じなかったようであるが、モンテスパン夫人が王の情愛を取り戻すため怪しげな媚薬を飲ませていたらしいことを知り、彼女に対する愛情をすっかり失ってしまった。以後、モンテスパン夫人に代わって王の寵愛を得たのが、モンテスパン夫人と王とのあいだにできた子どもたちの養育係だったマントノン夫人である。

マントノン夫人がいつ頃から王と愛人関係に入ったか、はっきりしたことはわからない。聞き上手で黙るべきときには黙る術を心得ていた彼女に、王は次第に心を惹かれていったらしい。ただ、信仰心に篤いマントノン夫人は王の愛人となることを受け入れながらも（王が望んだとき、誰にそれを拒否できただろう！）、王の魂の救済を願い、フォンタンジュ嬢の死とそれに続くモンテスパン夫人の失寵を機に、夫としての義務に立ち返るよう王を説得したのだった。ここから奇妙な三角関係が生まれる。一六八〇年以降、王はかつてないほどの愛情を王妃に対して示すようになり、長い時間を彼女との会話に充てるようになった。こうした夫の急な態度の変わりように、マリー＝テレーズは神の恩寵を感じただろうか。マントノン夫人の秘書を務めたオーマール嬢は次のように語る。「王妃は涙を流すほど感激し、有頂天になってこう言われました。《神様が王の心を私に返すようマントノン夫人を促されたのです》」。ただ、オーマール嬢が生まれたのは王妃の亡くなる一六八三年だから、この証言がどこまで信用できるかはわからないが、マリー＝テレーズが最後の年月、多少なりとも心の平穏を得ることができたと考えたい。さらに嬉しいことに、一六八〇年には王太子ルイが結婚し、その二年後、初孫のブルゴーニュ公ルイを抱くこともできた。

王妃の死

最期は突然やってきた。ヴェルサイユに宮廷が居を定めてからちょうど一年後の一六八三年五月、ルイ一四世はブルゴーニュ地方およびアルザス地方の要塞視察に出る。このときマリー＝テレーズも体調不良を抱えながらも同行し、馬上での閲兵式や修道院訪問など王妃としての義務を果たして、二カ月後の一六八三年七月二〇日ヴェルサイユに帰還した。それから一週間後の七月二七日、マリー＝テレーズの左脇に腫れ物ができる。翌二八日の夜からは高熱が出た。三〇日には瀉血が施され、吐剤入りの葡萄酒が投与されたが、容体はますます悪化する一方だった。ルイ一四世も枕元で様子を見守ったが、いよいよ最期のときが近づくと、宮廷のしきたりにより部屋を出ざるを得なかった。そして同日午後三時頃、ついに王妃は息を引き取った。死因は左脇にできた膿瘍が原因の敗血症と考えられている。最後の聖体を拝領したとき、マリー＝テレーズはこうつぶやいたという。「王妃になってから、幸せな日は一日しかありませんでした」。それがいつのことかはわからない。

ルイ一四世はマリー＝テレーズの死をどう受け止めただろう。しばしば引用されるのは、マントノン夫人の姪、ケーリュス夫人が伝える、やや素っ気ない次の言葉である。「王は嘆いているというよりほろりとさせられていた。……王は大きな声でこう言われた。これは彼女が私に与えた最初の苦痛だ、と」。だが、王妃が亡くなったとき、彼女はまだ一〇歳にしかなっていない。王弟妃によれば、「彼女が亡くなったとき、王は心から悲しまれた」ともいう。いずれにせよ、王は王妃の死を長く引きずることはなかった。王妃の死から二カ月ほど後（一〇月五日頃）、ルイ一四世はマントノン夫人と密かに結婚し、生涯の伴侶とした。しかし、マントノン夫人との結婚が正式に公表されることはなかったし、ましてやマントノン夫人が王妃として制度的な役割を果たすことは決してなかった。あくまでルイ一四世の「妃」はマリー＝テレーズただ一人であった。この事実は、君主の世界が血統原理によって厳格に統制されていたことを意味する。グランド・マドモワゼルの結婚に際してマリー＝テレーズが示した頑なな態度も、ここから説明できる。マリー＝テレーズは血統に基づく王家の権威を生涯忘れることなく、王妃としての役割を全うしたのである。

第9章

Marie Leszczyńska

マリー・レクザンスカ
——家族を愛した慎ましやかな王妃

ルイ一五世の治世はロココ文化と啓蒙思想が花開いた時代であるが、その時代を象徴する人物といえば、ルイ一五世の愛人ポンパドゥール夫人であろう。実際、ポンパドゥール夫人は『百科全書』の出版を助けるなど啓蒙思想のよき理解者として知られる。そのロココと啓蒙の時代の大輪の花に比べれば、ルイ一五世の正妻マリー・レクザンスカの印象は圧倒的に薄い。しかし、マリー・レクザンスカはポンパドゥール夫人に負けないくらい文化・芸術に通じていた。たしかに啓蒙思想に関しては、厳格な宗教教育が邪魔をして共感を寄せることはなかったが、たいへんな読書家で、その蔵書は図書室に入りきらないほどだったという。また、音楽を愛し、当時一世を風靡した去勢歌手《カストラート》ファリネッリ

図 9-1　マリー・レクザンスカによるウドリの作品の模写

から直接歌唱指導を受けたり、フランス・バロック音楽の大家フランソワ・クープランから楽曲を献呈されたりしている。さらにマリーは自ら絵筆をとることも好んだ。決して上手い方ではなかったが（ダルジャンソン侯ははっきりと「下手」と言っている）、ジャン＝バティスト・ウドリの弟子を自認し、彼の作品の模写も残っている（図９－１）。ポンパドゥールとの違いは、王妃マリーはその文化・芸術に対する愛好をひけらかさなかったことである。彼女の慎ましい性格は、その肖像画にもみてとれる。一七四八年にモーリス・カンタン・ド・ラ・トゥールが描いた王妃マリーの肖像は、伝統的な王妃の肖像とは異なり、王権を象徴するものは一切描かれず、一見したところ一貴婦人と見分けがつかない（図９－２）。同じ年にジャン＝マルク・ナティエが描いた肖像も、わずかに覗く椅子の背もたれに描かれた百合の花がなければ、そのモデルが王妃であるとは気づかれないだろう（図９－３）。控え目なマリー・レクザンスカは、政治についてもポンパドゥール夫人とは対照的に嘴を挟むことはほとんどなかった。しかし、本人の意

図 9-2　マリー・レクザンスカ
（カンタン・ド・ラ・トゥール作）

図 9-3　マリー・レクザンスカ
（ナティエ作）

思とは無関係に、マリーを中心に政治が動くこともあった。それは彼女が「王妃」だったからにほかならない。

一、波乱の少女時代

束の間の王女

マリー・レクザンスカ（ポーランド名マリア・レシチンスカ）は、一七〇三年六月二三日、ポーランドの貴族スタニスワフ・レシチンスキとカタジナ・オパリンスカの次女として、ブロツワフ近郊トシェブニツァの修道院で生まれた。マリーが生まれた頃、ポーランドはいわゆる大北方戦争（一七〇〇〜二一年）の真っ只中で、レシチンスキ家もその大波乱の渦中にいた。

マリーが生まれる六年前の一六九七年、選挙王政をしくポーランドでは、ザクセン選帝侯アウグストが新国王に選出され、ポーランド王アウグスト二世として即位した。新国王アウグスト二世は、北欧の大国スウェーデンの勢力拡大を挫くため、デンマークおよびロシアと同盟を結び、一七〇〇年にスウェーデンとの開戦に踏みきった。ところが、弱冠一八歳のスウェーデン王カール一二世は、デンマーク・ロシアを相次いで破り、翌一七〇一年にはポーランド領内へと軍を進めた。ここでもカールの破竹の勢いは止まらず、クリシュフでポーランド＝ザクセン連合軍を破ると、その勢いのままクラクフとワルシャワを陥落させた。さらに一七〇四年にはワルシャワで反アウグスト二世派の貴族を結集させ、七月一二日、新国王を選出させた。このとき白羽の矢が立ったのが、ポズナン県知事スタニスワフ・レシチンスキだった。こうして戦乱のなか、一歳になったばかりのマリーはポーランドの「王女」となったのだった。

しかし、運命の歯車は回り続ける。一七〇九年六月、ウクライナのポルタヴァ要塞でスウェーデン王カール一二世の軍がロシア軍に敗れた。これを機に反撃に転じたアウグスト二世はポーランド王に返り咲き、一方のレシチンスキは王位を手放し亡命を余儀なくされる。わずか六年で王女の座を追われたマリーも、母や姉とともにワルシャワを抜け出し、西ポンメルンのシュチェチンを経て、スウェーデンの王都ストックホルムへと渡った。この間、追っ手を逃れるため、マリーは農婦に預けられ、危険が去るまでのあいだパン焼き用のかまどに隠されることもあったという。

流浪の生活

スウェーデン王室は、逃れてきた元ポーランド王に対し、アルザス・ロレーヌに隣接したツヴァイブリュッケン公領（フランス名ドゥ＝ポン公領）を提供した。スウェーデンが同君連合を結ぶ小さな君主国である。スタニスワフ・レシチンスキは、一七一五年、スウェーデン人建築家ヨーナス・エーリクソン・スンダールに依頼して、ここに小さな城館を建て、「チフリク」（Tschifflik）と名づけた（名前の由来は、トルコ語で大農園を意味する「チフトリキ Çiftlik」と思われる）。しかし、新天地でもレシチンスキ家に悲劇が襲う。一七一七年六月二〇日、長女アンナが亡くなった。まだ一八歳だった。その一年後、さらなる苦難が待ち構えていた。一七一八年一二月一一日、レシチンスキ家の庇護者スウェーデン王カール一二世がノルウェーとの戦いで戦死したのである。ツヴァイブリュッケン公領は宮中伯グスタフ・ザムエル・レオポルトの手に移り、その結果、レシチンスキ家は居場所を失ってしまった。

頼みの綱が切れ、途方に暮れるレシチンスキ家に救いの手を差し伸べたのは、フランスだった。ツヴァイブリュッケンでの友人でストラスブールの司教でもあるロアン枢機卿が、摂政オルレアン公に救援を働きかけたのである。元ポーランド王の悲運に心動かされたオルレアン公は、匿名という条件でアルザスへの受け入れを認めた。こうしてレシチンスキ家は、一七一九年三月、アルザスの小都市ヴィサンブールに移り、「ヴェーバー館」と呼ばれる屋敷で暮らすことになった。

ヴィサンブールでは華やかさはない代わりに穏やかで文化的な時間が流れていった。元ポーランド王スタニスワフ・レシチンスキは高い教養と洗練された趣味で知られた文化人でもあったが、その素質は娘マリーにも受け継がれていたようである。彼女は母語であるポーランド語に加えて、フランス語、イタリア語、ドイツ語、スウェーデン語、ラテン語を操り、コルネイユ、ラシーヌ、モリエールなどフランス古典主義文学を愛好した。またギターやクラヴサンなどを演奏し、自ら歌うこともあったという。思春期を不安のなかで過ごした少女も、ようやく平穏な暮らしを手に入れたかにみえた。

宰相ブルボン公の不安

マリー・レクザンスカがヴィサンブールにやってきて間もない頃、フランスでは重要な縁談が進められていた。フランス王ルイ一五世とスペイン王フェリペ五世の娘マリアナ＝ビクトリアとの結婚話である。一七二一年七月にスペイン王が打診し、八月には摂政オルレアン公の同意がスペインに届いた。さらに同じ年の九月一四日、摂政会議でオルレアン公は結婚の計画をルイ一五世に明かし、本人の同意も得た。あわせて、オルレアン公の娘モンパンシエ嬢とスペイン王太子アストゥリアス公の結婚も決まり、一七二二年一月一九日、フランス・スペインの国境を成すビダソア川の中州フザン島で二人の王女の交換がおこなわれた。六二年前、ルイ一四世とマリー＝テレーズが初めて出会った場所である。ルイ一五世は一二歳に届かず、マリアナ＝ビクトリアに至ってはまだ三歳にしかなっていなかった。

もちろん結婚は二人の成長を待っておこなわれることとなった。ところが、この婚約から二年も経たない一七二三年一二月二日、オルレアン公が卒中で倒れ、あっけなく亡くなってしまう。同年二月にルイ一五世は成人宣言を済ませていたとはいえ、まだ一四歳にすぎず、政治の実権は宰相の座についたブルボン公が握ることになった。ブルボン公ルイ＝アンリは、オルレアン家に次ぐ王族、コンデ家の当主で、宮廷人からは「公爵様」（Monsieur le Duc）の愛称で呼ばれていたが、同じブルボン家の分家であるオルレアン家を以前からライヴァル視していた。ブルボン公が何より恐れていたのは、王位がオルレアン家に移ることである。万が一、ルイ一五世が世継ぎを残すことなく亡くなるようなことがあれば、その不安は現実のものとなる。一刻も早く王子誕生が望まれたが、肝心の婚約者はまだ幼女にすぎない。そのうえ一七二四年にはフランスの宮廷で天然痘が猛威を振う。ブルボン公の不安はいやがうえにも高まった。そして、この不安がヴィサンブールで静かに暮らす元ポーランド王一家の運命を大きく変えることになる。

二、シンデレラ物語

策士プリ侯夫人

実は、ヴェルサイユでマリー・レクザンスカの名前が最初に話題に上ったのは、早くに妻を亡くしたブルボン公の再婚相手としてであった。王位継承権を有する王族であってみれば、このままやもめ暮らしを続けるわけにもいかない。このとき動いたのが、誰あろうブルボン公の愛人、プリ侯夫人であった。裕福な軍隊御用商人の娘に生まれた彼女は、天使のような美貌とあふれる知性でブルボン公の心をつかまえて思いのままに操ってはいたが、もし愛人がどこか異国の姫君や有力貴族の令嬢と結婚することになれば、いつまでその地位にいられるかわからない。ならば後ろ盾がなくおとなしい娘をあてがっておいた方が得策だろう。聞けばアルザスで慎ましく暮らす元ポーランド王には年頃の娘がいるというではないか。こうしてヴェルサイユからヴィサンブールへ使者が走る。身元引受人のオルレアン公を亡くし不安を抱えていた元ポーランド王も、宰相との縁談はまたとない良縁に思われた。一七二五年二月初めには、プリ夫人の依頼を受けた人気画家ピエール・ゴベールが、未来の宰相夫人の肖像を描くために、ヴィサンブールを訪れた。

ところが、ゴベールがヴィサンブールで絵筆をとっている頃、ヴェルサイユでは事態が大きく変わっていた。ルイ一五世が病に伏したのである。幸い命にかかわるものではなかったものの、ブルボン公の不安は頂点に達した。もはや一刻の猶予もならぬ。恐慌を来したブルボン公は、一日も早い後継者問題の解決を口実に、三月一日の顧問会議で、マリアナ＝ビクトリアとの婚約解消と新たな王妃選びを認めさせてしまう。こんなこともあろうかと、すでに一七二四年の段階で王妃候補のリストは作成させてあった。あとは誰にするか、年齢や家柄を勘案して選別するだけである。このとき動いたのは、またしてもプリ夫人であった。かつて愛人の花嫁候補としたマリー・レクザンスカを、今度は王妃候補として強く推薦したのである。理屈は前と同じ。自分にとって危険のない人物を王妃に据える。後ろ盾のない王妃は自分に感謝の念を抱きすらするだろう。ここでゴベールが描いた肖像画が役立った。ルイ一五世本人がマリーをいたく気に入ったのである。こうして一七二五年三月三一日、顧問会議でルイ一五世と元ポーランド王の娘マリー・レクザンスカの結婚が決定された。

不釣り合いな花嫁

正式な発表はまだなされなかったものの、この決定はただちにヴィサンブールに伝えらえることになった。一七二五年四月二日、馬車で外出中のスタニスワフ・レシチンスキは、一人の騎士が駆け寄ってくるのに気づく。娘マリーとブルボン公の結婚が決まったものと思い込んだ元ポーランド王は、手渡された手紙を読み、慌てて屋敷に引き返す。そして、刺繍の最中だった妻と娘にこう叫んだという。「娘よ、跪いて神に感謝しなさい！」「どうなさいましたの、お父様、王位に戻れますの？」「天はそれ以上のことを私たちに認めて下さったのだよ、お前はフランス王妃になるのだ！」

可哀想なのは、婚約を破棄されたスペイン王女マリアナ＝ビクトリアである。真相を知らされないまま、四月三日、三年を過ごしたパリのルーヴル宮殿をあとにした。もちろんスペイン王フェリペ五世は一方的な婚約破棄に激怒し、スペインに滞在するフランス人に帰国を命じた。マドリードでは街路でルイ一五世の肖像が焼かれた。しかし、すべては後の祭りであった。

一七二五年五月二七日、ルイ一五世は元ポーランド王の娘マリー・レクザンスカとの結婚を正式に宮廷人に伝えた。ルイ一四世の妃マリー＝テレーズが亡くなって以来、四二年ぶりの王妃である。本来なら喜ばしい知らせのはずだが、名前すらほとんど聞いたことのない新王妃に宮廷人は動揺を隠せなかった。名門スペイン＝ハプスブルク家から二代続けて輿入れがあったフランス宮廷に、まさか国を追われた元ポーランド王の娘とは！　噂はすぐにパリへも伝わる。高等法院の弁護士バルビエは、その日記にこの結婚について次のようなコメントを書き記した。「この結婚に皆が驚いている。実際、この結婚はいかなる点でもフランス王に相応しいものではない。レシチンスキ家はポーランドの四つの大貴族家門ではなく、ただの貴族にすぎない。この姫君にとっては驚きの運命である」。

宮廷でのこうした冷淡な反応を、幸か不幸か、アルザスの片田舎に暮らす元ポーランド王一家は知らなかった。五月末日、正式の婚姻通知がヴェルサイユから届くと、ヴィサンブールの町は歓喜に沸いた。スタニスワフの秘書ラ・キュルヌ・ド・サント＝パレイによれば、元王女と元王妃の母子は抱き合い涙を流して喜び、町のお偉方から一般住民まで皆が祝福に駆けつけたという。喜びに包まれたまま、七月三日、レシチンスキ一家は結婚式を挙げるためストラスブールへと向かう。翌日の午後に到着したストラスブールでは、旧友ロアン枢機卿が温かく迎えてくれた。さらにプリ夫人も新王妃一家を待ち受けていた。彼女の腹黒い野心など知る由もないマリーにとって、彼女こそ、かぼちゃを馬車に変え、ガラスの靴を履かせてくれた魔法使いである。実際、ここでもプリ夫人は、王妃に相応しい下着類や数々の宝石を贈り、無垢な元王女に感謝の念を起こさせることを忘れなかった。

元王女から王妃へ

結婚式は八月一五日、マリーが深い信心を寄せる聖母の被昇天の祝日に、ストラスブールの大聖堂で挙行された。このとき新郎の代理を務めたのは、皮肉にも筆頭王族のオルレアン公ルイだった。今は亡き摂政の継嗣であり、この結婚の立案者ブルボン公がその存在を厭う人物である。さいわい結婚式は無事に終わり、その二日後、マリーは王の待つフォンテーヌブローへと向かうことになった。愛する家族ともいよいよここでお別れである。別れに際し、父スタニスワフは長い手紙を王妃となる娘に手渡した。この手紙は『ポーランド王スタニスラスが娘のフランス王妃に与えた助言』という題名で出版されることになるが、そこには娘の行く末を案じる父親の深い愛情に加え、王妃として守るべき重要な心得が記されている。「国家の秘密を覆うベールに穴をあけて覗こうとしてはいけない。権力は伴侶を必要としない」。政治への介入を戒めるこの警告の重みを、間もなく彼女は思い知ることになろう。

ルイ一五世との初対面は、九月四日、フォンテーヌブローに程近い森のなか、フロワドフォンテーヌと呼ばれる場所でおこなわれた。その日は道中、王妃一行を悩ませた雨も上がり、空には虹もかかっていた。その場に居合わせたあるプロイセン貴族は、二人の様子を次のように語る。「両陛下は、地面に敷かれた絨毯の上を互いに歩み寄った。王妃は王の側まで来ると、金色の百合の花をちりばめた青いビロードのクッションに跪いた。オルレアン公とブルボン公が彼女を立たせた。王は王妃に挨拶したが、無言のままだった」。この証言は、二人の顔合わせがきっちり儀式として組織されていたことを示しているが、その一方で、七つ年上の妻を初めて目の当たりにし緊張で固くなった一五歳の青年の姿も伝えている。

翌九月五日はフォンテーヌブローで改めて結婚式がおこなわれた。式のあとは、王族たちとの昼食、コメディ＝フランセーズによるモリエールの喜劇『アンフィトリオン』と『いやいやながら医者にされ』の上演、王妃のアパルトマンでの夕食、そして花火の打ち上げが続き、夜一〇時をまわってようやく二人だけの時間をもつことができた。その後のことは、宮廷に通じたバルビエにお任せしよう。「夜、王妃が寝室に入ったとき、王はそのときを辛抱強く待っていた。王はいつになく素早く寝台に身を投げた。そうして御夫妻は夜の一一時から翌朝の一〇時までを過ごした」。新婚生活は順調に滑り出したかに見えた。

三、試練のとき

「裏切られた者たちの日」再び

マリー・レクザンスカが嫁いだ頃、フランスは依然として「ローのシステム」崩壊後の混乱のなかにあった。さらに天候不順が続いて小麦価格も高騰しており、人々の不満は有効な手段を講じられずにいる宰相ブルボン公に向けられた。ブルボン公の不人気は、フレジュスの司教アンドレ＝エルキュール・フルーリを通じて、ルイ一五世にも伝えられていた。長らく王の家庭教師を務め、顧問会議に列席し、王と大臣の会見にも必ず臨席するフルーリは、ブルボン公にとってまさに目の上の瘤であり、いずれは排除すべき存在と映っていた。

フルーリ排除の陰謀が仕組まれたのは、一七二五年一二月一八日のことである。この日の朝、王妃マリー・レクザンスカはブルボン公から王との会談のため部屋を使わせてほしいと頼まれた。陰謀のことなど何も知らないマリーは、快く宰相の依頼を受け入れ、使者を派遣して王を自室へ招じ入れた。

これが間違いだったと気づいたのは、ブルボン公が一通の手紙を取り出し、それを読み上げたときだった。それはポリニャック枢機卿の手になるもので、フルーリに対する非難が滔々と述べてあった。マリーは図らずも、権力争いに手を貸してしまったのだ。ブルボン公が手紙を読み上げるあいだ、王は口をつぐんでいたが、内心は敬愛する老師傅に対する陰謀に怒りを覚え、その陰謀に王妃が加担したと思い込み、深く傷ついていた。ブルボン公が手紙をどう思うか王に尋ねると、王は一言「何も」と答えただけだった。「陛下は何もお命じにならないのですか」「今のままでよい」「陛下はフルーリ殿だけを信頼なさるのですか」「そうだ」――万事休す。陰謀の失敗を悟ったブルボン公はひたすら王に許しを乞うた。王はそっけなく「許す」とのみ答えて自室に戻った。部屋から出るとき、王妃の顔を見ることはなかった。部屋に戻ったルイ一五世はさらなる衝撃を受ける。今しがたフルーリがヴェルサイユを離れたことを知らされたのだ。さらに、イシーのサン＝シュルピス会修道院で余生を送ると伝える、老師傅の手紙も受け取った。どうやら陰謀に気づいたフルーリが、王から呼び戻してもらえることを期待してとった作戦だったようだが、その作戦は期待以上の効果をあげることになる。

翌日、未だショックから立ち直れずにいるルイ一五世に、侍従長モルトマールがこう声をかけたという。「陛下！　あなたは主人ではないのですか。フルーリ殿にご帰還を願う手紙を書くよう、公爵様にお命じなさい」。これで振り出しに戻ったかにみえた。しかし、ルイの決定はそれでおしまいではなかった。陰謀から半年経った一七二六年六月一一日、王はブルボン公に居城のあるシャンティイへの蟄居を命じたのである。あわせて愛人のプリ夫人も宮廷を追われた（その翌年、領地の城で亡くなるが、失意の自殺ともいわれる)。一方のフルーリは、王の信頼いよいよ厚く、枢機卿の地位を得て、七〇を超える高齢にもかかわらず、その後二〇年近くのあいだ、事実上の宰相としてフランスを導いていくことになる。

しかし何よりこの一件は、マリー・レクザンスカのその後の運命に暗い影を落とすことになった。ブルボン公追放と同じ日、マリーはフルーリの訪問を受ける。彼から手渡された手紙には王の手で次のようにしたためられてあった。「フレジュスの元司教〔フルーリ〕の言うことを、私自身の言うことと思い、くれぐれも信用するように」。こうして新婚直後からマリーはフルーリの冷ややかな態度と、ルイ一五世の疑惑の目とに耐えねばならなくなったのである。

王妃の義務と母親の悲しみ

それでもマリー・レクザンスカは夫ルイ一五世を愛し続けた。一方のルイも、国王夫妻が果たすべき義務を忘れなかった。一七二七年八月一四日、マリーは最初の出産で双子の姉妹を生んだ(ルイーズ＝エリザベトとアンヌ＝アンリエット)。さすがにこのときはルイ一五世も心配だったらしく、枕元で妻の手を握り励ましていたという。一七二八年七月二八日には早くも第三子を出産する。しかし、このとき生まれたのも女児(ルイーズ＝マリー)だったため、マリーはひどく動揺し、フルーリにパリのノートル＝ダム巡礼を願い出ている。一〇月四日に実現したパリ訪問では、住民たちの歓呼の声とバスティーユの祝砲で迎えられた。巡礼の御利益あってか、翌一七二九年九月四日にマリーはついに待望の王子（ルイ）を生む。さらに次の年の八月三〇日には次男（フィリップ）の誕生が続き、王国は祝賀ムードに包まれた。もともと頑健な身体に恵まれたマリーは、その後も、一七三二年三月、一七三三年五月、一七三四年七月、一七三六年五月、そして一七三七年七月とほぼ毎年のように出産した（アデライード、ヴィクトワール、ソフィー、テレーズ＝フェリシテ、ルイーズ）。ただ、次男フィリップ以降生まれたのはすべて女児で、第一〇子となる「八番目の王女」の誕生を告げられたとき、ルイ一五世はついこう答えたという。「最後の王女だ！」そのうえ、八人の娘たちのうち、結婚できたのは長女ルイーズ＝エリザベトのみで、残りは若くして亡くなるか、修道女となるか、はたまた結婚のタイミングを逸してヴェルサイユに暮らし続けた。未婚の王女のうち、もっとも有名なのは、のちにマリー＝アントワネットから「叔母様方」（Mesdames Tantes）と呼ばれるアデライード、ヴィクトワール、ソフィーの三人組だろう。

図 9-4　王太子を抱くマリー・レクザンスカ

また、繰り返される出産は、マリー・レクザンスカの生活をどうしても単調なものとした。もともと乗馬が得意で、王とともに参加するのを楽しみにしていた狩りへは行けなくなった。さらにヴェルサイユでの舞踏会や離宮への旅行も制限しなくてはならなくなった。真偽はともかく、ダルジャンソン侯の伝える次の有名

図 9-5　《フランス》に王太子とその姉たちを紹介する《栄光》
（ド・トロワ作、1735 年）

な台詞は、マリーの偽りのない心情だったたろう。「ああ何てことかしら！　いつも寝台にいて、いつも妊娠して、いつも産んでばかりとは！」

出産の合間には、母親としての悲しみも味わった。一七三三年二月一九日、三女ルイーズ＝マリーが亡くなる。さらに同じ年、四月七日には次男フィリップまでが逝く。その直後に「五番目の王女」ヴィクトワールが生まれるものの、何の慰めにもならなかった。バルビエはこのときの様子をこう書き記す。「この〔王女誕生の〕知らせは宮廷を悲しませた。なぜならアンジュー公様〔フィリップ〕の死は王子の誕生によってしか埋め合わせられないからである」。相次ぐ王女の誕生は、むしろマリーを精神的に追い詰めることになったのである。

メッスの茶番

悪いことは重なる。二人の子どもを失った一七三三年、マリーは夫に愛人がいることに勘づいた。最初のうちはそれが誰かわからなかったが、四年後の一七三七年、自分に仕える女官（dame du palais）、マイイ伯夫人ルイーズ＝ジュリー・ド・ネールであることが判明する。その翌年、王妃マリーが流産し、医師団から今後の妊娠は命にかかわると忠告を受けると、王は愛人の存在を公にした。さらにルイ一五世はマイイ夫人の三人の妹たちとも次々と関係を結ぶ。とくに末の妹ラ・トゥルネル侯夫人マリー＝アンヌ・ド・ネールは、自身も王妃の女官となっただけでなく、姉マイイ夫人を宮廷から追い出し、王の寵愛をほしいままにした。一七四三年一月二九日、長きにわたって王を見守ってきたフルーリがついに亡くなると、ラ・トゥルネル侯夫人の権勢は極まる。同年一〇月にはシャトールー公夫人の称号が贈られて、王妃の前でもスツールに腰掛ける権利を得た。そして、地位の上昇に伴い、本来の主人であるはずの王妃に対しても尊大な態度をとるようになった。

その頃、ヨーロッパ諸国はオーストリア継承戦争（一七四〇～四八年）の只中にあった。戦争勃発当初は静観していたフランスも、一七四四年春にイギリスおよびオーストリアに宣戦し、ルイ一五世自らフランドル方面へと進軍することを決めた。王妃は王について国境に行くことを望んだが、ヴェルサイユにいるよう命じられた。王の留守中、顧問会議を主宰する役割については、大法官ダゲソーに委ねられた。かつて遺産帰属戦争に際してルイ一四世が王妃マリー＝テレーズとともに占領した都市に入城したり、オランダ戦争のときに王妃を摂政に任命したりしたのとは異なり、ルイ一五世は王妃マリー・レクザンスカに如何なる象徴的役割も政治的権利も託さなかったのである。その一方で、シャトールー夫人とは行動をともにした。

一七四四年八月五日、東部国境に転戦し、メッス滞在中のルイ一五世が発熱し床に臥せった。人々はシャトールー夫人が王をたぶらかしたことが原因とみなした。八月一一日、危篤状態に陥った王は、ソワソン司教で王の筆頭司祭を務めるフィッツ゠ジャム公に告解し、その二日後、愛人に立ち去るよう命じた。さらにフィッツ゠ジャムの勧めに従って、宮廷人や将兵、さらにはメッス住民に対し、自らが引き起こした醜聞について謝罪した。シャトールー夫人は民衆の怒りを掻き立てないよう密かにメッスを脱した。バール゠ル゠デュックの町では住民に見つかり、馬車を囲まれて、罵声を浴びせられることにもなった。愛人と入れ替わるように、八月一七日、王妃マリーがメッスに到着する。涙ながらに謝罪する夫に対し、マリーは「陛下、私に許しを乞う必要はありません。侮辱されたのは神様です。どうか、神様のことだけお考えください」と優しく答えたという。

その翌日、奇跡的に王は死の淵を脱した。八月二五日には王の回復を祝うミサがメッスでおこなわれ、ここで初めて「最愛王」(Bien-Aimé) の愛称で呼ばれることになる。ところが、喉元過ぎれば熱さを忘れるの言葉通り、病から立ち直った王は、謝罪したことを後悔し始めた。さらには今回の騒ぎを王妃取り巻きの「篤信派」が仕組んだ「茶番」と考えてこれを恨み、王妃に対してもますます冷たい態度をとるようになった。こうして「メッスの茶番」はマリー・レクザンスカをさらに傷つける結果に終わった。しかし、その一方で思いがけない喜びも待っていた。王と別れて帰途についたマリーは、行く先々の町で住民から熱狂的な歓迎を受けたのである。深い愛情と篤い信仰心で「最愛王」を救った「良き王妃」(bonne reine)として、人々は彼女を熱愛した。ヴェルサイユに着いたときには、貴婦人たちが彼女に敬意を表するために押しかけた。王の愛情を失った王妃は、皮肉にももっとも臣民に愛される王妃となったのである。このエピソードは「啓蒙の世紀」でもなお、キリスト教的な倫理観が価値をもっていたことを示してもいる。

四、諦めと慰め

ポンパドゥール夫人

一七四四年一一月一三日、ルイ一五世が凱旋した。そのわずか一二日後、シャトールー夫人が宮廷に復帰した。一方、メッスの茶番劇の立役者フィッツ＝ジャムは、翌年一月、ソワソンへの隠居を命じられた。またしてもシャトールー夫人の天下が戻ったかに思われた。ところが、宮廷復帰から二週間と経たない一七四四年一二月八日、シャトールー夫人が二七歳の若さであっけなく亡くなった。毒殺の噂もささやかれたが、ルイ一五世以外、宮廷に悲しむ者はいなかった。しかしそのルイ一五世も、すぐに悲しむのをやめた。新しい愛人ができたのだ。ジャンヌ＝アントワネット・ポワソン、一七四五年六月以降はポンパドゥール侯夫人の名前で知られる人物である。

ブルジョワの娘として生まれながら、その美貌と知性を武器に王の公式の愛人となり、芸術家や思想家たちを保護する一方、政治にも積極的に介入し、大臣の首をいくつも挿げ替えたことでも知られるポンパドゥール夫人であるが、シャトールー夫人とは異なり、王妃マリー・レクザンスカに対しては細やかな配慮を怠らなかった。王妃は花が好きだと知れば、豪華な花束を贈り、王妃が賭け事で借金をこしらえたと聞けば、王に借金を肩代わりするようお願いした。また直接ご機嫌伺いに行くことも欠かさず、王妃の健康を気づかった。そんな彼女をマリー・レクザンスカは歓迎こそしないものの、好意的に受け入れたようである。依然としてマリーは夫を愛していたが、勝つ見込みのない戦いよりも、妥協してうまくいくならそちらを選ぶのだった。ポンパドゥール夫人が王の無軌道を統制してくれるならそれに越したことはない。一七五六年二月、王がポンパドゥール夫人を王妃づきの女官に任命したときにも、こう言って反対はしなかったという。「陛下、天にまします我らが王は、わたくしに不幸に耐える力をお与えになります。そして地上の王に対しては、いつでも従います」。

友情と親愛の輪

夫の愛情こそ得られなかったマリー・レクザンスカではあったが、一方で歴代のフランス王妃にはない自由を手に入れることができた。自分の意思で友人たちを選び、友情という喜びを育むことができたのである。友人の一人リュイーヌ公は次のように語る。「王妃は少なくとも午前に二時間、昼食後は三時間から四時間、ご自分の書斎にいらした……。プライヴェートな時間には、男性であれ女性であれ、ご自分で自由に選ばれた人々と過ごされた」。とくに一七四三年頃から親しい友人たちの集まりができた。その中心にいたのがリュイーヌ公夫妻、パリ高等法院部長評定官シャルル＝ジャン＝フランソワ・エノー、そして陸軍卿ダルジャンソン伯である（ちなみに、先に何度か登場したダルジャンソン侯は、彼の兄で、王妃マリーには批判的な人物であった）。とくにダルジャンソン伯は、政治に関わることを許されなかった王妃に、王国の現況や諸外国との関係について、貴重な情報をもたらしてくれた。

友人たちとの自由な時間を享受できたこと以上に、マリー・レクザンスカが歴代のフランス王妃と異なっていたのは、実家とのつながりを維持し続けられたことである。ここで少し時計を巻き戻してみよう。マリーが二人の子ども相次いで亡くした一七三三年は、ポーランド継承戦争（一七三三〜三五年）が起こった年でもある。二月一日、ポーランド王アウグスト二世が死去した。そのアウグストに王位を追われたスタニスワフ・レシチンスキは、娘マリーの結婚後も、シャンボール城を与えられ、フランス王の庇護下に暮らしていた。アウグスト王の死を受けて、ルイ一五世は岳父スタニスワフを支援し、九月一二日、ポーランド王に選出させることに成功する。ところが、同年一〇月五日、ロシアとオーストリアが故王の息子をアウグスト三世として擁立したため、フランスはオーストリアとの戦争に踏み切ったのだった。二年後のウィーン仮条約で、結局スタニスワフはポーランド王位を放棄し、アウグスト三世の即位を認めざるを得なかった。ただし、王位放棄の見返りにロレーヌ公国を獲得し、一国の君主としての地位を手に入れたのだった。ウィーン仮条約では、スタニスワフ死去後にロレーヌ公国が娘のマリー・レクザンスカに遺贈されることも取り決められた。こうしてフランス王国は王妃マリーのおかげで将来の領土拡大を約束されたのである。さらに翌一七三六年九月、新ロレーヌ公スタニスワフは「ムードン協定」に署名し、一五〇万リーヴルの年金と引き換えに、ロレーヌ公国の統治をフランス王の代官に委ねることを承諾した。これはフルーリらが仕組んだ策略だったが、スタニスワフが国家統治の重圧から解放されたのも事実で、これ以降スタニスワフ夫妻はヴェルサイユに暮らす娘のもとを頻繁に訪問し、親子団欒の時間を楽しむことになった。

家族との別れ

五〇代も半ばを過ぎた頃から、マリーは身近な存在を次々に失った。まず一七五九年一二月六日、スペインに嫁いでいた長女ルイーズ＝エリザベトが一時帰国中に天然痘に倒れた。一七六一年三月二二日には、王太子の長男ブルゴーニュ公が結核でわずか一〇年の生涯を閉じる。その二年後、親友リュイーヌ公夫人が逝く。そして一七六四年四月一五日には、ポンパドゥール夫人が四二歳の若さで亡くなった。王妃マリーにとっては決して愉快な存在ではなかったはずだが、その日マリーは礼拝室にこもり、長い時間、王の愛人の魂の救済を祈ったという。

一七六五年の夏、マリー・レクザンスカは老齢の父を見舞いにロレーヌのコメルシーを訪問した。三週間を父と過ごしてヴェルサイユに戻ると、もともと結核を抱えていた王太子ルイの容体が明らかに悪化していた。心配する間もなく、一二月二〇日、王太子は亡くなった。まだ三六歳であった。フランス王位はその息子、一一歳のベリー公に託されることになった。悲しみに沈む王妃マリーに、さらなる心痛が重なる。翌一七六六年二月二日、ロレーヌに暮らす父スタニスワフが大火傷をしたのだ。

部屋着に暖炉の火が燃え移ったという。「おまえは寒さに気をつけろと言っていたが、熱に気をつけろと言うべきだったようだ」。手紙ではこんな冗談を言っていたが、傷は相当重く、二月二三日にあっけなく亡くなってしまった。さらに翌一七六七年三月一三日には、王太子妃マリー＝ジョゼフが死去した。王太子の枕元につきっきりで看病し、同じ病を得たのだった。

相次いで肉親を失い、親しい友人たちもいなくなっていくなかで、次第にマリー・レクザンスカは生きる気力を失っていった。やせ衰え、車椅子の上で長い時間を過ごすようになり、衰弱は誰の目にも明らかだった。今更ながらルイ一五世も心動かされ、少なくとも日に四度は王妃を見舞ったが、ついに一七六八年六月二四日、フランス王妃マリー・レクザンスカはロザリオを繰りながら天に召された。享年六五。遺体は伝統にのっとりサン＝ドニに埋葬されたが、心臓は両親が眠るナンシーのノートル＝ダム・ド・ボン＝スクールの地下礼拝堂に安置された。

図 9-6　父のメダイヨンをもつ マリー・レクザンスカ
（パジュー作、1769 年）

マリーの死を予期していた宮廷人たちは、彼女の死に驚くことはなかった。むしろ彼らの関心は王の新たな愛人に注がれていた。ジャンヌ・ベキュ、のちのデュ・バリー夫人である。ただし、死を迎えつつあるマリーにその存在は知らされなかった。

マリー・レクザンスカは、歴代フランス王妃のなかでは例外的な存在である。厳密な意味での王女ではなく、フランス王家に嫁してからも王権の象徴的役割は限定されていた。一方で、歴代フランス王妃が享受し得なかった私的な時間を楽しんだ。しかし、彼女の存在が王権にとって無意味だったわけでは決してない。フランス王国がロレーヌを獲得し、国境を東に大きく押し広げることができたのは、彼女のおかげだった。そして何より、愛人に現を抜かす国王に代わって、信仰が篤く、慎ましやかで、ひたむきに夫を愛する王妃は、臣民の愛情を王家につなぎとめることに貢献した。もし、マリー・レクザンスカがもう少し永らえて、マリー＝アントワネットに王妃としての振る舞いを教授できていたら、王権の未来は違っていたかもしれない。

第10章
Marie-Antoinette d'Autriche

マリー＝アントワネット・ドートリッシュ
——宮廷の落日を彩り革命に散った王妃

ヴェルサイユ宮殿の庭園側を西北方向に約一・五キロメートルほど歩くと辿り着くプチ・トリアノン宮の外れに、農場に湖、小川に水車小屋もある閑静な小村落が広がっている。この一帯はマリー＝アントワネットがつくらせたもので、今日、「王妃の村里《アモー》」（図10－1）と呼ばれているが、その完成がフランス革命の直前（一七八七年）だったという経緯もあって、王政時代の倒錯した奢侈の象徴として捉えられてきた。すなわち、バロックの壮麗な宮殿と幾何学的な庭園が続く広大な領地の一角に、農園をつくり、家畜を飼い、農民の家族を住まわせ、自らも農婦のまねごとをして過ごしたというマリー＝アントワネットのよく知られた逸話は、現実の農民の困窮に目を向けず、税金を浪費して

図 10-1　プチ・トリアノンの村里《ル・アモー》の王妃の家

ユートピア的な田園生活に逃避した彼女の愚かさを物語るものとして、しばしば言及されたのである。

しかし、ルイ一四世がヴェルサイユに宮廷を定めてから一〇〇年ほどたった一八世紀後半、豪壮ではあってもいささか堅苦しい感じの宮殿や城館の庭園の一角に趣向を凝らした田舎家をつくることは、マリー＝アントワネットばかりでなく、大貴族や上級官職者のあいだで流行していた。流行の一端は、パリの北方、コンデ親王が居住していたシャンティイ城の庭園に残る村里にもよくうかがうことができる。フランス革命前夜の王侯貴族たちのなかで、なぜこのような田園趣味が流行したのだろうか。

マルク・ブロックとともにアナール学派を創始した歴史家リュシアン・フェーヴルは、過去の人々のものの考え方、感じ方を、現代の私たちのそれと同じと考えてはならないと指摘しているが、フェーヴルのこの警句に留意するならば、マリー＝アントワネットや当時の大貴族たちが素朴な藁葺きの田舎家を建造したことを、彼らの愚かさゆえとただ断罪するのではなく、当時の支配階層、とりわけ宮廷貴族に生まれていた新しい心性や感性の現れとして捉え直してみる必要がある。すなわち、マリー＝アントワネットの造営した「王妃の村里」のもつ深い意味を探ることは、一八世紀に生じていた大きな変化——ノルベルト・エリアスはそれを「心理構造の変化」

と呼んでいる――を辿りなおして、「悪しき王妃」か「悲劇の主人公」かといった、やや単純な見方を越えて王妃の生涯を位置づけてみることでもある。それはまた、村里の造営に象徴される彼女の振る舞いを、一八世紀後半の宮廷や王権の変容、さらにはフランス革命における女性と政治の関係といった時代背景のなかにどのように位置づけうるのかという問いへの回答にもつながるであろう。

一、フランス王太子とマリー＝アントワネットの婚姻

ハプスブルク家の皇女

マリー＝アントワネット・ドートリッシュ（ドイツ語名はマリア＝アントーニア＝ヨーゼファ＝ヨハンナ）は、一七五五年一一月二日、神聖ローマ皇帝フランツ・シュテファンとマリア＝テレジアの第一五子（王女としては第一一子）として、ウィーンのホーフブルク宮殿で生まれた。母のマリア＝テレジアは、神聖ローマ皇帝カール六世の長女として、男子の後継者のいなかったカール六世の没後、ハプスブルク家領を継承したが、これに異を唱えるスペイン、バイエルン、プロイセンといった国々とオーストリア継承戦争を戦うこととなり、一七四八年のアーヘンの和約で領土は保全されたものの、シュレージエン地方をプロイセンに奪われた。この戦争でフランスはプロイセン側に与したが、プロイセンへの復讐に燃えるオーストリアの宰相カウニッツは外交政策を大きく転換し、一七五六年五月のヴェルサイユ条約でフランスとオーストリアとの同盟を結び（＝「外交革命」と呼ばれる）、ハプスブルクとブル

ボンの両王家が婚姻関係を結ぶ布石を打った。

ルイ一五世の孫にあたるルイ＝オーギュスト（のちのルイ一六世）は、一七五四年八月二三日、ルイ一五世の長子ルイ＝フェルディナンの三男として生まれたが、次兄、長兄が次々に幼少期に亡くなり、父であり王太子となっていたルイ＝フェルディナンも一七六五年に三三歳で病死したので、王位継承者（王太子）となった。このとき、ルイ一五世は五六歳、王太子ルイは一一歳だった。七年戦争（一七五六〜六三年）でオーストリア側についたフランスは、北米植民地などを失う結果となったため、紆余曲折はあったものの、王太子ルイとマリー＝アントワネットの結婚は、フランスの外相ショワズール公によるルイ一五世の説得もあり、フランスとオーストリアの同盟関係の証として一七六九年に正式に取り決められた。一七七〇年四月一九日、ウィーンの聖アウグスティーナ教会で、兄フェルディナント大公を花婿の代理として結婚式がおこなわれた。この日付は、未来の王にとっても、死を迎えるときまで重要な日付となった。「一七七〇年四月一九日」と「ＭＡＡＡ」（「マリア＝アントーニア、オーストリア皇女」の頭文字）が刻まれた指輪を、ルイ一六世は革命後に幽閉されて過ごしたタンプル塔での最後の日まで身につけていた。

王太子妃から王妃へ

多くの人々に見送られたマリー＝アントワネットは、四月二一日ウィーンを出発し、五月七日にライン川の中州（ストラスブールの近く）でフランスへの「引き渡し式」がおこなわれた。この儀式で彼女は象徴的にそれまで身に着けていたものをすべて捨て、フランス製のものを纏った。

五月一四日、マリー＝アントワネットはコンピエーニュの森でルイ一五世や王太子ルイと初対面し、五月一六日、ヴェルサイユ宮殿の王室礼拝堂で結婚式を挙げた。一七一〇年に完成された王室礼拝堂は、天井に豊かな色彩の絵画が描かれ、敷きつめられた色大理石が織りなす複雑な模様の床に、レリーフでアクセントをつけた白と金を基調とする壁や柱が見事なハーモニーを奏でる美しい建物である。子どもの頃からキリスト教信仰の篤かった彼女は、この礼拝堂の特別席で、王家の人々とともに毎日のミサに出席する生活を送ることとなる。彼女の篤い信仰心は処刑のときを迎えるまでゆらぐことはなかった。

婚礼の日に予定されていた花火は雷雨のために延期されたが、舞踏会は婚礼の祝典のために完成したばかりのヴェルサイユ王室オペラ劇場で催された。ルイ一五世によって建築が進められていたオペラ劇場は、中断をはさみながら、建築家アンジュ＝ジャック・ガブリエルにより最終的に現在の形に仕上げられた。ガブリエルは、やがてマリー＝アントワネットがルイ一六世から贈られるプチ・トリアノン宮の改築を手がける建築家ともなった。このオペラ劇場は、木材にだまし絵を施して大理石に見せた柱や、鏡を用いて正円にみえるようにしつらえられた多数のシャンデリアなど、当時の技巧と装飾を駆使し、音響面でも優れたものであった。

結婚から四年後の一七七四年五月一〇日、ルイ一五世が天然痘で亡くなると、王太子がルイ一六世として即位し、マリー＝アントワネットは王妃となった。その一カ月後、ルイ一六世はランス大聖堂で聖別式をおこない、彼女もこの華麗な儀典に出席した。マリア＝テレジアは一四歳で遠く離れた地に嫁がせることになった娘の軽はずみな態度をつねづね心配し、彼女の結婚後も書簡できめ細かな忠告を与え続けていたが、無事に王妃の務めを果たしていると聞いて安堵し、「私がどんなに心を慰められ喜んでいるか、とても言葉では言い表せません」と彼女に伝えている。フランスに嫁いでのち、母と娘は会うことはなかったが、母との緊密な手紙のやりとりは、異国の宮廷で生きる娘にとって精神的な支えとなる一方、彼女が夫に働きかけて政治に関わることを余儀なくさせる側面ももっていた。

二、宮廷生活とマリー＝アントワネット

宮廷儀礼

輿入れのときまだ一四歳だったマリー＝アントワネットを待ち受けていたのは、ルイ一四世時代にヴェルサイユで確立された伝統的な宮廷儀礼と礼儀作法だった。王と王妃は「起床の儀」から「就寝の儀」に至るまで定められた儀式を衆人環視のなかでおこなわねばならなかった。ただし、注意しておくべきは、宮廷において王族と貴族たちが互いにきわめて近くにいるように見えつつも、それぞれの儀式に立ち会う廷臣や声をかけられる廷臣が選別され、宮廷内の位階秩序が保たれていたことである。ルイ一五世の妃マリー・レクザンスカはすでに亡くなっていたので、王太子妃時代からマリー＝アントワネットは宮廷儀礼での特別な役割を自覚しなければならなかった。

ルイ一五世の寵姫デュ・バリー夫人を卑しい身分の出であるとして嫌っていた「叔母様方」（夫ルイの叔母にあたるルイ一五世の娘たち、アデライード、ヴィクトワール、ソフィーの三人）に与したマリー＝アントワネットは、デュ・バリー夫人に声をかけようとせず、宮廷で大問題になった。王太子妃から声がかからないのに、身分の低いものから話しかけるのは宮廷の御法度で、デュ・バリー夫人にとっては、宮廷の位階秩序における自らの位置を屈辱的に示されたことになるからである。この事態を見かねたルイ一五世から声をかけてほしいと頼まれたマリー＝アントワネットは、ようやく一七七二年の正月、新年の挨拶にやって来たデュ・バリー夫人に他人事のように「本日のヴェルサイユ宮殿は何と人が多いのでしょう」と言ったという。こうした遠回しな手法でも、デュ・バリー夫人には面目の立つものだったのである。ルイ一五世、ルイ一六世の時代には起床や就寝の儀式は次第に意味を失い、王や王妃は私的な居室で過ごす時間が多くなっていたが、それでも謁見や夕食会など人々に公開される生活はずっと続いた。マリー＝アントワネットは母にあてた書簡で次のように述べている。「しきたりや作法など、朝から晩まで忙しく、気の休まる暇もありません」。「人が訪れるたび、私は着替えをしなければなりません。しかも公衆の面前であきれるほどに恭しく」。フランスを訪れたイギリスの農学者アーサー・ヤングは、一七八七年五月二七日、ヴェルサイユでの国王夫妻の食事の儀式を目にしたときの感想を次のように記している。「王妃は自分の前に一人前の食器を置かせて、国王の傍らに座っていたが、何も食べなかった。王妃は、自分の椅子の後ろに立っているオルレアン公やリアンクール公と話をしていた。私に言わせれば、ひどく不愉快な食事だったはずである」。

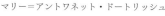

宮廷人としてのマリー＝アントワネットの素養

母への手紙でヴェルサイユの宮廷のしきたりの厳格さを嘆いているからといって、マリー＝アントワネットが宮廷生活にふさわしい素養をもちあわせていなかったと判断してはならない。時代はやや遡るが、自らもヴェルサイユの宮廷人であったシャルル・ペローが著した有名なおとぎ話『眠れる森の美女』（一六九四年）のなかで、ヴェルサイユを模した宮殿で眠りにつく王女に仙女が与えた贈物をみれば、当時の宮廷の女性に必要とされる素養がどのようなものであったかを想像することができる。それは、「美しさ」「天使の心」「何をするにも優雅に振る舞えること」「上手に踊れること」「鶯のように歌えること」「どのような楽器も見事に演奏できること」であった。

マリー＝アントワネットは、舞踏、歌唱、楽器の才に恵まれていた。生まれ育ったウィーンのシェーンブルン宮殿には名だたる音楽家が集まっており、一七六二年にモーツァルトが招かれ、マリア＝テレジアの前で演奏を披露したときには、幼いマリー＝アントワネットも同席した。こうした環境のなかで、彼女は作曲家グルックに指導されて音楽の才能を開花させ、ハープの演奏では玄人顔負けの音色を奏でた。ヴェルサイユ宮殿でハープを弾いている場面の絵画（図10－2）や、彼女が作曲した楽譜も残されている。また、ウィーンで優雅な振る舞い方を身につけるために習っていたダンスやバレエも人々の称賛を集め、兄ヨーゼフ二世の結婚を祝うために兄や弟と踊った『愛の勝利』は、ヴァイケルトによる絵画となっている（図10－3）。歌や踊りが大好きだったマリー＝アントワネットは、のちにトリアノンの小劇場に親しい仲間を招いて、自らオペラの舞台に立った。

図 10-2　ハープを奏でるマリー＝アントワネット

図 10-3　バレエを踊る幼少期のマリー＝アントワネット

末娘として甘やかされて育った彼女は、外国語の習得が後まわしとなっていたため、未来の王太子妃の条件としてフランス語に堪能であることを求めたルイ一五世は、彼女の語学教育のためにソルボンヌで教鞭をとっていたヴェルモン神父をわざわざウィーンまで派遣した。彼女の学力は向上し、現在も残されているフランス語で書かれた手紙は、最後に取りあげる処刑直前に書かれた手紙にみられるように、格調ある文体で綴られている。

　マリー＝アントワネットは宮廷生活を模範的に過ごしていくかにみえたが、やがて彼女は宮廷儀礼や礼儀作法から遠ざかるようになり、そのことは彼女に深刻な結果をまねくこととなった。この問題は後に立ち戻るとして、前述したペローの『眠れる森の美女』には一般に知られていない後半部分があり、王女は眠りから目覚めて王子と結婚してめでたしめでたしという結論ではなかったことに注意しておく必要がある。そもそも、王女が一〇〇年の眠りにつくのは「軽はずみ」な振る舞いのせいだったし、結婚した王子が王に即位したので、それに伴って王妃となったあと、義母である王太后に二人の子どもを奪われている。さらに王太后の命を受けて王妃の首を切りにやってきたひどくいきりたつ料理長に、王妃は素直に首を差し出してこう告げた。「与えられた命令を実行しなさい。私は子どもたちに会いにいきます。深く愛していた可哀想な子どもたちに会いに」。このおとぎ話でのペローの教訓は、待つことであり、忍耐、そして、首を切りにやってきた料理長に対しても、動じることなく自己を抑制し、感情を抑えて冷静に行動することだった。ペローは、一〇〇年後を予見していたかのように、物語のなかで望みうるあらゆる美質を備えながらも軽はずみなところのあった王女が、幸福の絶頂から度重なる不幸を経験して王妃の威厳を備えていく様子を描いていたのである。マリー＝アントワネットは、王妃の命が最後には救われるというペローの物語と同じ結末には至らなかったが、物語の後半部分の教訓を、革命期の自らの裁判の過程で文字通り実践することになる。

三、「王妃の村里」での生活

出　産

ルイ一六世とマリー＝アントワネットのあいだには、なかなか子どもができなかった。それは、オーストリアとの同盟関係を強化することを最大の目的として嫁いできた彼女の立場を危うくしかねない一大事だった。王位の男系世襲を定めたサリカ法のゆえである（本書「序説」参照）。一七七四年、王弟アルトワ伯妃が懐妊したとき、彼女は気持ちが動揺している様子をマリア＝テレジアあての手紙に綴っており、母もまた子どものできない娘を叱責する手紙を何通も送り続けた。一七七七年、マリー＝アントワネットの兄にあたる神聖ローマ皇帝ヨーゼフ二世はお忍びでフランスを訪れ、夫婦関係について妹夫妻に数々の助言をおこなった。この兄の訪問のあと、彼女は妊娠にいたり、その喜びを母に書き送っている。

図 10-4　マリー＝アントワネットと子どもたち（ヴィジェ＝ルブラン作）

一七七八年一二月、マリー＝アントワネットはようやく第一子（王女）を出産し、母の名に因んでマリー＝テレーズ＝シャルロットと命名した。その後、彼女は二度の流産をへて、一七八一年一月には、ついに待望の長男ルイ＝ジョゼフを生んだ。王妃の出産の場面は王室の伝統に則って公開されていたが、最初の出産のとき、あまりにも多くの見物人が押しかけて王妃の疲労が極限に達したことから、第二子の出産以降、ルイ一六世は王妃の出産に立ち会うことのできる人数を制限した。三度目の流産のあと、一七八五年三月には次男ルイ＝シャルル（のちのルイ一七世）、一七八六年には次女ソフィー＝ベアトリスが生まれている。だが、ソフィーは一一カ月後に亡くなってしまった（図10－4のヴィジェ＝ルブランの絵画にある空っぽの揺籠は娘の死を暗示している）。

難産や流産の苦しみを超えて、マリー＝アントワネットは四人の子どもを生んだことになり、歴代王妃と較べても何ら遜色がない。ただし、彼女にとって痛手となったのは、フランス革命が始まろうとする矢先の一七八九年六月、病気がちな王太子（長男ルイ＝ジョセフ）を失ったことだった。

苦労して授かった子どもたちとの生活の場としてマリー＝アントワネットがやがて多くの時間を過ごすことになったのが、はじめにふれたトリアノンの「王妃の村里」だった。このトリアノンの領地の大工事は、革命期に彼女の裁判で問題とされるのだが、それはどのような工事だったのか。

王妃の村里

ヴェルサイユ宮殿の西北部にあるプチ・トリアノン宮、王妃の村里、王妃の庭園などからなる一帯は、革命後に荒廃した部分も多かったが、現在では彼女が改修や造園をおこなった当時の姿が再現されていて、王妃が好んだ暮らしや趣向を知る貴重な手がかりを与えてくれる。

一七七四年にルイ一六世から贈られたプチ・トリアノン宮は、元来、ルイ一五世の寵姫ポンパドゥール夫人のために建造されたもので、改築にあたって、マリー＝アントワネットはさまざまな工夫を凝らした。たとえば、視界を遮るために、二階の居室の二つの窓には可動式の鏡が取り付けられ、鏡を下ろせばその窓から庭園につくらせた愛の神殿を眺められる仕掛けになっている。建物の各部屋にはロココ様式の粋を集めた、優雅で洗練された文物が並べられ、今日ではタピスリー、机、椅子、戸棚、食器、時計、蝋燭台、シャンデリアなどの家具調度品を見ることができる。一七八三年から一七八七年にかけてつくられた王妃の村里には、大きな湖の畔にノルマンディ風の農村を模した一一の建物が配置された。そこには、二つの建物を回廊でつないだ王妃の家（図10－1、王妃の家のみ屋根は瓦葺きで、回廊の部分は花が植えられた青と白の陶器で飾られていた）のほか、水車小屋、酪農小屋、灯台（マールボロの塔）までつくられた。果樹園や農場、家畜小屋もあり、牛や山羊が実際に飼われていて、そこで収穫された生産物が王妃の家の食卓を彩った。「小ウィーン」とも形容され、ヴェルサイユの喧騒から離れたこの地で、彼女は礼儀作法に縛られた宮廷生活から解き放たれ、家族、親友、侍女などほんの一握りの人々とだけ交流し、ヴィジェ＝ルブランの肖像画に描かれているような、麦藁帽子をかぶり、簡素な白のモスリンのドレスに身を包み、寛いだ自由な姿で活動することができたのである（図10－5）。

図 10-5　麦藁帽をかぶりモスリンの衣装を着たマリー＝アントワネット
（ヴィジェ＝ルブラン作）

このような生活は、ルソーが『エミール』のなかで、宮廷生活には「あらゆる種類の嫌がらせ、裏切り、腹黒い陰謀」がついてまわるため「人は仮面をかぶって生きている」がゆえに、エミールの妻となるソフィーに「フランスのしきたりが見せかけの礼儀の軛に彼女を縛りつけるのに耐えられなかった」と述べさせた上で、宮殿の生活と正反対のものとして描き出した理想の生活そのものだった。「贅沢と見かけのよさから生じてくる作法、流行、しきたりは、このうえなく陰気な単調さのうちに生活を重苦しいものにしてしまう。……さわやかな木陰のある気持ちのいい丘の中腹に、田舎風の小さな家をもつことにしよう。……中庭は家禽を飼う場所にする。馬小屋でなく牛小屋を建て、私の大好きな乳製品をつくるために牝牛を飼う。庭園は野菜畑にし、屋敷の周辺は感じのいい果樹園にする。……そこに私は、数は多くなくても選ばれた交友を集めることにする」。

マリー＝アントワネットは、母としても王子たちの養育に際して、当時の慣習である乳母による養育ではなく、『エミール』で説かれたように、自ら母乳で育てようとしたし（母マリア＝テレジアの反対で断念せざるを得なかったが）、スウォドリングと呼ばれる大きな包帯のような布で赤ん坊をグルグル巻きにする育児慣習をやめて、ゆったりとした産着を着せて育てた。一七八〇年、彼女は建築家リシャール・ミックに命じて小さな劇場を建設したが、そこでルソーの作品を上演し、自ら農婦の役を演じもした。この劇場は彼女の結婚式に合わせて完成していたヴェルサイユ宮殿のオペラ劇場を小さくしたもので、外観は慎ましかったけれども、だまし絵で大理石に見せた木材を多用し、立派な機械仕掛けの舞台装置やボックス席を備え、内装は王妃の好んだ青を基調とし、白と金を用いた洗練された装飾が施されていた。

ルイ一五世時代につくられていた植物園や温室にある植物をパリの植物園に移動させたのも、自然の風景を模した庭園をつくるためだった。当時の植物園は博物学の最先端をゆくもので、珍しい熱帯

図 10-6　イリュミネーションに照らされたプチ・トリアノンの岩山

の植物などが集められていたが、マリー＝アントワネットが好んだのは、植物園ではなく、風景画のような庭園だった。この点で、リシャール・ミックとユベール・ロベールは、ヴェルサイユの幾何学的なフランス式庭園とは対照的な庭園をつくってみせた。イギリス式庭園と呼ばれるこの庭園には、人工的につくられた「自然」が配置された。そこには、大きな岩山や高くそびえる断崖、急流となる川、洞窟などがつくられ、とりわけ洞窟は彼女のお気に入りの場所となった。そこでは、外国の賓客をもてなすためのイリュミネーションが灯され、王妃は自ら接待役となり招かれた人々の記憶に残る夕べの宴が催されたのである（図10－6）。

エリアスやシャルチエの指摘によれば、宮廷での礼儀作法に縛られないこうした田園生活への憧れは、マリー＝アントワネットに固有のものだったわけではなく、当時の王侯貴族に共通する願

望だった。それは、エリアスが「貴族的ロマン主義」と規定するもので、貴族たちにとって、絶対王政成立以前の、自由で、自立的で、自然な生活が憧憬的かつ夢想的に希求されたのである。換言すれば、それは、宮廷での礼儀作法が押しつける緊張関係に対する貴族の抵抗、あるいは、騎士道的な生活の理想を表現し、『アストレ』のような牧歌的で感傷的な小説や、ヴァトーによる懐古的な農民生活の情景を描いた絵画が当時の王侯貴族に支持された理由でもあった。その限りで、マリー＝アントワネットは礼儀作法に縛られない牧歌的な田園生活の理想化という心性《マンタリテ》をを共有していたのである。

服飾工芸文化の保護者としての王妃

歴代の王妃たちと同様、マリー＝アントワネットは宮廷の芸術文化、とりわけ服飾文化の発展に主導的な役割を果たした。彼女の手厚い保護を受けて、画家のエリザベト・ヴィジェ＝ルブランをはじめ、仕立屋で衣装デザイナーのローズ・ベルタン、香水・手袋職人のファルジョン、家具職人のリーズネルらが活躍し、多くの作品を後世に残している。また、マリア＝テレジアから遺贈されたものをもとに七〇点あまりに増やしていた日本の漆器のコレクションは、最高級の作品であった（図10－7）。こうした工芸品には、花・植物などの自然をモチーフにした繊細な細工や牧歌的風景を連想させる装飾などが用いられていた。王妃が登用した人々のなかで、もっとも著名な人は女流画家ヴィジェ＝ルブランである。美貌の肖像画家として人気の高い彼女は、マリー＝アントワネットと出会ったときにすっかり意気投合し、王妃お気に入りの画家として、王妃の肖像画を三一点描いた（多くの作品がヴェ

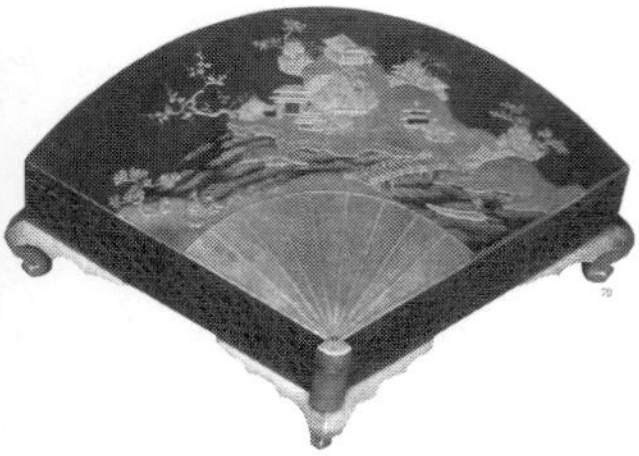

図 10-7　マリー＝アントワネットが収集していた漆器「楼閣山水蒔絵扇面形脚付き小箱」

図 10-8　薔薇をもつマリー＝アントワネット
（ヴィジェ＝ルブラン作）

ルサイユ宮殿博物館に収蔵されている）。彼女は一七八三年、王妃の強い後押しで、やはり女性画家のラビーユ＝ギアールとともに王立絵画彫刻アカデミーの会員に選ばれた。

ローズ・ベルタンは外国の王侯貴族を顧客に抱えるほどに有名人になり、王妃のために縞模様やモスリンのドレスをデザインした。現在フランス国立公文書館に所蔵されるさまざまな縞模様の布の切れ端を綴じた『王妃の衣装帳』は、彼女が好んだパステル調の色彩など、王妃の寝室で使用されていた絹織物の花模様と並ぶ王妃の洗練された趣向を伝えている。髪結い師レオナールは、ラ・ペルーズの航海を記念した船の形に結った鬘を載せた巨大な髪形や、羽飾りを使った髪形を宮廷に流行させたが、出産後の王妃が抜け毛に悩まされるようになると、結いあげずにゆったりと下ろし髪を束ねたスタイルを考案し、新たな流行をつくりだした。

彼女が流行させせた服飾文化は、伝統的な

宮廷の衣装と真っ向から対立するものだったのみならず、たとえば「王妃風蚤色のドレス」のような「王妃風〇〇」と形容されるものの流行は、王妃の権威そのものを摩耗させせかねなかった。そのため、「下着風ドレス」と酷評された肖像画（図10－5）は、威厳のある衣装のもの（図10－8）へと取り換えることを余儀なくされた。

宮廷と王妃の権威の摩耗

一六世紀初頭にエラスムスが『子どもの礼儀作法について』で示した宮廷人の振る舞い方のモデルは広く普及したため、一八世紀にはより細かな、より厳密なものとなっていたが、ルソーの言葉のとおり「見せかけの礼儀の軛」と化してもおり、「仮面」をかぶった生活とは別に、内面をありのままに表すことのできる場での親密な交友や繊細な振る舞いを、マリー＝アントワネットは求めた。シャルチエは、彼女が流布させようとした新たな行動様式（王妃が公的な儀礼を軽視し、私的な生活へと退却していったこと）が革命の直接的な原因ではないとしつつも、宮廷と王妃の権威の摩耗に帰結する側面ももっていたと指摘している。トリアノンの領地に、ルソーが描いたとおりに「数は多くなくても選ばれた交友」を集めて過ごすようになったことは、人々が「小ウィーン」と揶揄したように、王妃の「お気に入り」になれなかった宮廷人の反発を招き、王妃の「私生活」をめぐる怪文書や風刺文が印刷物として出まわる原因ともなった。

マリー＝アントワネットのもとに集まったのは、女性ではランバル親王夫人、ポリニャック伯夫人、ゲムネー公夫人など、男性では王弟アルトワ伯、ローザン公、コワニィ公、ブザンヴァル男爵など、そして、彼女と恋愛関係に発展したといわれる駐仏スウェーデン大使フェルセンであった。ポリニャック伯夫人は革命が始まるとすぐに亡命するが、フェルセンは革命勃発後も彼女に献身的に尽くし、ヴァレンヌ事件で重要な役割をはたし、また、幽閉された彼女の救出に全力をあげた。プティフィス『ルイ一六世』は、彼女の試みが、宮廷社会の均衡を危うくしかねない三重の「急変」をもたらしたと論じている。すなわち、年長者の代わりに若輩者を、大貴族の代わりに小貴族を、公的生活の代わりに私生活を重んじたことである。これまでのように、王妃が恩恵を万遍なくバランスをとりながら振りまく仕組みに大きな瑕疵を残したのである。彼女に不満をもつ人々は、一八世紀後半に活発になっていた風刺文やパンフレットなどの出版物を通じて、彼女を痛烈に非難し、嘲笑した。

当時の人々は、このような事態をどのように受け止めていたのだろうか。流行作家だったメルシエは、平民にすぎない仕立女のベルタンが、「衛視の居並ぶなか、高貴な身分の方たちでさえ容易に入室のかなわない（王妃の）居室に」出入りを許されたことに驚きを隠していない。王妃によるベルタンへの格別な引き立てがいかに驚嘆すべきものであり、「他のご婦人方に嫉妬の念」を抱かせたかをバショーモン回想録の名で知られる刊行物に、一七七九年頃の執筆者メロベールは記している。「宮殿にこの女性が出入りをするようになったのは一大事件でした」。「妃殿下は相変わらず御用達のモード商人ベルタン女史を格別に引き立てていらっしゃいます。ごく最近はマルリー宮での饗宴の席をベルタン女史のために確保するよう、元帥であるデュラス公爵にお命じになったのです。公爵殿は、妃殿下にご満足いただけるに十分な扱いでこれにお応えになったのですが、他のご婦人方は嫉妬の念を抱かれました」。

王妃の侍女頭だったカンパン夫人は、最後まで王妃に付き従った忠実な部下だったけれども、『回想録』のなかで王妃を厳しく批判している。「妃殿下はこうした儀礼（それまでおこなわれていた儀礼）をすべて廃止なさいました。御髪が整うと、お部屋に控えている貴婦人たちを下がらせ、お付きの者だけを従えて、ベルタン女史が待つご自分の小部屋へと姿を消してしまわれるのです」。このような王妃の振る舞いに対して、伝統的な宮廷のしきたりに則って盛装して参内してきた貴婦人はもはや失望感と不快感を隠そうとせず、ベルタンたち新参者との同席を拒否するようになった。「慣習では、こうした身分の者は例外なく出入りが禁止されていたにもかかわらず、……妃殿下がモード商人の出入りをお許しになったことが、妃殿下にとっても重大な結果を招いたのです」。

このように、当時マリー＝アントワネットの身近にいた人たちも、王妃の振る舞いが既存の位階秩序を転倒させかねない点を懸念していたようである。今一度カンパン夫人の証言を引用すれば、「王妃たるものは、私室や閨房をもってはならなかった」のである。宮廷社会が変容しつつあり、かつ、市民社会の価値観も生まれつつあった革命前夜の時代において、彼女の振る舞いの影響はとても微妙で複雑だったことがわかる。彼女がヴェルサイユ宮殿での公的生活とトリアノンでの私的生活を分離しようとしたことは、革命後の社会において新たに重視されることになる「公的領域」と「私的領域」の分離を先取りするものであったが、同時に、彼女は革命期には女性に禁じられる政治の領分（公的領域）に入り込んでもいた。また、王妃が率先する儀礼の軽視は、ある種の危険な「賭け」の要素もあった。旧習に固執する貴婦人たちの反発を招き、階層秩序の防波堤としての王妃の役割を果たすことにも失敗したからである。

さらに、一七八五年、マリー＝アントワネットは不可解な「首飾り事件」に巻き込まれた。誰かが王妃の意向と称して高額の首飾りを発注したが、その代金が支払われていないというこの事件は、彼女が引き起こしたものではなく、ヴァロワ王家の末裔を自称するラ・モット夫人がマリー＝アントワネットの寵愛を得ようとしたロアン枢機卿を陥れた詐欺事件であり、王妃は名を騙られた犠牲者にすぎなかった。しかし、この事件は、「宝石を好む王妃」というイメージを流布し、革命期の「金銀は容易に飲み込めるけれども憲法は飲めない」と書かれた「オーストリア女」（駝鳥）のカリカチュア（図10－9）に象徴される王妃像へとつながっていくこととなる。

図 10-9　カリカチュアで駝鳥の姿にされたマリー＝アントワネット
（フランス語でオーストリアはオートリッシュ、駝鳥はオートリュッシュ）

四、フランス革命とマリー=アントワネット

立憲君主政のもとでの王妃

周知のように、国家財政の破綻が決定的となった一七八九年、ルイ一六世は王国改革のために全国三部会を招集した。しかし、三部会では政治運営をめぐって対立が深まり、やがて三部会は「球技場の誓い」(六月二一日)を経て憲法制定国民議会となる。このありさまを間近に見たアーサー・ヤングは、フランスで会う人々が皆、憲法制定を「まるでレシピに従ってプディングをつくるかのように安易に考えている」ことに驚き、一七世紀イギリスのピューリタン革命を想起しつつ、「血なまぐさい内乱を招くであろう」と危惧した。

七月一四日のバスティーユ襲撃を契機にパリとヴェルサイユの力関係が逆転してゆくなか、一〇月五～六日、食糧不足に苦しむパリ民衆がヴェルサイユまで行進し、宮殿になだれこんだ。国王一家はパリのテュイルリー宮への移動を余儀なくされ、国王一家は議会の目の届くところにおかれることとなった。マリー=アントワネットは、六月に亡くなった王太子ルイ=ジョゼフへの哀悼の気持ちを癒やす間もなく思い出の詰まったヴェルサイユを離れた。荒れ果てた状態のテュイルリー宮での生活は、ヴェルサイユに比して厳しいものだった。しかし、彼女は王妃としての威厳をそれまでになく人々に示していくこととなる。保守的な政治思想をもつ取り巻きに囲まれていた彼女は、革命の流れをせき止めようと、議会の指導者たちに働きかけ、ミラボーらの議員による王政支持を取りつけることには

成功した。また、国民議会で論議されていた憲法草案は立憲君主政という形で王政の存続にむけて動いていた。

憲法の採択に先立ち、一七九〇年七月一四日にバスティーユ攻略一周年を記念し、フランスのすべての県から代表（連盟兵）が参集しておこなわれた国家的祝祭行事の「連盟祭」をめぐる国民議会の論議のなかでは、王の意向も十分に尊重されていた。また、実際に、連盟祭に関する議会報告書（七月一七日付）によれば、「会場には、円形闘技場のような巨大な観覧席が設けられていたが、士官学校の建物を背景にして設けられた特別席があり、その中央部には金の百合の花（王家のシンボル）をちりばめた菫色のビロードで覆われた王のための玉座が置かれた」「そこから三歩離れたところに、同じ高さに、同一直線上に並ぶように、議長のための、同じく金の百合の花をちりばめた、紺碧色のビロードで覆われた肘掛け椅子が置かれた」とあり、王と議会は対等に扱われたのである。この祝祭行事には、もちろんマリー＝アントワネットをはじめ王族も出席した。報告書には「王妃、王太子、王族は、王と国民議会のうしろにあるバルコニーに席を占めた」と記されている。儀式の最後を飾ったのはルイ一六世の言葉で、王が席から立ち上がり、「フランス人の王である私は、王国基本法により私に委ねられているすべての権力を、国民議会によって可決され、私が裁可する憲法の維持および法律の執行のために用いることを誓う」と宣言したとき、「深遠な宗教的なまでの沈黙」があり、続いて「国王万歳！」の叫び声が、「国民議会の議員、連盟兵、そして民衆によって繰り返し発せられた」。「王は入場の際に劣らぬ拍手と歓呼を浴びて退場した」。

図 10-10　**連盟祭で宣誓するルイ 16 世の後ろで、王太子を抱き上げて人々に示している王妃**（右上）

議会報告書のなかでは、「国王万歳！」と繰り返される歓声が強調されている一方で、マリー＝アントワネットはその着席が言及されているにすぎない。それでも当時の日記、新聞や刷り絵をみると、人々は王妃にも注目していた。たとえば、王妃が髪につけた三色の羽飾り（革命のシンボル）が雨ですっかりだめになったこと、王妃も宣誓をおこなったこと、王妃が群衆に向かって王太子を抱き上げると「王太子万歳！」の歓声が上がったという記述がある。またその様子を描いた当時の絵も残されている（図10－10）。これらを比較すると、公的な文書であり、連盟兵が地方に持ち帰るために三万部も印刷された議会報告書におけるマリー＝アントワネットへの冷淡さは、王妃（さらに女性）の政治的な役割の否定が一七九〇年の段階からすでに議会レヴェルで始まっていたことを暗示しており、やがて本格化する女性の政治的権利からの排除の前触れとも考えられる。それは、女性でありながら王を操る性悪の王妃という当時の誹謗文書やカリカチュア（図10－9）に描かれたマリー＝アントワネットのイメージと表裏の関係にあった。この頃に議会内外で発表されていたさまざまな教育論において、王妃の友人だったミラボーは一七九一年頃の「公教育あるいは国民教育論」と題する著作の第一部を「王太子の教育」にあてて論じたが、タレーランは議会報告のなかで女子の教育は父親に任せるべきと主張し、女性は家族という私的領域にとどまるべきであって、政治という公的な領域で活動すべきではないと述べ立てていた。

革命の展開と国王一家の運命

議会は立憲君主政という形での王政存続へと動いていたが、一七九〇年秋から一七九一年春にかけての革命の動きのなかで、ルイ一六世と王妃にとって衝撃だったのは、賛同しがたい聖職者民事基本法の制定、王と王妃の信頼の厚かったミラボーの死（四月二日）、復活祭を祝うために王がテュイルリー宮を離れてサン＝クルーの離宮に向かおうとするのを群衆が阻止した事件（四月一八日）だった。マリー＝アントワネットは早い段階で外国への亡命を王に進言していたが、王の方は亡命に懐疑的だった。たとえどんな事情があろうとも、王は祖国を離れてはならない、というのが王の信条だった。けれども、すでにフランスから脱出していた王の末弟シャルルをはじめ、カロンヌ、コンデ親王、ブルボン公などを中心とした亡命者の一団がライン川方面のコブレンツを拠点に反革命運動を展開しており、マリー＝アントワネットの母国オーストリアも、国王一家の支援や救出に動いていた。

ようやく重い腰をあげたルイ一六世の承認のもと、慎重に練られた逃亡計画は、国王一家がロシア貴族の従者に変装してテュイルリー宮を抜け出し、東部国境沿いにあるモンメディ要塞まで移動し、ここを拠点に王が反革命運動を指揮するというものだった。一七九一年六月二〇日の夜、国王一家はテュイルリー宮からの脱出には成功したものの、出発の遅れが響いて旅程が大幅に狂い、王の一行を護衛する手筈になっていたブイエ将軍配下の部隊との連絡の拙さなどの不幸が重なり、二一日の夕方、目的地まであとわずかのサント＝ムヌーで発見され、ヴァレンヌで逮捕された。このヴァレンヌ事件をめぐっては、逃亡をはかる側の稚拙さがよく指摘されるが、むしろ午前六時頃に逃亡が発覚してから の官憲側の追尾の迅速さを強調すべきだろう。国王一家はバルナーヴ、ペティオンなど議会から派遣された代表団に引き渡され、ただちにパリに連れ戻された。なお、前出のカンパン夫人の『回想録』によれば、この一日で、マリー＝アントワネットのブロンドの髪の毛が真っ白になったという。六月二五日、国王一家を迎えたパリの民衆の態度は冷淡で、このヴァレンヌ事件を境に、王と王妃への国民の信頼は完全に失われていく。

それでも議会の多数派は、立憲君主政に基づく憲法を制定する最終段階だったので、王は逃亡したのではなく、「誘拐」されたとして事態の収拾をはかろうとし、ヴァレンヌの帰途に同行するなかで王と王妃の運命に同情したバルナーヴらによる議会の説得工作がおこなわれた。しかしこうした動きに反発した民衆が、七月一七日、一年前には王とともに祝った連盟祭会場のシャン・ド・マルスに、王の廃位を求める嘆願書に署名するために集まったため、戒厳令が宣告され、ラ・ファイエット率いる国民衛兵が彼らに発砲して数十人が命を落とした。この事件は「シャン・ド・マルスの虐殺」と呼ばれ、王政の廃止を求める人々の動きを次第に活発化させることになる。

一七九一年九月、国民議会は三権分立と立憲君主政を基本とする「一七九一年憲法」を採択して解散した。国王夫妻はその制定を祝う盛大な祝賀会を開いた。一〇月には新しい憲法のもとで選出された議員からなる立法議会が発足した。表面上、国王夫妻は立憲君主政を承認したという態度を装っていたけれども、内心では、外国の軍事介入によってでも革命勢力を一掃するという選択肢を諦めていなかった。ヴァレンヌ事件以後、革命の状況と国王夫妻の立場を憂慮した神聖ローマ皇帝レオポルト二世（王妃の兄）とプロイセン国王フリードリヒ・ヴィルヘルム二世は、一七九一年八月にピルニッツ宣言を発して、フランス王を擁護する立場を明確にしていた。一方、ジロンド派が主導していた立法議会では国内の対立・混乱を対外戦争によって一挙に解消しようとする流れが強まり、一七九二年四月、フランスは王妃の母国オーストリアに宣戦を布告した。戦況が悪化し、プロイセン軍の脅威が迫ってきた七月一〇日、議会は「祖国は危機にあり」と宣言する。義勇兵が募られ、七月一四日の連盟祭のためにパリに集結していた連盟兵（義勇兵）の支援をうけたパリの民衆は、八月一〇日にテュイルリー宮を襲撃した。国王一家は議会への避難を余儀なくされ、議会はついに王権を停止し（＝「八月一〇日の革命」）、国王一家をパリ市北東部のタンプル塔に幽閉した。この後、国王一家は外部との連絡を遮られ、厳しい監視のもとにおかれることとなったのである。

王妃の裁判

八月一〇日の革命によって立法議会は解散し、九月二一日、男子普通選挙制のもとで選出された議員による国民公会が成立した（第一共和政）。議会内ではジロンド派に代わってロベスピエールらの主導する山岳派（国民公会の左派）が発言力を増しつつあった。共和政のもとでのルイ一六世の処遇が重要な争点として浮上し、一二月からルイ一六世の裁判が国民公会で始まった。票決の結果、一七九三年一月二〇日、議員の過半数の賛成によりルイ一六世の死刑判決が確定した。最終的な票の数え方については、単純な投票方式ではなく、指名点呼により議員一人ひとりが意見を述べる形式をとったため、意見の読み取り方、死刑の賛否の数え方について歴史家の見解は分かれているが、通俗的にいわれているような一票差で死刑が決まったわけではない。判決を聞いたマリー＝アントワネットは取り乱しながらも、残された短い時間に夫と永遠の別れを告げねばならなかった。ルイ一六世は一月二一日に革命広場（現在のコンコルド広場）で処刑された。

それから約半年後の一七九三年七月三日、マリー＝アントワネットのもとから、まだ幼かった王太子ルイ＝シャルルが引き離されて、シモンという靴職人の手に委ねられた。それ以後、彼は母の顔をみることもなく、約二年後の一七九五年六月八日、タンプル塔に幽閉されたまま病死した。彼の死をめぐっては、当時から死亡したのは替え玉であるとの説があったが、奇跡的に保存されていた心臓のDNA鑑定によって、二〇〇〇年にマリー＝アントワネットの息子であることが確認された。

国王の処刑の報を受けて、革命が自国に及ぶことをおそれたヨーロッパ諸国は、第一回対仏大同盟を結成し、戦争は拡大した。国内でも地方では反革命の動きが強まるなか、六月に国民公会からジロンド派を追放した山岳派が主導権を握ると、マリー＝アントワネット本人にも身の危険が迫ってきた。八月に入って、反逆罪に問われた彼女は、タンプル塔からシテ島にあるコンシエルジュリに移送された。彼女はもはや王妃ではなく、「カペーの未亡人」としか呼ばれなかった。王の裁判が国民公会でおこなわれたのに対し、彼女の裁判は革命裁判所でおこなわれた。九月三日と四日に第一回予審尋問、一〇月六日と七日に第二回予審尋問が実施されている。とくに尋問では、戦争に関して、フランスと交戦中の家族のもとに身を寄せようとしたこと（＝ヴァレンヌ事件）が問題とされたが、引き離された息子に話が及ぶと、彼女は次のように答えた。「フランスが王とともに幸福であるべきならば、王になるのが息子であってほしいと思います。もしフランスが王なしに幸福であるべきならば、私は息子とともに、フランスの幸福を願おうと思います」。この回答からは、王の処刑後も彼女が息子を王位継承者とみなしていたことがわかる。

図 10-11　コンシエルジュリに収監されていた頃のマリー＝アントワネット

第三回予備尋問は一〇月一二日に非公開でおこなわれた。尋問の内容は、ボヘミア・ハンガリー王（マリー＝アントワネットの兄）とのあいだでフランスの利益に反する行為をしたのではないか、兄のオーストリア皇帝に多額の金銭を送ったのではないか、夫ルイ・カペー（ルイ一六世）を操って、裏切り行為を画策したのではないか、亡命者と連絡をとり陰謀を企てたのではないか、息子が玉座を追われたことを遺憾に思っているのではないか、といったことだった。彼女は、兄との関係は肉親の愛情に基づくもので、兄はフランスの金銭を必要としておらず金銭を送るはずがないこと、革命以来、外国との連絡を絶ってきたこと、いつも夫のあとに従ってきたこと、「息子の国が幸福であるならば、私は息子のことで（玉座に登れなくても）残念には思わないでしょう」と、冷静に答弁を重ねた。

このような尋問をへて、革命裁判所の検事フーキエ＝タンヴィルは、次のような起訴状を書いた。

「メッサリーナ（一世紀：ローマ皇帝クラウディウスの妃）、ブルンヒルド（六〜七世紀初：西ゴート王の娘でメロヴィング朝フランク王国アウストラシア分国王シギベルト一世の妃）、フレデグンド（六世紀末：メロヴィング朝フランク王国ネウストリア分国王キルペリク一世の妃）、メディシス（本書第3章のフランス王妃）は、かつてフランスの王妃と呼ばれ、永遠に忌まわしいその名が歴史の年代記から消え去ることのない女たちである。この女たちと同様、マリー＝アントワネット、すなわち、ルイ・カペーの未亡人は、フランスにきて以来、フランス人にとって災いであり、吸血鬼であった。……（テュイルリー宮襲撃の際に）民衆への発砲の命令を下したのは、ルイ・カペーおよび陰謀の主導者マリー＝アントワネットである。……作戦および攻撃計画を外国列強に入手せしめたのは未亡人カペーである」。このように反革命の陰謀や外敵との通謀を列挙したあと、フーキエ＝タンヴィルは息子との近親相姦の罪を付け加えるのも忘れなかった。

一〇月一四日に公判が再開され、四一人の証人が証言をした。軍隊を動かして市民を虐殺したこと、ヴァレンヌ逃亡事件、外敵との通謀、宮廷人事への介入、浪費、近親相姦などについてである。証言のうち、浪費など金銭に関することは六件で、一般に考えられるほどに、この裁判において比重が置

図 10-12　革命裁判所で弁明するマリー＝アントワネット

かれていないことがわかる。これらの証言と尋問に対して、マリー＝アントワネットは慎重に言葉を選びつつ「存じません」「その人物を知りません」と反論したが、山岳派のエベールがおこなった近親相姦の告発については、「私がこれに答えなかったのは、母親に向けられたこのような非難に応じることを自然が拒むからです。私はここにおいでであろうお母様方、皆様に伺ってみたいと思います」と述べ、傍聴席の女性たちからはエベールへの非難と怒りの言葉が飛び交った。

プチ・トリアノン宮一帯の改修や造営に巨額の経費がかかったのではないかとの問いに、マリー＝アントワネットは「それはありえることだと思います。おそらく私が想定した額を超えていたでしょう」と述べ、自ら贅沢に引き込まれていったことを認めたが、大臣の人事など政治に介入したのではないかという点については否定した。最後に彼女はこう述べた。「私は証人の方々とまったく面識がありませんでした。この方

図 10-13　マリー＝アントワネットの処刑
（シャルル・モネの原画に基づく版画）

たちが何を証言なさろうとするのかも知りませんでした。誰一人として私の不利になるような明確な事実をお述べになりませんでした。最後に私は言明します。私はルイ一六世の妻にほかならなかったのですし、それゆえに王の意志のとおりに行動しなければならなかったのです」。

決定的な証拠は提出されないまま、証人尋問は終わった。裁判長エルマンは陪審員たちに四つの質問を通して、マリー＝アントワネットが外敵と通謀し、敵国軍隊の勝利と国内での蜂起を企てたという罪状があるかどうかを問うた。退席して討議をし、法廷に戻ってきた陪審員たちは、刑法第一章第一節第四条の「国家の対外的安全に対する重罪」および第二節第二条「国家の対内的安全に対する重罪」、に基づいて死刑を求刑した。裁判長エルマンが、この判決に異議はあるかと彼女に問うと、彼女は反論しないで首を横に振るだけだった。弁護人も異議を唱えなかったので、裁判は結審したと宣言された。一〇月一六日未明のことだった。

処刑前の一六日午前四時半、マリー＝アントワネットは、亡命することなくヴァレンヌ事件からタンプル塔での幽閉生活までをともに過ごしたルイ一六世の妹エリザベトあてに最後の手紙を書いた。

「妹よ、あなたにあてて私の最後の手紙を書いています。私はいま判決を受けたばかりですが、それは恥ずべき死刑ではなく、というのも死刑は罪人にとってのみ恥ずべきもので、私はあなたのお兄様と再会しにいくという判決を受けたのです。あの無実の方のように、最後のときにあの方と同じ毅然とした態度を示したいと思います。良心に咎めるものが何もない人がそうであるように、私も静かな気持ちです。可哀想な子どもたちを残していくことだけが唯一の後悔です」。だが、この手紙はエリザベトに渡ることなく、マリー=アントワネットは一〇月一六日の正午過ぎに革命広場で処刑された。刑場では泰然自若としており、従容と死を受け入れていた様子が画家ダヴィットの走り書きのデッサンとして残されている。最後の言葉は、断頭台の上で死刑執行人サンソンの足を踏んだことを詫びる「すみません。わざとではありませんよ」だったといわれる。なお、彼女の最後の手紙の宛先人だった王妹エリザベトも、翌年処刑された。

革命史家リン・ハントおよび女性史家のクニビレールとフーケによれば、マリー=アントワネットが処刑されたのは、判決理由で述べられた二つの罪によってというよりも、女性（しかも「外国人」の女性）が政治的権利を行使したがゆえであった。彼女の裁判がおこなわれた一七九三年には、六月にジロンド派の内務大臣の妻でサロンを開き文筆活動によって政治的影響力をもっていたロラン夫人が逮捕され、七月にはマリー=アントワネットへの献辞を伴う「女性および女性市民の権利宣言」を書いたオランプ・ド・グージュが逮捕された。元王妃の処刑から二週間後の一〇月三〇日には、女性の政治クラブを廃止する法令が布告されている。一一月三日にオランプ・ド・グージュが処刑され、一一月八日にはロラン夫人も処刑された。これらの女性たちの処刑に先立って、一〇月三〇日、議員アマールは議会で次のように演説した。「自然そのものによって女性たちに定められている私的な務めは、社会全体の秩序に関連している。この社会秩序は、男女の違いから生じ、それぞれの性は、各々ふさわしい仕事の種類を定められている。……一般に女性は、高度な思考や真剣な熟慮においては、あまり能力をもたない。……諸君は、フランス共和国において、女性が男性と同様に傍聴席や演壇や集会にやってくるのを見たいと思うか」。

五、マリー＝アントワネットの位置——宮廷社会の変容と近代家族の成立のはざまで

王妃マリー＝アントワネットは、一八世紀後半、ルイ一四世時代の宮廷社会のあり方が大きく変容し、新たな「近代家族」の価値観が成立しつつあった時代を生きたがゆえに、波乱万丈の運命を背負うことになった。彼女のおこなったことをネガティヴに評価すれば、宮廷で規範とされてきた王妃の振る舞いを逸脱した行動によって王と王妃を支えてきた宮廷のメカニズムを根底から揺るがせたと捉えられるが、ポジティヴに評価すれば、時代の流れと新しい風を鋭敏に感じ取り、才能次第で平民にも女性にも可能性を認めるもので、身分や血統ではなく、性別にもよらない能力主義（メリトクラシー）に基づく人材登用のあり方を先取りするものであった。

また、宮廷社会が課す公的な儀礼から私生活へと退却し、親しい人々との私的な生活に価値を見出

していたマリー＝アントワネットは、ルソーの思想に代表される一八世紀の近代的な家族モデルの母親像を体現していた。しかし、革命期に成立してくる近代市民社会の原則において、女性は妻であり、母として私的領域を担うものとされ、政治的な権利をはじめとする公的な領域での活動は認められない存在だった。その点、子どもを乳母に任せず自らの手で育てようとした彼女は、良き母としての近代家族の理想の母親像を担うにふさわしい女性だったにもかかわらず、王妃として公的な領分（たとえば政治）に口を出したとみなされたために、近代家族モデルにおける悪しき女性の事例として、激しい非難を浴びることになった。逆説的なことには、彼女は王妃として、一七八四年に設立された母親慈善協会の会長となり、補助金をもたらし、貧しい母親の救済事業をおこなっていたのだが、協会は国民公会によって廃止されていたのである。

フランス革命のなかで、マリー＝アントワネットは「反革命」の陰謀を企てた張本人として罪を問われることになるが、裁判の過程でも明らかになったように、彼女の処刑の論理は矛盾に満ちたものだった。彼女を糾弾する論理としての「外国人であること」「女性でありながら政治に介入したこと」は、フランス革命の進行の過程で表出してくる「外国人の排除」、政治的権利からの「女性の排除」の論理にほかならなかった。つまり、マリー＝アントワネットは、「反革命」の陰謀の担い手とされた亡命貴族や外敵と通謀したという「反革命」の企てそのものによってというよりも、「革命」が生み出した「共和国」の排除の論理によって死刑となったのである。この点を自覚的に受け止めていたのだろうか、彼女は理不尽な裁判の進行に反論しなかった。まず死刑ありきという革命裁判所側の論理に、彼女は無言で答えたのである。宮廷社会の最後を生きた王妃、そして、揺籃期の市民社会を生きた女性、それをマリー＝アントワネットという一人の生身の人物が体現したところに、彼女の人生がもつ歴史的な意味を見出すことができるであろう。

マリー＝アントワネットの遺体は、ルイ一六世と同じく、革命広場から七〇〇メートルほど北にある共同墓地に運ばれた。埋葬命令が出されなかったので、遺体はそのまま放置され、埋葬されたのはようやく一一月一日のことだった。一八一四年、王政復古のときフランス王となったルイ一八世は、兄ルイ一六世と義姉マリー＝アントワネットの遺骸の調査を命じた。そして一八一五年一月一八日と一九日に、二人の遺骸が無事に掘り出された。ルイ一六世が処刑されてから二二年目の一月二一日、ルイ一六世夫妻の棺はルイ一八世に伴われ、サン＝ドニ聖堂まで運ばれ、厳かな葬儀がおこなわれた。その儀式には、マリー＝アントワネットの子どもとして激動のフランス革命を唯一生き延び、一七九九年に従兄弟アングレーム公（＝アルトワ伯〔のちのシャルル一〇世〕の息子）と結婚した長女マリー＝テレーズ＝シャルロットも参列した。王政復古期に極右王党派（ユルトラ）を支持した彼女は、七月革命で再び亡命生活を余儀なくされることになる。なお現在、マリー＝アントワネットとルイ一六世の遺体が埋められていたパリのマドレーヌ教会の裏手（オスマン通りの一角）には、二人の彫像を据えた贖罪礼拝堂がひっそりと佇んでいる。

あとがき

本書は近世フランスを生きた王妃たちの伝記である。今から思えば、同時期の王妃一五名中、一〇名しか取り上げなかったのは、やや安易にすぎたかもしれない。その反省にたって、巻末にすべての王妃の略歴を記したので参照していただければ幸いである。本書の主旨や狙いは「序説」で触れたので、ここでは本書が成立するまでの経緯を簡単に振り返っておきたい。

王妃列伝を試みるにあたって、最初にヒントを与えてくれたのは、私の友人である井上浩一氏（大阪市立大学名誉教授）が二〇年ほど前に上梓した『ビザンツ皇妃列伝——憧れの都に咲いた花』（筑摩書房）だった。そこには、一〇〇〇年に及ぶビザンツ帝国のなかで代表的な八人の皇妃が取り上げられ、女性を通してみたビザンツ史が見事に凝縮されていた。この書物（とりわけタイトル）に魅せられた私は、いつの日か、ビザンツほど華やかではないにしても、近世フランスを彩った王妃たちの生涯を伝記風に描きたいとの思いを募らせた。もっとも、ビザンツ貴族を彷彿とさせる容貌の、温厚で心の優しい井上氏にとっては、各々の皇妃が幸せな生活を送ったかどうかが焦点の一つとなっているが、私には、フランスの王妃はそうした意識が希薄で、もっと気ままに振る舞っていたように感じられた。たしかに前近代は女性差別が厳しく、王妃といえども出番が著しく制約されていたが、そうした状況にあっても、彼女たちは強烈な個性のままに人生を駆け抜けていったのではなかったか。したがって、本書を叙述するにあたって念頭においたのは、王妃のステレオタイプ像を定立するのではなく、王妃をその時代に解き放って、彼女が辿った人生を赤裸々にドラマティックに描き出すことだった。

本書の構成をより具体的に考えたのは、『真実のルイ一四世』(昭和堂)を出版したあとの二〇一〇年頃だろう。ただその段階になると、私はすべてを一人で書くのではなく、何人かのフランス史研究者に協力していただいて、それぞれに得意とする王妃伝を連ねるのが望ましいと思うようになっていた。そもそも私はルイ一四世親政以後の歴史にあまり通じていない。そこで、まずは嶋中博章氏(関西大学)に「マリー=テレーズ」伝と「マリー・レクザンスカ」伝を、小林亜子氏(埼玉大学)に「マリー=アントワネット」伝の担当を依頼した。お二人とも私の要請を快諾してくださった。それにしても、その時点では、私は少なくとも「カトリーヌ・ド・メディシス」伝から「アンヌ・ドートリッシュ」伝まで五人の王妃伝を書くつもりだった。何とも無茶な話で、気分も重かった。

本書の企画に大きな転機が訪れたのは二〇一二年春の頃だろうか。他の仕事にも追われて、担当箇所の執筆が思うように進まないなか、私は恩師のベルセ先生(パリ第四大学名誉教授)にパリのご自宅でお目にかかった。そのとき、私がたまたま王妃列伝の話をすると、先生がたいそう興味深そうにお聞きになるので、ダメもとで執筆をお願いすると、どの王妃でも書いてよいというお返事で、私の方がびっくりした。先生のお話では、文学的な作品を別にすると、きちんとした歴史研究者による王妃列伝はフランスでも意外なほどに少ないとのことだった。その瞬間、私の頭にインスピレーションが閃いた。野心と置き換えてよいかもしれない。すなわち、この王妃列伝の執筆陣にフランス人の歴史研究者を加えて、本書を日仏歴史家による（国際的な！）共同作業にできないかという途方もない夢である。

早速、私はこの企画をフランスで常日頃お世話になっているクルーゼ先生（パリ第四大学）とナシエ先生（アンジェ大学）にお伝えし、（無理やり？）主旨に賛同していただいたばかりか、クルーゼ先生には「カトリーヌ・ド・メディシス」伝、ナシエ先生には「アンヌ・ド・ブルターニュ」伝と「クロード・ド・フランス」伝を割り振って、執筆をお引き受けいただいた。のちほどベルセ先生がお選びになったのは「マリー・ド・メディシス」伝と「アンヌ・ドートリッシュ」伝だったから、残り籤にあたる「ルイーズ・ド・ロレーヌ」伝と「マルグリット・ド・ヴァロワ」伝を私が担当することになった。急転直下、これで担当がすべて決まり、あとは原稿の完成を待つだけとなったのである。もう後戻りはできない。当初の予定が大幅に変更されたとはいえ、本書はより有意義なものとなったはずで、私にとっても仕事が軽減されたので、とても安堵したことを覚えている。けれども、私が担当した二人の王妃については研究も少なく、はたして規定の枚数を埋められるのか、急に心細くなってきた。

以上のような運びで、王妃列伝は何とか二〇一七年春の刊行を目指してスタートし、本書の原稿が最終的に出揃ったのは二〇一六年末だった。その間、翻訳にかける時間が不可欠なため、フランスの諸先生の原稿は昨年八月末を締切日にしていたが、約束をきちんと守っていただけたのは、望外の幸運だった。律義なナシエ先生の原稿は二年前に到着していた。しかし、原稿が長すぎる場合（「アンヌ・

ド・ブルターニュ」伝と「カトリーヌ・ド・メディシス」伝）は少し短縮せざるをえなかったし、日本の読者にわかりにくい箇所については、訳者の方で文章を補ったり、長めの訳者注を入れる必要があった。この点は、フランスの諸先生の了承を得た上で、文意を損ねない範囲で添削したことを記しておく。ただし、歴史的な用語や固有名詞などの表記部分を除いて、事実関係の細かな統一はおこなわなかった。執筆者各位の問題関心を尊重するためである。

王妃の伝記が一〇本並ぶと、さすがに重みがある。やや手前味噌になるが、各章とも内容がよく整っているので、読者の皆さんには、王妃論を比較検討しながら読み進め、その背後にある歴史の全体的な流れを掴み取っていただきたい。繰り返せば、本書では、王妃のイエ、王妃と政治、王妃を取り巻く親族の緊張関係などに着目した。また、本書では、王妃像を鮮明にイメージできるように、肖像画を中心に図版をたくさん掲載した。そのなかには珍しい図像も多いので、大いに注目していただきたい。さらに、本書の読解に便宜をはかるため、巻末に年表、系図、地図、索引などを付したので、適宜参照していただきたい。これらの作業を担当したのが嶋中博章氏で、いつもながらの精緻で行き届いた彼の仕事ぶりに感銘を受けている。

本書の出版は、以前からの約束どおり昭和堂にお願いした。出版事情の厳しいなか、本書がどれほどに出版社の期待に応えているのか忸怩たる思いがある。この点は、読者の皆さんの忌憚のないご意見や、適切なご批評を仰ぐしかないが、それはそれとして、本書の刊行をずっとサポートしていただいた昭和堂と、編集部の神戸真理子さんに感謝のことばを申し述べたい。とくに神戸さんには、ここ数年間お世話になり続けで、またしても多大なご面倒をおかけしたのではないかと恐れている。本書の生みの親といって過言でない井上浩一氏には、早速ながら本書をお届けしよう。これで二〇年前の宿題を果たしたといえるだろうか。なお、私にはフランスの諸先生の感想も気がかりである。私の方からいささか強引に本書の作成に巻き込んだという負い目があるからで、それでも、もし彼らからそれなりにやりがいのある仕事だったと前向きに評価していただければ、私の肩の荷もやっと下りる。ベルセ先生は、本書のフランス語版を考えてもいいのではないかと、なかば冗談めかしておっしゃっていたけれど、それが正夢になることを願ってやまない。合わせて、本書の出版を一つの契機として、フランスだけでなく、ヨーロッパの王妃論が高まりを見せることを期待している。

二〇一七年三月三〇日　香川県善通寺市にて

執筆者を代表して　阿河雄二郎　記す

略年表

一四七六年	九月	ジャンヌ・ド・フランス、オルレアン公ルイ（のちのルイ一二世）と結婚
一四八八年	九月	ブルターニュ公フランソワ二世死去、アンヌ・ド・ブルターニュが公位継承
一四九一年	一二月	アンヌ・ド・ブルターニュ、シャルル八世と結婚
一四九八年	四月	シャルル八世死去、ルイ一二世即位
	一二月	王妃ジャンヌ・ド・フランス、ルイ一二世と離婚
一四九九年	一月	アンヌ・ド・ブルターニュ、ルイ一二世と再婚
一五〇五年	二月	元王妃ジャンヌ・ド・フランス、ブールジュで死去
一五一四年	一月	アンヌ・ド・ブルターニュ、ブロワで死去
	五月	クロード・ド・フランス、アングレーム伯フランソワ（のちのフランソワ一世）と結婚
	一〇月	マリー・ダングルテール、ルイ一二世と結婚
一五一五年	一月	ルイ一二世死去、フランソワ一世即位、クロード王妃となる
一五二四年	七月	クロード・ド・フランス、ブロワで死去
一五三〇年	七月	エレオノール・ド・アプスブール、フランソワ一世と結婚
一五三三年	六月	元王妃マリー・ダングルテール、イギリスで死去
	一〇月	カトリーヌ・ド・メディシス、王子アンリ（のちのアンリ二世）と結婚
一五四七年	三月	フランソワ一世死去、アンリ二世即位、カトリーヌ王妃となる
一五五八年	四月	メアリー・ステュアート、王太子フランソワ（のちのフランソワ二世）と結婚
一五五九年	七月	アンリ二世死去、フランソワ二世即位
一五六〇年	一二月	フランソワ二世死去、シャルル九世即位、カトリーヌ・ド・メディシス摂政
一五六二年	三月	ヴァシーの虐殺：宗教戦争開始（～一五九八年）
一五七〇年	一一月	エリザベト・ドートリッシュ、シャルル九世と結婚
一五七二年	八月	マルグリット・ド・ヴァロワ、アンリ・ド・ナヴァールと結婚（一八日）
		サン＝バルテルミーの虐殺（二四日）
一五七四年	五月	シャルル九世死去、アンリ三世即位
一五七五年	二月	ルイーズ・ド・ロレーヌ、アンリ三世と結婚
一五八七年	二月	メアリー・ステュアート、イギリスで刑死
一五八九年	一月	カトリーヌ・ド・メディシス、ブロワで死去
	八月	アンリ三世暗殺、アンリ四世即位
一五九二年	一月	元王妃エリザベト・ドートリッシュ、ウィーンで死去
一五九八年	四月	ナント勅令発布：宗教戦争終結
一五九九年	一〇月	王妃マルグリット、アンリ四世と離婚
一六〇〇年	一二月	マリー・ド・メディシス、アンリ四世と結婚
一六〇一年	一月	元王妃ルイーズ・ド・ロレーヌ、ムーランで死去
一六一〇年	五月	アンリ四世暗殺、ルイ一三世即位、マリー・ド・メディシス摂政

一六一五年	三月	前王妃マルグリット・ド・ヴァロワ、パリで死去
	一一月	アンヌ・ドートリッシュ、ルイ一三世と結婚
一六三〇年	一一月	裏切られた者たちの日
一六三一年	七月	マリー・ド・メディシス、ブリュッセルに亡命
一六四二年	七月	マリー・ド・メディシス、フィレンツェへの途上、ケルンにて死去
	一二月	リシュリュー死去
一六四三年	五月	ルイ一三世死去、ルイ一四世即位、アンヌ・ドートリッシュ摂政
一六四八年	一月	マザランの課税策にパリ市民が反旗：フロンドの乱の始まり（～一六五三年）
一六六〇年	六月	マリー＝テレーズ、ルイ一四世と結婚
一六六一年	三月	マザラン死去、ルイ一四世の親政開始
一六六六年	一月	アンヌ・ドートリッシュ、パリで死去
一六六七年	五月	遺産帰属戦争始まる（～一六六八年）
一六七二年	四月	オランダ戦争始まる（～一六七八年）
	五月	マリー＝テレーズ、「摂政」となる
一六八三年	七月	マリー＝テレーズ、ヴェルサイユで死去
一七一五年	九月	ルイ一四世死去、ルイ一五世即位
一七二五年	八月	マリー・レクザンスカ、ルイ一五世と結婚
一七三三年	一〇月	ポーランド継承戦争始まる（～一七三五年）
一七四二年	六月	ジャンヌ・ド・フランス列福
一七六八年	六月	マリー・レクザンスカ、ヴェルサイユで死去

一七七〇年	五月	マリー・アントワネット、王太子ルイ（のちのルイ一六世）と結婚
一七七四年	五月	ルイ一五世死去、ルイ一六世即位、マリー＝アントワネット王妃となる
一七八三年		トリアノンに「王妃の村里」建設（～一七八七年）
一七八五年	八月	王妃の首飾り事件
一七八九年	五月	全国三部会開催：フランス革命の開始
	六月	国民議会成立
	七月	国民議会、憲法制定国民議会と改称（九日）、バスティーユ牢獄襲撃（一四日）
	八月	封建的特権の廃止（四日）、人権宣言採択（二六日）
	一〇月	ヴェルサイユ行進：国王一家はパリへ
一七九〇年	七月	バスティーユ襲撃一周年を祝う「連盟祭」開催
一七九一年	六月	ヴァレンヌ事件（国王一家の逃亡事件）
	九月	一七九一年憲法制定
	一〇月	立法議会成立
一七九二年	四月	フランス、オーストリアに宣戦
	八月	パリの民衆がテュイルリー宮を襲撃：国王一家はタンプル塔に幽閉
	九月	国民公会成立：王政廃止を宣言
	一二月	国民公会で国王裁判始まる
一七九三年	一月	ルイ一六世処刑
	一〇月	マリー＝アントワネット処刑

関連地図１　アンシアン・レジーム期のフランス

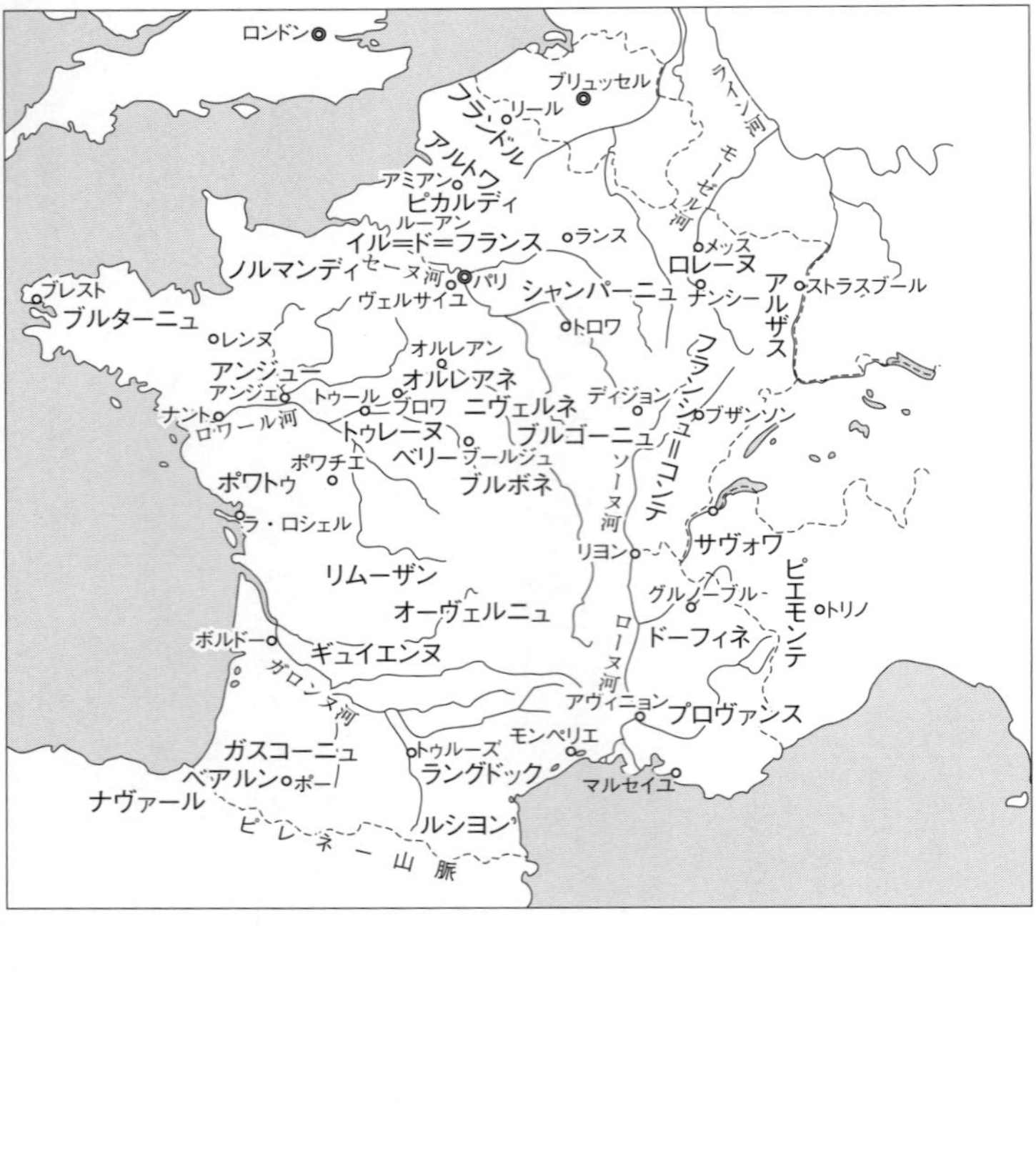

関連地図２　本書に登場する主な都市

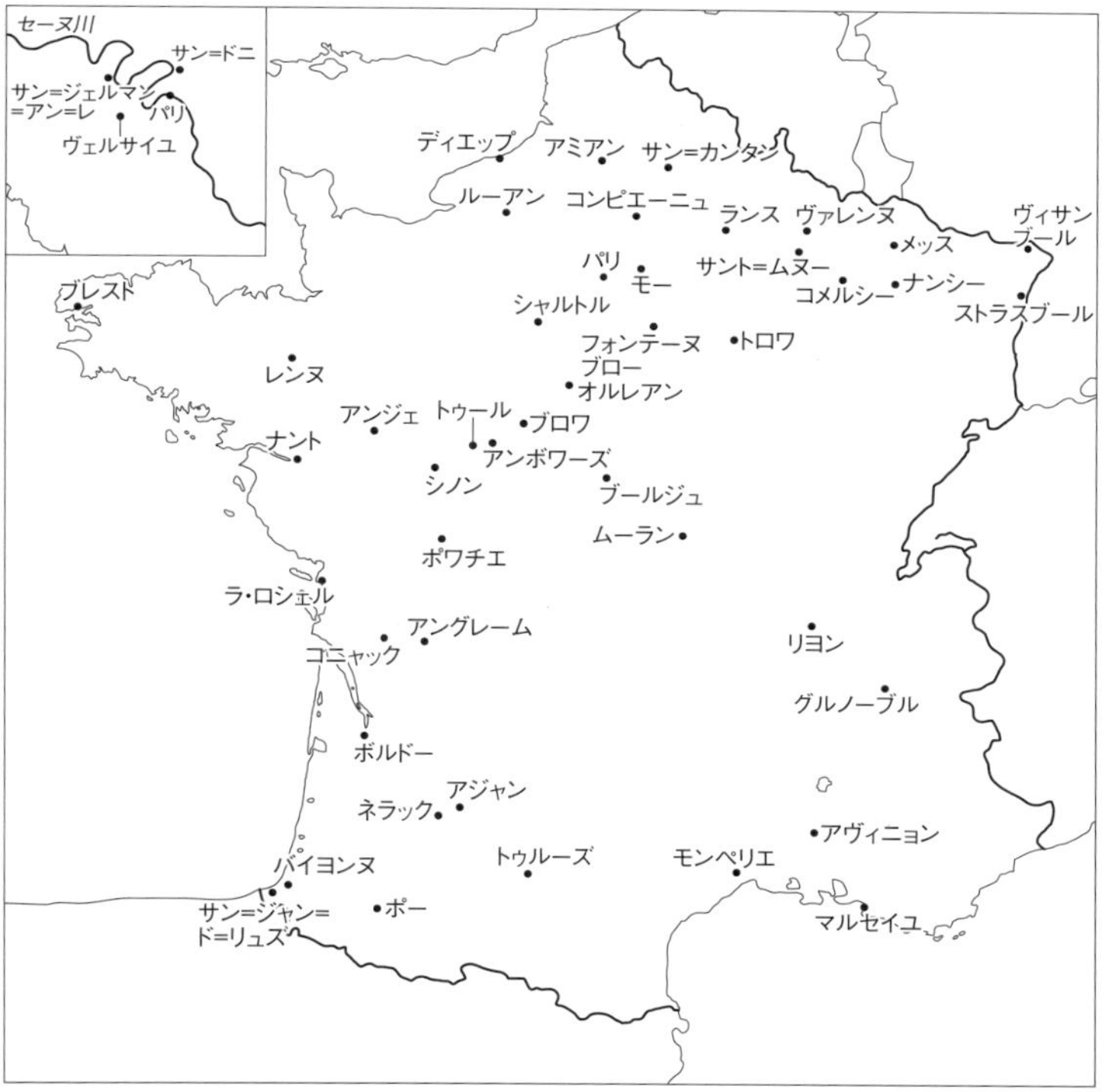

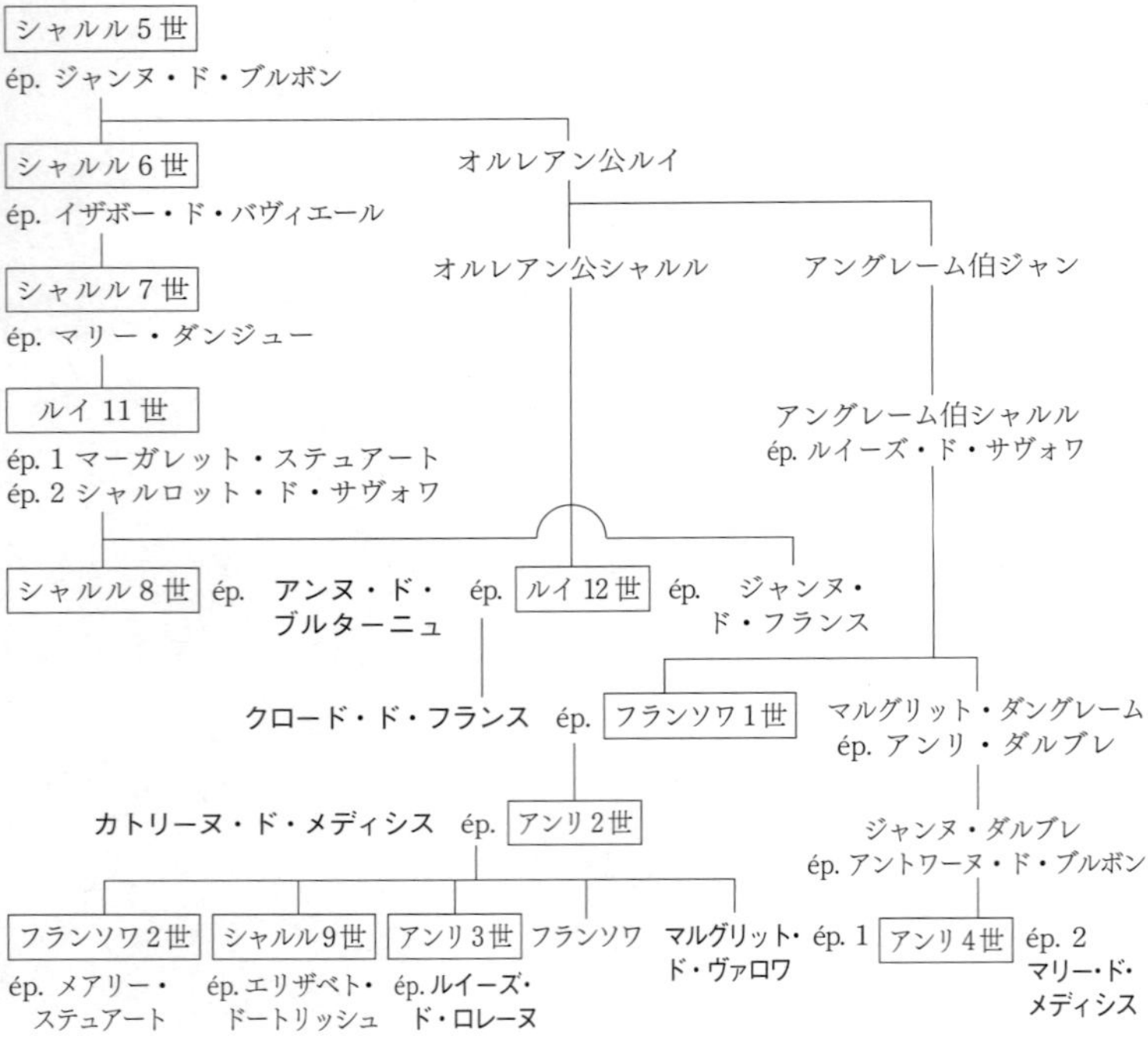

ヴァロワ家系図

（ép. は婚姻関係、□はフランス王、ゴチック体は本書で取り上げる王妃を示す）

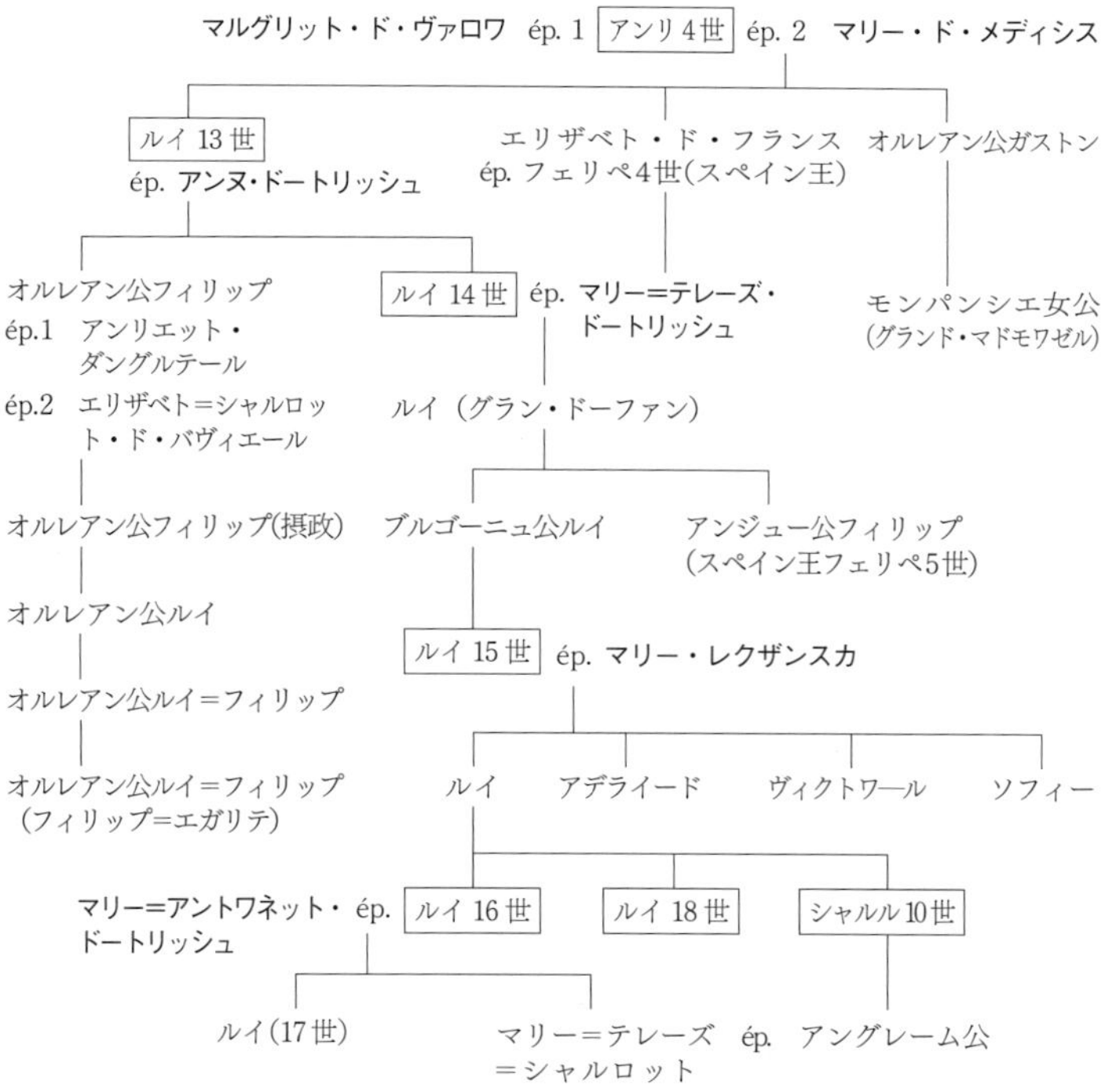

ブルボン家系図

(ép. は婚姻関係、□はフランス王、ゴチック体は本書で取り上げる王妃を示す)

執筆者紹介

阿河雄二郎（あが　ゆうじろう　Aga, Yujiro）

序説、第１章（翻訳）、第２章（翻訳）、第４章、第５章、第６章（翻訳）、第７章（翻訳）

1946 年、香川県坂出市生まれ、大阪外国語大学名誉教授

〈主要業績〉

「ルイ 14 世時代の《貴族改め》の意味」服部春彦・谷川稔編『フランス史からの問い』山川出版社、2000 年。

『アンシアン・レジームの国家と社会』（二宮宏之との共編著）、山川出版社、2003 年。

『《道》と境界域』（田中きく代との共編著）、昭和堂、2007 年。

Y ＝ M・ベルセ『真実のルイ 14 世』（共訳）、昭和堂、2008 年。

「近世の英仏海峡」『関西学院史学』40、2013 年。

C・ボーヌ『幻想のジャンヌ・ダルク』（共訳）、昭和堂、2014 年。

『海のリテラシー』（田中きく代・金澤周作との共編著）、創元社、2016 年。

ミシェル・ナシエ（Michel Nassiet）　第１章・第２章

1952 年、ノルマンディ地方セーヌ＝マリティム県生まれ、アンジェ大学教授

〈主要業績〉

Noblesse et pauvreté : la petite noblesse en Bretagne, 15e-18e siècles, PU de Rennes, 1993.

Parenté, noblesse et états dynastiques : 15e-16e siècles, Éditions de l'École des Hautes Études en Sciences Sociales, Paris, 2000.

La violence, une histoire sociale : France, 16e-18e siècles, Champ Vallon, Seyssel, 2011.

Guerre civile et pardon royal en Anjou (1580-1600), Société de l'Histoire de France, 2013.

ドニ・クルーゼ（Denis Crouzet）　第３章

1953 年、パリ生まれ、パリ第 4 大学教授（ロラン・ムーニエ・センター所長）

〈主要業績〉

Les guerres de dieu, 2 vol., Champ Vallon, Seyssel, 1990.

La nuit de la Saint-Barthélemy, Fayard, Paris, 1994.

La genèse de la réforme française, 1520-1560, SEDES, 1996.

Le Haut Coeur de Catherine de Médicis, Albin Michel, Paris, 2005.

イヴ＝マリー・ベルセ（Yves-Marie Bercé）　第６章、第７章

1936年、ジロンド県生まれ、パリ第4大学名誉教授、国立古文書学校名誉校長、碑文＝文芸アカデミー会員

〈主要業績〉

Histoire des croquants, 2 vol., Droz, Genève-Paris, 1974.

Fête et révolte, Hachette, Paris, 1976.［（邦訳）井上幸治監訳『祭りと叛乱』新評論、1980年］。

Le roi caché, Fayard, Paris, 1990.

Louis XIV, Le Cavalier Bleu, Paris, 2005.［（邦訳）阿河雄二郎・嶋中博章・滝澤聡子訳『真実のルイ14世』昭和堂、2008年］。

Histoire du plus grand pèlerinage des Temps Modernes, Lorette aux 16ᵉ et 17ᵉ siècles, Presse de la Sorbonne, Paris, 2012.

嶋中博章（しまなか　ひろあき　Shimanaka, Hiroaki）

第３章（翻訳）、第８章、第９章

1976年、北海道苫小牧市生まれ、関西大学助教

〈主要業績〉

C・ジュオー『歴史とエクリチュール』（共訳）、水声社、2011年。

C・ジュオー『マザリナード』（共訳）、水声社、2012年。

『西洋の歴史を読み解く』（共著）、晃洋書房、2013年。

『太陽王時代のメモワール作者たち』吉田書店、2014年。

『GRIHL　文学の使い方をめぐる日仏の対話』（共編）、吉田書店、2017年。

小林亜子（こばやし　あこ　Kobayashi, Ako）　第10章

1960年、大阪府豊中市生まれ、埼玉大学大学院人文社会科学研究科教授

〈主要著作〉

「フランス革命・女性・基本的人権」『岩波講座 世界歴史 第18巻 環大西洋革命』岩波書店、1998年。

「〈表象をめぐる闘い〉と〈社会的編成〉／『歴史の時間』と『文明化の過程』」『埼玉大学紀要』39、2003年。

「フランス革命期の公教育と公共性」安藤隆穂編『フランス革命と公共性』名古屋大学出版会、2003年。

「書物と読者の社会-文化史」教育史学会編『教育史研究の最前線』日本図書センター、2007年。

「歴史学における史料としての言説」『日本人と日系人の物語』（共編）、世織書房、2016年。

索　引

（ゴチック体は本書で扱う王妃である）

【ア行】

アウグスト2世 August II（1670-1733, ポーランド王 1697-1706, 1709-33）　216, 233
アデライード Adélaïde de France（1732-1800）　227, 243
アニェス・ソレル Agnès Sorel（1422頃-1450）　064
アルトワ伯 ⟶ シャルル10世
アングレーム伯フランソワ ⟶ フランソワ1世
アンジュー公フィリップ ⟶ オルレアン公フィリップ1世
アンジュー公（フランソワ）⟶ フランソワ（王弟）
アントワーヌ・ド・ブルボン Antoine de Bourbon（1518-62）　122
アンヌ・ドートリッシュ Anne d'Autriche（1601-66, フランス王妃 1615-43）　002, 012-013, 015-017, 151, 第7章（164-185）, 188, 190, 193-194, 197, 200-202
アンヌ・ド・ブルターニュ Anne de Bretagne（1477-1514, フランス王妃 1491-98、1499-1514）　001, 012, 018, 第1章（019-044）, 045-049, 058
アン・ブーリン Anne Boleyn（1507頃-1536）　049
アンリ2世 Henri II（1519-59, フランス王 1547-59）　014, 062, 064, 067-068, 073-076, 083, 102-103, 113, 120-121, 142, 165
アンリ3世 Henri III（1551-89, ポーランド王 1573-75, フランス王 1574-89）　002, 006, 083, 085-087, 089-091, 093-094, 096-114, 117-118, 120-122, 127-130, 132-134, 137-138, 165
アンリ4世 Henri IV（1553-1610, フランス王 1589-1610）　006, 008-009, 012, 028, 080, 084, 087, 089, 094, 111-118, 122-124, 138-148, 150, 152-153, 159, 166
アンリ・ド・ナヴァール ⟶ アンリ4世
アンリエット・ダングルテール Henriette d'Angleterre（1644-70）　186, 199-201, 206
アンリエット・ド・フランス Henriette de France（1609-69, イギリス王妃 1625-49）　009, 147, 154, 161, 169
ヴァンドーム公セザール Vendôme, César de Bourbon, duc de（1594-1665）　008, 115-116, 138
ヴィクトワール Victoire de France（1733-99）　227-228, 243
ヴィジェ＝ルブラン Vigée-Le Brun, Élisabeth（1755-1842）　247-249, 252
ウィリアム3世 William III（1650-1702, イギリス王 1689-1702）　007, 208
ヴェルモン神父 Vermond, abbé de（1735-1806）　245
ヴォルテール Voltaire, François-Marie Arouet, dit（1694-1778）　186

ウドリ、ジャン＝バティスト Oudry, Jean-Baptiste（1686-1755） 214
ウルバヌス 8 世 Urbanus VIII（1568-1644、ローマ教皇 1623-44） 159
エノー、シャルル＝ジャン＝フランソワ Hénault, Charles-Jean-François（1685-1770） 233
エペルノン公 Épernon, Jean-Louis de Nogaret, duc d'（1554-1642） 089, 104, 113
エラスムス Erasmus, Desiderius（1466-1536） 068, 074, 254
エリザベス 1 世 Elizabeth I（1533-1603, イギリス女王 1558-1603） 003, 049, 131-132
エリザベト・ドートリッシュ Élisabeth d'Autriche（1554-92, フランス王妃 1570-74） 011, 100-101
エリザベト・ド・フランス Élisabeth de France（1602-44, スペイン王妃 1621-44） 009, 147, 151, 166, 188-192, 204
エリザベト・ド・フランス Élisabeth de France（1764-94） 268-269
エレオノール・ド・アプスブール Éléonore de Habsbourg（1498-1558, フランス王妃 1530-47） 011
エロアール Héroard, Jean（1551-1628） 167
オーマール嬢 Aumale, Marie-Jeanne d'（1683-1756） 210
オラニエ公ウィレム → ウィリアム 3 世
オランプ・ド・グージュ Olympe de Gouges, Marie Gouze, dite（1748-93） 269
オルレアン公ガストン → ガストン・ドルレアン
オルレアン公フィリップ 1 世 Orléans, Philippe de France, duc d'（1640-1701） 013, 173, 194, 197, 199
オルレアン公フィリップ 2 世（摂政）Philippe d'Orléans（1674-1723, 摂政 1715-23） 217-218, 220
オルレアン公ルイ → ルイ 12 世
オルレアン公ルイ Orléans, Louis d'（1703-52） 222-223
オルレアン公ルイ＝フィリップ（平等公）Orléans, Louis-Philippe d'（1747-93） 243

【カ行】

カウニッツ Kaunitz-Rietberg, Wenzel Anton Graf von（1711-94） 239
ガストン・ドルレアン Gaston d'Orléans（1608-60） 013, 140, 147, 157, 160, 178-179
カタジナ・オパリンスカ Katarzyna Opalińska（1680-1747） 215
カトリーヌ・ド・メディシス Catherine de Médicis（1519-89, フランス王妃 1547-1559） 002, 011-016, 059, 第 3 章（066-092）, 095, 098-102, 107-110, 113-114, 117, 120-123, 125-131, 133-135, 137-138, 142
ガービアー、バルサザール Gerbier, Balthazar（1592-1663） 159
ガブリエル・デストレ Gabrielle d'Estrées（1573-99） 008, 028, 115, 138-139, 145
カール 5 世 Karl V（1500-58, 神聖ローマ皇帝 1519-56） 040-041, 047, 064, 067

カール 12 世 Karl XII（1682-1718, スウェーデン王 1697-1718）　216-217
カルロス 2 世 Carlos II（1661-1700, スペイン王 1665-1700）　203-204
カンパン夫人 Campan, Jeanne-Louise-Henriette（1752-1822）　256, 262
ギーズ公アンリ Guise, Henri de Lorraine, duc de（1550-88）　089-092, 104-106, 109, 111-112
ギーズ公フランソワ Guise, François de Lorraine, duc de（1519-63）　076, 078, 080, 089
ギーズ枢機卿 Guise, Louis de Lorraine, cardinal de（1555-88）　092, 104, 109, 112
グランド・マドモワゼル ⟶ モンパンシエ女公
クリスチーヌ・ド・ロレーヌ Christine de Lorraine（1565-1637）　133, 146
クレマン、ジャック Clément, Jacques（1567-89）　110-111
クレメンス 7 世 Clemens VII（1478-1534, ローマ教皇 1523-34）　067
クレメンス 8 世 Clemens VIII（1536-1605, ローマ教皇 1592-1605）　139, 145
クロード・ド・フランス Claude de France（1499-1524, ブルターニュ女公 1514-24, フランス王妃 1515-24）　006, 009, 012, 030-031, 040-041, 第 2 章（045-065）
ココナス Coconas, Annibal de（1535 頃 -74）　127
コリザンド ⟶ ディアーヌ・アンドゥアン
コリニー提督 Gaspard de Coligny（1519-72）　079-082, 125
コルベール、ジャン＝バティスト Colbert, Jean-Baptiste（1619-83）　200, 208
コンチニ Concini, Concino（1575-1617）　015, 152, 156
コンデ親王 Condé, Henri Ier de Bourbon, prince de（1552-88）　096-097, 124, 126
コンデ親王 Condé, Louis II de Bourbon, prince de（1621-86）　180
コンデ親王 Condé, Louis V Joseph de Bourbon, prince de（1736-1818）　238, 261
コンティ親王 Conti, Armand de Bourbon, prince de（1629-66）　180

【サ行】

サヴォワ公ヴィクトール＝アメデ Savoie, Victor-Amédée Ier, duc de（1587-1637）　146-147, 159, 192
ジェームズ 2 世 James II（1633-1701, イギリス王 1685-88）　007
シクストゥス 5 世 Sixtus V（1521-90, ローマ教皇 1585-90）　112
シャトールー夫人 Châteauroux, Marie-Anne de Nesle, marquise de La Tournelle, duchesse de（1717-44）　229-232
シャルル 7 世 Charles VII（1403-1461, フランス王 1422-61）　064
シャルル 8 世 Charles VIII（1470-98, フランス王 1483-98）　001, 005, 009, 021-022, 024-028, 033, 054
シャルル 9 世 Charles IX（1550-74, フランス王 1560-74）　078-083, 096-097, 100, 118, 121-122, 124, 127, 135, 138

シャルル10世 Charles X（1757-1836, フランス王 1824-30） 255, 261, 272
ジャンヌ＝アントワネット・ポワソン ⟶ ポンパドゥール夫人
ジャンヌ・ダルブレ Jeanne d'Albret（1528-72） 122-123
ジャンヌ・ド・フランス Jeanne de France（1464-1505、フランス王妃 1498） 001, 005, 010
ジャンヌ・ベキュ ⟶ デュ・バリー夫人
シュリー Sully, Maximilien de Béthune, duc de（1559-1641） 147, 149
ジョワイユーズ公 Joyeuse, Anne de（1560-87） 089, 104, 107-108
ショワズール公 Choiseul, Étienne-François de（1719-85） 240
セーセル、クロード・ド Seyssel, Claude de（1450頃-1520） 037
セギエ Séguier, Pierre（1588-1672） 176
セザール ⟶ ヴァンドーム公
ソフィー Sophie de France（1734-1782） 227, 243

【タ行】

ダゲソー d'Aguesseau, Henri-François（1668-1751） 229
ダルジャンソン侯 d'Argenson, René Louis de Voyer de Paulmy, marquis（1694-1757） 214, 227, 233
ダルジャンソン伯 d'Argenson, Pierre-Marc de Voyer de Paulmy, comte（1696-1764） 233
タルマン・デ・レオー Tallemant des Réaux, Gédéon（1619-92） 127, 141, 169
チャールズ1世 Charles I（1600-49, イギリス王 1625-49） 154, 159, 169
チャールズ2世 Charles II（1630-85, イギリス王 1660-85） 199
デ・アロ、ルイス de Haro, Luis（1598-1661） 195-196
ディアーヌ・アンドゥアン Diane Andoin ou Andouin（1554-1621） 133, 138
ディアーヌ・ド・ポワチエ Diane de Poitiers（1499頃-1566） 014, 064, 068, 074
デュ・バリー夫人 du Barry, Jeanne Bécu, Madame（1743-93） 236, 243
デュプレシ＝モルネ Duplessis-Mornay, Philippe（1549-1623） 138
デュボワ Dubois, Marie（1601-79） 199
ドービニェ d'Aubigné, Agrippa（1552-1630） 127, 131

【ナ行】

ナティエ、ジャン＝マルク Nattier, Jean-Marc（1685-1766） 214-215
ヌヴェール公妃 Nevers, Henriette de（1542-1601） 127

【ハ行】

バッキンガム公ジョージ・ヴィリアーズ Buckingham, George Villiers, Duke of（1592-1628） 169
バルナーヴ Barnave, Antoine（1761-93） 262
フィアクル神父 Fiacre, Frère（1609-84） 172, 184
フィッツ＝ジャム公 Fitz-James, François, duc de（1709-64） 230-231

フィリップ5世 Philippe V（1292-1322, フランス王 1316-22）　004
フィリップ（1世）・ドルレアン ⟶ オルレアン公フィリップ（1世）
フィリップ（2世）・ドルレアン ⟶ オルレアン公フィリップ（2世）
フェリペ2世 Felipe II（1527-98, スペイン王 1556-98）　081, 165
フェリペ3世 Felipe III（1578-1621, スペイン王 1598-1621）　165, 188
フェリペ4世 Felipe IV（1605-65, スペイン王 1621-65）　151, 159, 170, 184, 188-191, 195-197, 202-204, 209
フェリペ5世 Felipe V（1683-1746, スペイン王 1700-24, 1724-46）　218, 221
フェルセン Fersen, Hans Axel von（1755-1810）　255
フェルディナント1世 Ferdinand I（1503-64、神聖ローマ皇帝 1556-64）　143
フェルディナント3世 Ferdinand III（1608-57、神聖ローマ皇帝 1637-57）　191
フォンタンジュ嬢 Fontanges, Marie Angélique de Scorailles, duchesse de（1661-81）　209-210
フーキエ＝タンヴィル Fouquier-Tinville, Antoine（1746-95）　266
フーケ、ニコラ Fouquet, Nicolas（1615-80）　185, 199-200
フランソワ（王弟）François de Valois（1555-84）　083-084, 086, 089, 106, 118, 120-121, 127-129, 131-134
フランソワ1世 François Ier（1494-1547, フランス王 1515-47）　005, 009-010, 037, 040-041, 045, 048, 050, 060, 064, 067-068, 072-073, 101, 103
フランソワ2世 François II（1544-60, フランス王 1559-60）　001, 076, 120
フランツ・シュテファン Franz Stephan von Lothringen（1708-65, 神聖ローマ皇帝 1745-65）　239
ブラントーム Brantôme（1537頃-1614）　022, 034, 051, 064, 068, 101, 119, 142
プリ夫人 Prie, Agnès Berthelot de Pléneuf, marquise de（1698-1727）　219-220, 222, 225
フリードリヒ・ヴィルヘルム2世 Friedrich Wilhelm II（1744-97、プロイセン王 1786-97）　263
ブルゴワン Bourgoin（生不詳-1590）　111
ブルーセル Broussel, Pierre（1575-1654）　176
ブルゴーニュ公ルイ Bourgogne, Louis de France, duc de（1682-1712）　210
ブルターニュ公フランソワ2世 François II de Bretagne（1435-88）　020-021, 026, 035
ブルボン公 Bourbon, Louis IV Henri de Bourbon-Condé, duc de（1692-1740）　218-226
ブルボン公 Bourbon, Louis VI Henri-Joseph de Bourbon, duc de（1756-1830）　261
ブルボン枢機卿 Bourbon, Charles de（1523-90）　089, 112, 124
フルーリ、アンドレ＝エルキュール Fleury, André-Hercule（1653-1743）　224-226, 229, 234
ベラスケス Velázquez, Diego（1599-1660）　192, 195-196
ベルガルド公 Bellegarde, Roger II de Saint-Lary de（1562-1646）　104, 113
ベルタン、ローズ Bertin, Rose（1747-1813）　252-253, 255-256

ボシュエ、ジャック＝ベニーニュ Bossuet, Jacques-Bénigne（1627-1704） 201
ポリニャック伯夫人 Polignac, Gabrielle de Polastron, comtesse de（1749-93） 254-255
ポンパドゥール夫人 Pompadour, Jeanne-Antoinette Poisson, marquise de（1721-64） 213-214, 231-232, 234, 248

【マ行】

マイイ伯夫人 Mailly, Louise-Julie de Nesle, comtesse de（1710-51） 229
マイエンヌ公 Mayenne, Charles de Lorraine, duc de（1554-1611） 089, 112, 115
マザラン Mazarin, Jules（1602-61） 016-017, 174-179, 181-183, 185, 191, 193-195, 197, 199-200
マドレーヌ・ド・ラ・トゥール・ドーヴェルニュ Madeleine de la Tour d'Auvergne（1500 頃 -1519） 066
マリア＝テレジア Maria-Theresia（1717-80, オーストリア女大公 1740-80） 239, 242, 244, 247, 250, 252
マリアナ＝ビクトリア Mariana Victoria de Borbon（1718-81） 218, 220-221
マリー＝アントワネット・ドートリッシュ Marie-Antoinette d'Autriche（1755-93, フランス王妃1774-92） 001-002, 011, 017-018, 227, 236, 第10章(237-272)
マリー・ダングルテール Marie d'Angleterre（1496-1533, フランス王妃 1514-1515） 006, 049
マリー・ド・クレーヴ Marie de Clèves（1553-74） 096-098
マリー＝テレーズ＝シャルロット Marie-Thérèse Charlotte de France（1778-1851） 247, 272
マリー＝テレーズ・ドートリッシュ Marie-Thérèse d'Autriche（1638-83, フランス王妃 1660-83） 002, 012, 015, 184, 第 8 章（186-212), 218, 221, 229
マリー・ド・メディシス Marie de Médicis（1575-1642, フランス王妃 1600-10） 002, 009, 011-013, 015-016, 113, 115-117, 139-140, 第 6 章（143-161), 166, 188
マリー・ド・リュクサンブール Marie de Luxembourg（1562-1623） 106
マリー・マンシーニ Marie Mancini（1639-1715） 183-184, 186, 194
マリー・レクザンスカ Marie Leszczynska（1703-68, フランス王妃 1725-68） 第 9 章（213-236), 242
マリヤック、ミシェル・ド Marillac, Michel de（1560-1632） 015, 156
マルガレーテ・フォン・エスタライヒ Margarete von Österreich（1584-1611） 165, 188
マルグリット・ド・ヴァロワ Marguerite de Valois（1553-1615, フランス王妃 1589-99） 008-010, 080, 115, 第 5 章（118-142), 145
マルグリット・ダングレーム Marguerite d'Angoulême（1492-1549） 010, 035, 045, 050-051, 054, 062, 065
マルグリット・ド・サヴォワ Marguerite[-Yolande] de Savoie（1635-63） 192-193
マルグリット・ド・ナヴァール → マルグリット・ダングレーム
マンサール、フランソワ Mansart, François（1598-1666） 183

マントノン夫人 Maintenon, Madame de（1635-1719）　186, 210-212
ミック、リシャール Mique, Richard（1728-94）　250-251
ミラボー Mirabeau, Honoré Gabriel Riqueti, comte de（1749-91）　258, 260-261
メアリー・ステュアート Mary Stuart（1542-87, スコットランド女王 1542-67, フランス王妃 1559-60）　001-002
メアリー・テューダー → マリー・ダングルテール
メディチ、フランチェスコ・デ Medici, Francesco de'（1541-87）　143
メディチ、ロレンツォ（1 世）・デ Medici, Lorenzo de'（1449-92）　071
メディチ、ロレンツォ（2 世）・デ Medici, Lorenzo II de'（1492-1519）　066, 072
メルクール公 Mercœur, Philippe-Emmanuel de Lorraine, duc de（1558-1602）　095, 105-106, 115-117
メルシエ Mercier, Louis-Sébastien（1740-1814）　255
モットヴィル夫人 Motteville, Françoise de（1615-89）　187, 193, 196, 201
モンテスパン夫人 Montespan, marquise de（1640-1707）　008, 186, 205, 209-210
モンテーニュ Montaigne, Michel de（1533-92）　131
モンモランシー、アンヌ・ド Anne de Montmorency（1493-1567）　074, 078
モンモランシー公 Montmorency, Henri II de（1595-1632）　160
モンパンシエ女公 Montpensier, Anne-Marie-Louise d'Orléans, duchesse de（1627-93）　206, 212

【ヤ行】

ヤング、アーサー Young, Arthur（1741-1820）　243, 258
ユリウス 2 世 Julius II（1443-1513, ローマ教皇 1503-13）　042
ヨーゼフ 2 世 Joseph II（1741-90, 神聖ローマ皇帝 1765-90）　244, 247
ヨハンナ・フォン・エスタライヒ Johanna von Österreich（1547-78）　143

【ラ行】

ラヴァイヤック Ravaillac, François（1577-1610）　148
ラ・ヴァリエール嬢 La Vallière, Louise de（1644-1710）　186, 200-202, 205
ラ・ヴリリエール La Vrillière, Louis Phélypeaux, seigneur de（1599-1681）　208
ラ・キュルヌ・ド・サント＝パレイ La Curne de Sainte-Palaye, Jean-Baptiste de（1697-1781）　222
ラシーヌ Racine, Jean（1639-99）　194, 218
ラ・トゥルネル夫人 → シャトールー夫人
ラ・ファイエット La Fayette, Gilbert du Motier, marquis de（1757-1834）　262
ラ・モル La Môle, Joseph Boniface, seigneur de（1526-74）　119, 127-128
リシュリュー Richelieu, Armand Jean du Plessis de（1585-1642）　015, 104, 143, 151, 153, 156-163, 170-172, 174-175
リュイーヌ Luynes, Charles d'Albert, duc de（1578-1621）　152

フランス王妃略歴

アンヌ・ド・ブルターニュ　Anne de Bretagne（第１章）

（1477年１月ナント生まれ～1514年１月ブロワで死去）

父ブルターニュ公フランソワ２世、母マルグリット・ド・フォワの長女。1488年に父が急死し、男子相続人がいなかったため、ブルターニュ公国の統治権を継承し、女公となった。1491年フランス王シャルル８世と結婚して王妃となる。1498年に王が事故死したため寡婦となるが、1499年にルイ12世と再婚し、1514年の死まで王妃の座にあった。アンヌは強大化したフランス王国のなかでブルターニュ公国の自立の道を探ったので、今日でもブルターニュの自由や独立の象徴的存在で人気も高い。文芸保護者としても知られる。子どもはシャルル８世とのあいだに６人、ルイ12世とのあいだに４人で、成人したのはクロードとルネの２人だけである。

ジャンヌ・ド・フランス　Jeanne de France

（1464年４月中部フランスのノジャン＝ル＝ロワ生まれ～1505年２月ブールジュで死去）

父フランス王ルイ11世、母シャルロット・ド・サヴォワの次女。姉は一時摂政となったアンヌ・ド・ボージュー。弟はフランス王シャルル８世。父の命令により、1476年に12歳で従兄のオルレアン公ルイと結婚。生来身体が弱く、1498年に夫が王（ルイ12世）に即位すると、子どもを欲する夫から離婚訴訟を起こされた。トゥールのサン＝ガティアン大聖堂でおこなわれた教会裁判の結果、ジャンヌは「夫婦の契りが完遂されなかった」との理由で離婚に同意させられたが、ベリー公妃の肩書きと所領は認められ、ブールジュに移り住んだ。敬虔な彼女はこの地でカトリック信仰に深く帰依し、「お告げのマリア修道会」を創始した。1742年に列福、そして1950年に列聖されている。

マリー・ダングルテール　Marie d'Angleterre（英語名はメアリー・テューダー）

（1496年３月イギリス・リッチモンド生まれ～1533年６月ウェストホープで死去）

イギリス王ヘンリ７世とエリザベス・オブ・ヨークの娘。英仏の融和をはかるため、1514年10月、30歳以上も年の離れたフランス王ル

イ12世と結婚し、王妃となった。王は1515年1月に亡くなったので、結婚生活はわずか3カ月しか続かなかった。伝説によれば、フランソワ1世は美しい彼女に一目惚れし、彼女との結婚を企てて、母ルイーズ・ド・サヴォワから叱責された。なお、王妃の地位に執着していたマリーは王の子どもを身ごもっていると申告したようで、検査がおこなわれ、結局不妊と判定された。フランスに来る際、彼女は愛人サフォーク公チャールズ・ブランドンを駐仏大使として同道していたが、王妃の座を退くとすぐさまイギリスに帰国し、兄王ヘンリ8世の許可も受けずに彼と結婚し、子どもを3人もうけた。彼女はヘンリ8世がキャサリンを離別し、アン・ブーリンと再婚した事件では反対に回った。アン・ブーリンはマリーがフランスの宮廷にいたときの侍女で、好感をもてなかったようである。彼女は37歳の若さで亡くなった。

クロード・ド・フランス Claude de France（第2章）

（1499年10月中部フランスのロモランタン生まれ〜1524年7月ブロワで死去）

父はフランス王ルイ12世、母はアンヌ・ド・ブルターニュ。妹のルネはサヴォワ公妃となる。1505年アングレーム伯フランソワと婚約したが、母の反対のために結婚は延期された。母の死により結婚し、母からブルターニュの統治権を継承した。1515年1月に父王が死去すると、夫の即位（フランソワ1世）に合わせて王妃となった。母ほどに政治や文化の面で力を発揮する場面はなかったが、病弱だったにもかかわらず、7人の子ども（男3人、女4人）を生んだ。子どもの多くは夭折したが、次男が成人してフランス王アンリ2世となった。結果的に、彼女はブルターニュのフランス王国への統合に道を開いた。

エレオノール・ド・アプスブール Éléonore de Habsbourg

（1498年11月ネーデルラントのルーヴァン生まれ〜1558年2月スペインのタラベラ・ラ・レアルで死去）

父フェリペ1世（カスティリア王でオーストリア大公）、母フアナ（カスティリア女王）の長女。カール（のちの皇帝カール5世）やフェルディナント（のちの皇帝フェルディナント1世）の姉。1518年に30歳も年上のポルトガル王マヌエル1世と結婚するが、1521年に死別した。3人の子どものうち、長女マリアはのちにポルトガル王妃となる。1530年フランスとスペインの和平をはかるためフランソワ1世と結婚するが、子どもはいない。1547年に王の死去によりトゥーレーヌ公妃の肩書きと所

領を獲得したが、フランスを離れ、最初はブリュッセルの妹マリーのもとに身を寄せ、次いで弟カール5世が皇帝を退位したあとに居住したスペイン・ユステの隠棲所で過ごした。彼女はポルトガル王妃となった娘に会いに行ったが冷遇され、スペインに戻ったところで病のため急死した。1558年、ハプスブルク家はエレオノール、カール5世、マリーの3兄弟が相次いで亡くなる不幸に見舞われたのである。

カトリーヌ・ド・メディシス Catherine de Médicis（第3章）

（1519年4月フィレンツェ生まれ～1589年1月5日ブロワで死去）

父ウルビーノ公ロレンツォ2世・デ・メディチ、母マドレーヌ・ド・ラ・トゥール・ドーヴェルニュの長女。彼女の出生直後に父母が相次いで亡くなり孤児となった。フランソワ1世とローマ教皇クレメンス7世の計らいで1533年に王の次男アンリと結婚した。子宝に恵まれて10人の子どもを生み、そのうち3人がフランス王となっている。1547年フランソワ1世が亡くなり、夫が即位（アンリ2世）するとともに王妃となった。彼女が政治に目覚め始めたのは1559年に王が事故死して以降で、とくにシャルル9世の治世期には摂政に就任し、その後も最高権力者として君臨した。ユグノー戦争のさなか、彼女はカトリックとプロテスタントの和解をはかり、王の尊厳を守ろうとしたが、1572年のサン＝バルテルミー事件の張本人と目されるなど彼女の願いは果たされなかった。晩年は体調も芳しくなく、1588年12月末にアンリ3世からギーズ公暗殺を聞かされ、王の前途を憂慮しながら亡くなった。

メアリー・ステュアート　Mary Stuart

（1542年12月スコットランドのリンリスゴー生まれ～1587年2月イングランドのフォザリンゲーで刑死）

父スコットランド王ジェームズ5世と母マリー・ド・ギーズの長女。誕生後数日で父王が亡くなり、スコットランド女王に即位。1548年に内乱のためフランスに逃れ、宮廷で保護・養育された。1558年に王太子フランソワと結婚。1559年にアンリ2世の死に伴い、夫が王（フランソワ2世）に、彼女は王妃となった。しかし病弱の夫が翌年12月に死去したため、故郷のスコットランドに戻り、女王として君臨しようとするが、1567年スコットランドを追われてイングランドに亡命。メアリーはイングランド王位の正統な継承権を主張し、また、エリザベス暗殺の陰謀に加わったかどで逮捕され、1587年2月斬首刑に処され

た。なお1565年、彼女はダーンリー卿ヘンリと結婚し、一人息子ジェームズをもうけたが、彼はエリザベス1世の死後イングランド王（ジェームズ1世）となった。

エリザベト・ドートリッシュ　Élisabeth d'Autriche

（1554年7月ウィーン生まれ～1592年1月ウィーンで死去）

父は神聖ローマ皇帝マクシミリアン2世、母はマリア・フォン・シュパーニエン。フランスとドイツの親交のため、1570年シャルル9世と結婚した。知的で美しい女性だったが、フランス語が苦手なため宮廷で孤立し、義妹マルグリット・ド・ヴァロワ以外はあまり交流がなかった。カトリーヌ・ド・メディシスとはそりが合わなかった。1574年夫が病死すると、アンリ3世などとの再婚話があったが、彼女はすべて断り、故郷のウィーンに戻り、喪服を着たまま夫を追悼する修道生活に入り、37歳で亡くなった。シャルル9世とのあいだに娘（5歳で夭折）がいたが、王女はフランスのものなので、一緒に連れ帰れなかった。

ルイーズ・ド・ロレーヌ　Louise de Lorraine-Vaudémont（第4章）

（1553年4月ロレーヌ地方ノムニー生まれ～1601年1月ムーランで死去）

父はロレーヌ家の分家のニコラ・ド・ロレーヌ、母はマルグリット・デグモンで、長女。ナンシーの宮廷に出入りしてロレーヌ公妃に気に入られ、宮廷の作法を学んだ。そこでポーランド王に選出されてクラクフに向かう途中のアンジュー公アンリとの運命的な出会いがあった。シャルル9世亡きあと、フランス王となったアンリ3世が彼女を王妃に指名したのである。残念ながら彼女は子宝に恵まれず、ヴァロワ家の断絶につながった。彼女はロレーヌ家の一員と目され、政治的に大きな仕事はできなかったが、アンリ3世の暗殺以後、夫の名誉回復をはじめ、アンリ4世の王位継承、ナント王令発布などに尽力した。

マルグリット・ド・ヴァロワ　Marguerite de Valois（第5章）

（1553年5月サン＝ジェルマン＝アン＝レ生まれ～1615年3月パリで死去）

父アンリ2世、母カトリーヌ・ド・メディシスの末娘。愛称は「マルゴ」。1572年8月カトリックとプロテスタントの和解をはかるため、ナヴァール王アンリ（のちのアンリ4世）と政略結婚した。直後にサン＝バルテルミー事件を体験。政治的には、弟フランソワを担いで「不平派」の陰謀に加わった。1585年ギーズ公の神聖同盟に参加したが、ついに王

の軍門に下り、1586年から約20年間ユッソン城に蟄居を余儀なくされた。1589年兄王の横死により、名目的とはいえ、彼女は王妃に昇格した。ただ、アンリ4世とのあいだに子どもは生まれず、1599年に離婚に同意した。彼女には「色情狂」の批判があり、当時流行の「ギャラントリー」を地で行く奔放な生きざまを見せつけた。

マリー・ド・メディシス　Marie de Médicis（第6章）

（1575年4月フィレンツェ生まれ～1642年7月ドイツのケルンで死去）

父はトスカーナ大公フランチェスコ（1世）・デ・メディチ、母はヨハンナ・フォン・エスタライヒ。父母を早く亡くし、叔父フェルディナンド1世のもとで育った。やや高年齢でフランス王アンリ4世と結婚し、王妃となって、子どもを6人もうけた。長男はルイ13世、次男はオルレアン公ガストン。1610年に王が暗殺されると、摂政として幼王ルイ13世の政治を補佐した。折り合いの悪い王とは対立する場面が多く、ついに1630年の「裏切られた者たちの事件」で失脚し、ネーデルラントのブリュッセルに逃れ、亡命政権をつくるも、1642年ケルンで客死した。

アンヌ・ドートリッシュ　Anne d'Autriche（第7章）

（1601年9月スペインのバリャドリード生まれ～1666年1月パリで死去）

父はスペイン王フェリペ3世、母はマルガレーテ・フォン・エスタライヒ。弟はスペイン王フェリペ4世。フランスとの和睦のため、1615年ルイ13世と結婚。ようやく1638年にルイ（のちの14世）、1640年にフィリップ（オルレアン公）が誕生した。夫の死去により、彼女は幼王ルイ14世の摂政に就任し、王の成人のあとも宰相マザランとともに政治を司った。1661年のマザランの死により、ルイ14世が親政を宣言すると、政治の表舞台から引退し、宗教や慈善活動に身を捧げた。フロンドの乱などで彼女は批判されることが多いが、いわゆる「絶対王政」の確立に精魂を傾けた。

マリー＝テレーズ・ドートリッシュ　Marie-Thérèse d'Autriche（第8章）

（1638年9月エル・エスコリアル生まれ～1683年7月ヴェルサイユで死去）

スペイン王フェリペ4世とその妃エリザベト・ド・フランスの長女。フランスとスペインの和睦の象徴として、1660年6月、ルイ14世と結婚。ルイ14世とは父方、母方の双方を通じて従兄妹の関係にある。フランス宮廷では、ラ・ヴァリエール嬢、モンテスパン夫人、マント

ノン夫人など、王の愛人の存在に苦しんだが、その一方で、王が戦場に出て不在のときには「摂政」に就任し、王の威厳を体現するなど重要な役割を果たした。ルイ14世とのあいだに3男3女をもうけるも、成人に達したのは長男の王太子ルイだけで、そのルイも父王より長生きできなかった。しかし、彼女の死から14年が経った1700年11月、異母弟のスペイン王カルロス2世が亡くなると、王太子ルイの次男アンジュー公がスペイン王フェリペ5世として即位した。

マリー・レクザンスカ　Marie Leszczyńska（第9章）

（1703年6月ポーランド・トシェブニツァ生まれ〜1768年ヴェルサイユで死去）

ポーランド貴族スタニスワフ・レシチンスキとカタジナ・オパリンスカの次女。1704年7月、父スタニスワフ・レシチンスキのポーランド王位即位に伴い、マリーも「ポーランド王女」となる。1709年、父王の失脚に伴いポーランドから亡命、アルザスの小都市ヴィサンブールに暮らす。フランスの王位継承者の確保を急ぐ宰相ブルボン公の策動により、1725年8月、7歳年下のルイ15世と結婚。マリーは期待に応え、1727年から1737年まで、ほぼ毎年のように出産し、2男8女をもうけた。彼女自身は政治の世界から遠ざけられ続けたが、ポーランド継承戦争で父スタニスワフが獲得したロレーヌを遺産としてフランス王国にもたらし、図らずもフランスの領土拡大に貢献した。

マリー＝アントワネット・ドートリッシュ Marie-Antoinette d'Autriche（第10章）

（1755年11月ウィーン生まれ〜1793年10月パリで死去）

マリー＝アントワネット（ドイツ語でマリア＝アントーニア）は、神聖ローマ皇帝フランツ・シュテファンとマリア＝テレジアの第15子。1770年にフランス王太子ルイと結婚式を挙げ、1774年に夫の即位（ルイ16世）に合わせて王妃となった。彼女は王妃としての務めを十分にはたし、2男2女を生んでいる。1789年にフランス革命が勃発すると、苦難の道を強いられ、夫のルイ16世が1793年1月21日に処刑されたあと、彼女も10月16日に死刑判決が下され、即日、革命広場で刑が執行された。遺体は王政復古期の1815年1月、夫の遺体とともに発見されてサン＝ドニ聖堂に改葬された。

参考文献一覧

フランス王妃論序説

Barbiche, Bernard, *Les institutions de la monarchie française à l'époque moderne : 16e-18e siècle*, PU de France, Paris, 1992.

Bertière, Simone, *Les reines de France au temps des Bourbons*, Fallois, Paris, 1996.

Cornette, Joël, (éd.), *Histoire de France*, 13 vol., Belin, Paris, 2009-2011.

Cosandey, Fanny, *La reine de France : symbole et pouvoir, 15e-18e siècle*, Gallimard, Paris, 2000.

id., *Le rang : préséances et hiérarchies dans la France d'Ancien Régime*, Gallimard, Paris, 2016.

Craveri, Benedetta, *Reines et favorites : le pouvoir des femmes*, Paris, 2007.

Crouzet, Denis, *Les guerres de Dieu : la violence au temps des troubles de religion vers 1525-vers 1610*, 2 vol., Champ Vallon, Seyssel, 1990.

Dubost, Jean-François, *La France italienne, 16e-17e siècle*, Aubier, Paris, 1997.

Giezey, Ralpf E., *The Royal Funeral Ceremony in Renaissance France*, Droz, 1960.

id., *Le rôle méconnu de la loi salique : la succession royale, 14e-15e siècles*, Les Belles Lettres, Paris, 2007.

Major, James Russell, *Representative Government in Early Modern France*, Yale UP, 1980.

id., *From Renaissance Monarchy to Absolute Monarchy : French Kings, Nobles and Estates*, The Johns Hopkins UP, 1994.

Mousnier, Roland, *Les institutions da la France sous la monarchie absolue, 1598-1789*, 2 vol., PU de France, Paris, 1974-1980.

Murielle, Gaude-Ferragu, *La reine au Moyen Âge : le pouvoir au féminisme, 14e-15e siècle*, Tallandier, Paris, 2014.

Olivier-Martin, François, *Histoire du droit français des origines à la Révolution*, CNRS, Paris, 2010.（塙浩訳『フランス法制史概説』創文社、1986年）。

Solnon, Jean-François, *La cour de France*, Fayard, Paris, 1987.

Tourault, Philippe, *Ces reines qui ont gouverné la France*, Perrin, Paris, 2014.

柴田三千雄・樺山紘一・福井憲彦（編）『世界歴史大系・フランス史（2）』山川出版社、1996年。

E・カントーロヴィチ（小林公訳）『王の二つの身体——中世政治神学研究』平凡社、1992年。

J・ダインダム（大津留厚・小山啓子・石井大輔訳）『ウィーンとヴェルサイユ——ヨーロッパにおけるライバル宮廷　1550～1780』刀水書房、2017年。

C・ボーヌ（阿河雄二郎・北原ルミ・嶋中博章・滝澤聡子・頼順子訳）『幻想のジャ

ンヌ・ダルク――中世の想像力と社会』昭和堂、2014年。
原武史『皇后考』講談社、2015年。

第1章（アンヌ・ド・ブルターニュ）

Le Roux de Lincy, *Vie de la reine Anne de Bretagne,* 4 vol., Paris, 1860.
Auton, Jean d', *Chronique de Louis XII,* Paris, 1889-1895.
Mémoires de la Société d'Histoire et d'Archéologie de Bretagne, t-4, 1978.
Anne de Bretagne, Une histoire, un mythe, Château des ducs de Bretagne, Paris, Nantes, Somogy, 2007.
Brown,Cynthia J., *The Cultural and Political Legacy of Anne de Bretagne,* D.S.Brewer, Cambridge, 2010.
Cassagnes-Brouquet, Sophie, *Un manuscrit d'Anne de Bretagne. Les vies des femmes célèbres d'Antoine Dufour,* Ouest-France, Rennes, 2007.
Hochner, Nicole, *Louis XII (1498-1515) : Les Dérèglements de l'image royale,* Champ Vallon, Seyssel, 2006.
Jones, Michael, *The Creation of Brittany. A Late Medieval State,* The Hambleton Press, London and Ronceverte, 1988.
Minois, Georges, *Anne de Bretagne,* Fayard, Paris, 1999.

第2章（クロード・ド・フランス）

Bertière, Simone, *Les reines de France au temps des Valois I. Le Beau XVIe siècle,* Fallois, Paris, 1994.
Castelain, Marie-France, *Au pays de Claude de France : Sous le signe du Cygne,* Romorantin, 1986.
Chatenet, Monique, *La cour de France au XVIe siècle. Vie sociale et architécture,* Picard, Paris, 2002.
Hochner, Nicole, *Louis XII (1498-1515) : Les Dérèglements de l'image royale,* Champ Vallon, Seyssel, 2006.
Lecoq, Anne-Marie, *François Ier imaginaire,* Macula, Paris, 1987.
Lepage, Dominique, et Nassiet, Michel, *L'union de la Bretagne à la France,* Skol Vreizh, Morlaix, 2003.
Nassiet, Michel, *Parenté, noblesse, et États dynastiques, XVe-XVIe siècles,* Éditions de l'École des Hautes Études en Sciences Sociales, Paris, 2000.
Wilson-Chevalier, Katheleen, " Claude de France : In her Mother's Likeness. A Queen with Symbolic Clout ?", in C.J.Brown (ed.), *The Cultural and Political Legacy of Anne de Bretagne,* D.S. Brewer, Cambridge, 2010.
渡辺一夫『フランス・ルネサンスの人々』岩波文庫、1992年。
　同『フランス・ユマニスムの成立』岩波書店、1976年。

第３章（カトリーヌ・ド・メディシス）

Capodieci, Luisa, *Medicaea medaea : art, astres et pouvoir à la cour de Catherine de Médicis,* Droz, Genève, 2011.

Clouas, Ivan, *Catherine de Médicis,* Fayard, Paris, 1979.

Crouzet, Denis, *La nuit de la Saint-Barthélemy : un rêve perdu de la Renaissance,* Fayard, Paris, 1994.

id., *Le Haut Coeur de Catherine de Médicis. Une raison politique au temps de la Saint-Barthélemy,* Albin Michel, Paris, 2005.

Gellard, Matthieu, *Une reine épistolaire. Lettres et pouvoirs au temps de Catherine de Médicis,* Classiques Garnier, Paris, 2015.

Knecht, Robert, *Catherine de Medici,* Longman, London and New York, 1998.

Solnon, Jean-François, *Catherine de Médicis,* Perrin, Paris, 2003.

Wanegffelen, Thierry, *Catherine de Médicis : le pouvoir au féminin,* Payot, Paris, 2005.

Zvereva, Alexsandra, *Portraits dessinés de la cour des Valois. Les Clouet de Catherine de Médicis,* Arthena, Paris, 2010.

J・リヴェ（二宮宏之・関根素子訳）『宗教戦争』白水社、1968年。

第４章（ルイーズ・ド・ロレーヌ）

Boucher, Jacquline, *Deux épouses et reines à la fin du 16ᵉ siècle : Louise de Lorraine et Marguerite de France,* PU de Saint-Étienne, 1998.

Le Roux, Nicolas, *La faveur du roi : Mignon et courtisans au temps des derniers Valois,* Champ Vallon, Seyssel, 2000.

id., *Le roi, la cour, l'État de la Renaissance à l'absolutisme,* Champ Vallon, Seyssel, 2013.

Reynaud, Elisabeth, *Louise de Lorraine,* Ramrey Éditions, Paris, 2010.

Solnon, Jean-François, *Henri III : un désir de majesté,* Perrin, Paris, 2001.

第５章（マルグリット・ド・ヴァロワ）

Garrisson, Janine, *La Saint-Barthélemy,* Édition Complexe, Bruxelles, 1987.

id., *Marguerite de Valois,* Fayard, Paris, 1994.

id., *Les derniers Valois,* Fayard, Paris, 2001.

Jouanna, Arlette, *La Saint-Barthélemy : les mistères d'un crime d'État, 24 août 1572,* Gallimard, Paris, 2007.

Lazard, Madeleine, et Cubelier de Beynac, Jean, *Marguerite de France : reine de Navarre et son temps,* Centre Matteo Bandello, Agen, 1994.

Viennot, Eliane, (éd.), *Mémoires et autres écrits, 1574-1614,* Honoré Champion, Paris, 1990.

id., *Marguerite de Valois : histoire d'une femme, histoire d'un mythe,* Payot, Paris, 1993.

渡辺一夫『戦国明暗二人妃』中央公論社、1976 年。

第６章（マリー・ド・メディシス）

Bergin, Joseph, *Cardinal Richelieu : Power and the Pursuit of Wealth,* Yale UP, 1985.

Carmona, Michel, *Marie de Médicis,* Fayard, Paris, 1981.

Dubost, Jean-Francois, *Marie de Médicis, la reine dévoilée,* Payot, Paris, 2009.

Duccini, Hélène, *Concini : grandeur et misère du favori de Marie de Médicis,* Albin Michel, Paris, 1991.

Hanley, Salah, *The Lit of Justice of the Kings of France : Constitutional Ideology in Legend, Ritual, and Discourse,* Princeton UP, 1983.

Mousnier, Roland, *L'assassinat d'Henri IV, 14 mai, 1610,* Gallimard, Paris, 1964.

Pacht-Bassan, Paola (et al), *Marie de Médicis, un gouvernement par les arts,* Somogy, 2004.

第７章（アンヌ・ドートリッシュ）

Bercé, Yves-Marie, *Lorette, aux 16e et 17e siècles,* PU de Paris-Sorbonne, Paris, 2011.

Bertière, Simone, *Les deux régentes,* Fallois, Paris, 1996.

Descimon, Robert, et Jouhaud, Christian, *La France du XVIIe siècle premier, 1594-1661,* Paris, Belin, 1996.

Duchein, Michel, *Le duc de Buckingham,* Fayard, Paris, 2001.

Dulong, Claude, *Anne d'Autriche, mère de Louis XIV,* Hachette, Paris, 1980.

Kleinman, Ruth, *Anne of Austria, Queen of France,* Ohio SUP, Colombus, 1985.

C・ジュオー（嶋中博章・野呂康訳）『マザリナード――言葉のフロンド』水声社、2012 年。

嶋中博章『太陽王時代のメモワール作者たち』吉田書店、2014 年。

第８章（マリー＝テレーズ・ドートリッシュ）

Barbiche, Bernard, «La régence de Marie-Thérèse (23 avril-31 juillet 1672», dans Bernard Barbiche, Jean-Pierre Poussou et Alain Tallon (dir.), *Pouvoirs, contestations et comportements dans l'Europe moderne. Mélanges en l'honneur du professeur Yves-Marie Bercé,* PUPS, Paris, 2005, pp. 313-325.

Bertière, Simone, *Les Femmes du Roi Soleil,* Fallois, Paris, 1998.

Bluche, François, *Louis XIV,* Fayard, Paris, 1986.

Chevé, Joëlle, *Marie-Thérèse d'Autriche. Épouse de Louis XIV,* Pygmalion, Paris, 2008.

Cortequisse, Bruno, *Madame Louis XIV,* Perrin, Paris, 1992.

野呂康「テクストの生産と戦略――帰属戦争、テクストの翻訳、文芸の制度化」『AZUR』7、2006 年、63-81 頁。

F・シャンデルナゴール（二宮フサ訳）『王の小径――マントノン夫人の回想（上・下）』河出書房新社、1984年。

Y＝M・ベルセ（阿河雄二郎・嶋中博章・滝澤聡子訳）『真実のルイ14世――神話から歴史へ』昭和堂、2008年。

第9章（マリー・レクザンスカ）

Antoine, Michel, *Louis XV*, Fayard, Paris, 1989.

Bluche, François, *Louis XV*, Perrin, Paris, 2000.

Craveri, Benedetta, *Reines et favorites. Le pouvoirs des femmes*, traduit de l'italien par Éliane Deschamps-Pria, Gallimard, Paris, 2007.

Levron, Jacques, *Marie Leszczynska «Madame Louis XV»*, Perrin, Paris, 1987.

Muratori-Philip, Anne, *Marie Leszczyńska. Épouse de Louis XV*, Pygmalion, Paris, 2010.

第10章（マリー＝アントワネット・ドートリッシュ）

Benoît, Jérémie, *Le Petit Trianon : château de Marie-Antoinette*, Château de Versailles, Paris, Artlys, Versailles, 2016.

Campan, Madame (éd. Chalon, Jean), *Mémoires de Madame Campan, première femme de chambre de Marie-Antoinette*, Mercure de France, Paris, 1988.

Christoph, Paul, *Maria Theresia : Geheimer Briefwechsel mit Marie Antoinette*, Wien-München, 1980.（藤川芳朗訳『マリー＝アントワネットとマリア＝テレジア――秘密の往復書簡』岩波書店、2015年）。

Gazette des atours de Marie-Antoinette : garde-robe des atours de la reine : gazette pour l'année 1782, Réunion des musées nationaux : Archives nationales, Paris, 2006.

Hunt, Lynn, *The Family Romance of the French Revolution*, University of California Press, 1993.（西川長夫ほか訳『フランス革命と家族ロマンス』、平凡社、1999年）。

Maral, Alexandre, *Marie-Antoinette : un destin tragique*, Ouest-France, Rennes, 2012.

Marie-Antoinette, femme réelle, femme mythique, Bibliothèque municipale de Versailles, Magellan & Co, Paris, 2006.

Petitfils, Jean-Christian, *Louis XVI*, Perrin, Paris, 2005.（小倉孝誠監訳『ルイ十六世』上・下、中央公論新社、2008年）。

Walter, Gérard, *Le procès de Marie-Antoinette : 23-25 vendémiaire an II (14-16 octobre 1793) : actes du tribunal révolutionnaire*, Complexe, Bruxelles, Paris, 1993.

エレーヌ・ドラクレス（ダコスタ吉村花子訳）『麗しのマリー＝アントワネット――ヴェルサイユ宮殿での日々』グラフィック社、2016年。

フランス王妃列伝
——アンヌ・ド・ブルターニュからマリー＝アントワネットまで

2017年7月25日　初版第1刷発行
2021年3月1日　初版第2刷発行

編　者　阿河雄二郎
　　　　嶋中博章
発行者　杉田啓三

〒607-8494　京都市山科区日ノ岡堤谷町3-1
発行所　株式会社　昭和堂
振替口座　01060-5-9347
TEL（075）502-7500／FAX（075）502-7501

印刷　亜細亜印刷
装丁　GEN DESIGN

ISBN978-4-8122-1632-3
＊乱丁・落丁本はお取り替えいたします。
Printed in Japan